全国商业职业教育教学指导委员

全国财经类"十三五"规划教材

BUSINESS ETIQUETTE

商务礼仪（第2版）

赵敏 王辉 主编

人民邮电出版社

北京

图书在版编目（CIP）数据

商务礼仪 / 赵敏，王辉主编. -- 2版. -- 北京：
人民邮电出版社，2017.8
全国财经类"十三五"规划教材基础课系列
ISBN 978-7-115-46603-7

Ⅰ. ①商… Ⅱ. ①赵… ②王… Ⅲ. ①商务－礼仪－
高等学校－教材 Ⅳ. ①F718

中国版本图书馆CIP数据核字(2017)第181428号

内 容 提 要

本书阐释了现代礼仪的概念、原则和特征，对商务交往中商务人员的仪容仪表、服饰化妆、言谈举止、待人接物等礼貌、礼节，从理论与实践结合的角度进行了详细的阐述，并分专题介绍了日常礼仪、职场礼仪、校园礼仪、公共场合礼仪、涉外礼仪等礼仪常识。本书采用目标导向、任务驱动的模式进行编写，是我们长期教学改革经验总结提炼的成果。本书图文并茂，每个项目都是从几个任务出发，通过对每项任务的分析，找出相应的知识点，然后学习能够完成该任务的方法和知识，使学生学习起来更有兴趣。每项任务之后都有思考与讨论、实训题和案例分析，使学生能将学到的知识与实践相结合，在实践中验证与巩固所学知识。本书还增加了二维码链接，扩充了学习内容。

本书具有较高的理论价值和较强的实用性，对国家公务员，尤其是初涉职场的商务人员有较高的参考价值。

◆ 主　编　赵　敏　王　辉

责任编辑　刘　琦

责任印制　周昇亮

◆ 人民邮电出版社出版发行　　北京市丰台区成寿寺路 11 号

邮编　100164　　电子邮件　315@ptpress.com.cn

网址　http://www.ptpress.com.cn

廊坊市印艺阁数字科技有限公司印刷

◆ 开本：787×1092　1/16

印张：12.75　　　　2017 年 8 月第 2 版

字数：308 千字　　2025 年 1 月河北第 11 次印刷

定价：39.80 元

读者服务热线：(010)81055256　印装质量热线：(010)81055316
反盗版热线：(010)81055315
广告经营许可证：京东市监广登字 20170147 号

第2版前言

交际，是人与人之间借助某种手段传递信息、交流感情的一种社会活动。它是人际之间的一种双向或多向行为。礼仪则产生于交际，是人们在社会交往活动中形成的行为规范和准则。

礼仪作为人类的一种文化形态，早在古代就形成了。源远流长的中国文化史，为人类留下了人际交往的生动记述和丰厚知识。伴随着信息技术的发展，社会经济进入到一个新的时期，交际的范围更加广阔，既对商务人员的修养、知识、能力等方面提出了更高的要求，也对商务人员的总体形象设计、个人素质等方面提出了更高的要求。

每一个事业追求者，无论是资深的政治家还是刚刚被录用的公务员，无论是干练的企业家，还是刚刚步入社会的大学生，都存在设计个人形象的问题。美好的个人形象，得体的礼节、礼貌，对事业的成功大有裨益。本书集现代社交与商务礼仪于一体，对各阶层人士，尤其是从事商务工作的人员和年轻的大学生定会有所帮助。

目前，社会上关于礼仪的研究很多，有关这方面的论著也日益增多。我们广采博纳、悉心研究，编写了本书。本书中，我们一方面侧重介绍商务人员在日常生活和商务活动中应遵守的礼仪规范，另一方面还特意介绍了校园礼仪一项，使学生能够从入校起就养成良好的习惯，从而培养他们良好的品德和修养。本书着重强调实用性和可操作性，还配有大量图片、图例，内容通俗易懂。同时，本书还增加了二维码链接，读者可通过扫描二维码，看到更多的案例和图片资料，更方便读者学习。本书既可以作为大专院校国际贸易、公共关系、文秘、商务英语、保险、营销、旅游管理、工商管理等专业学生的"礼仪"课教材，也可作为相关行业的培训用书。

全书共分为10个项目，由河南牧业经济学院赵敏教授、潍坊职业学院王辉老师担任本书的主编，其中赵敏教授还负责全书的创意、策划、修改和总撰工作。赵敏教授编写了项目一和项目二，付二晴老师编写了项目四和项目七，王芳老师编写了项目六和项目八，潍坊职业学院王辉老师编写了项目三和项目五，司孟月老师编写了项目九和项目十。

本书在编写过程中，我们曾多次进行调查研究，广泛听取各方面的意见，参考了大量的书刊、报纸资料，力求通俗实用，语言简练，图例清晰。但由于水平有限，书中仍然存在不少疏漏和粗糙之处，望广大读者批评指正，多加谅解。

编　者
2017年2月

目 录
Contents

项目一
礼仪概述

学习目标

通过本项目的学习，学生能够理解和掌握礼仪及其相关概念、礼仪的特征以及礼仪的原则，对礼仪的内容、分类、作用等有一定的认知，对礼仪的基本理论有一定的理解和认识。

技能目标

要求学生树立文明礼仪观念，在各种人际交往、公共场所做到律己敬人，处处讲礼仪和文明。

我国的礼仪文化历史悠久，源远流长。继承和发扬我国优良传统，弘扬中华礼仪文化，讲文明，树新风，正成为当前社会潮流。当前社会，信息是最为宝贵的资源，而交际实质上就是一种信息交流，具有较强的交际能力，是现代人立足于社会并求得发展的重要条件。礼仪是交际的规范，是交际艺术的体现，学习掌握礼仪的意义，绝不在掌握外语、计算机、驾驶技术之下。本章就礼仪的概念、特征、原则、意义等基本内容做一介绍。

任务一 礼仪及其相关概念

任务引入

有一个小孩不懂得见到大人要主动问好，不知道对同伴要友好团结，也就是缺少礼貌意识。聪明的妈妈为了纠正他这个缺点，把他领到一个山谷中，对着周围的群山喊："你好，你好。"山谷回应："你好，你好。"妈妈又领着小孩喊："我爱你，我爱你。"同样，山谷也回应道："我爱你，我爱你。"小孩惊奇地问妈妈这是为什么，妈妈告诉他："朝天空吐唾沫的人，唾沫也会落在他的脸上；尊敬别人的人，别人也会尊敬他。因此，不管是面对时常见面的人，还是远隔千里的人，都要处处尊敬他人。"

任务分析

从上边这个故事我们可以看出，礼就是尊重别人，只有尊重别人才能得到别人的尊重。正如下面孔子对礼的解释，相信大家看完之后就会更明白什么是礼。

子路问孔子："老师，请问什么叫礼啊？"孔子回答说："简单地说，礼就是爱人，礼是出于爱人之心的。"

子路想了想，说："老师，我还是不明白，您能不能说得详细一点？"孔子说："礼，就是要天子爱天下人，诸侯爱自己管辖境内的人，士大夫爱自己的职责，读书人与老百姓爱自己的家人，难道这还有什么不清楚的吗？"

子路想了想，又问："说礼就是爱，那不就与老师说的'仁者爱人'一样了吗？"孔子抚掌大笑道："本来嘛，两者就是一回事！'仁者爱人'说的是人的内在素质，'礼者爱人'说的是人的外在表现，两者是一致的啊！"子路这才点点头说："我懂了。"

知识链接

一、礼仪的含义

中国自古被称为"礼仪之邦"。在古代"礼"主要有三层意思：一是政治制度，二是礼貌、礼节，三是礼物。"仪"也有三层意思：一是指容貌和外表，二是指仪式和礼节，三是指准则和法度。

在西方国家，"礼仪"一词源于法语 Etiquette，它的原意是："法庭上的通行证。"历史上，法国为保证法庭秩序，把各种规则写在进入法庭的通行证上，让人们去遵守。后来，"礼仪"一词进入英国，语义演变为"人们交往的通行证"，它同样有三层含义：一是指谦恭有礼的言谈举止；二是指教养和规矩，也就是礼节；三是指仪式、典礼、习俗等。

纵观中外对礼仪的理解，我们可以看出，它有以下三方面的基本意思。

其一，礼仪是一种行为规范或行为模式。

其二，礼仪是大家共同遵守的一种行为准则。

其三，礼仪能约束人类欲望，保证社会秩序，实现人际关系的和谐。

综上所述，礼仪的概念可以概括为：礼仪是人类社会生活中在语言和行为方式方面的一种约定俗成的符合礼的精神，要求每个社会成员共同遵守的规范和准则。

礼仪是人类文明延续的结果，是人类文化的积淀，是一个国家、民族、地区道德文化水平和发达程度的重要标志之一。

二、礼仪的相关概念

从礼仪的含义我们可以看出，还有一些相关概念与礼仪有着密切的关系，这些概念在现实生活中非常容易混淆，因此有必要作出区分。

礼貌，一般是指在人交往中，通过言语、动作向交往对象表示谦虚和恭敬。它侧重于表现人的品质与素养。

礼节，通常是指人们在交际场合，相互表示尊重、友好的惯用形式。它实际上是礼貌的具体表现方式。它与礼貌之间的相互关系是：没有礼节，就无所谓礼貌；有了礼貌，即必然伴随有具体的礼节。

仪式，通常是指在一定的场合，为了表示郑重、敬意、友好而举行的具有专门程序化行为规范的活动。例如，开幕典礼、开学典礼、结婚仪式、签字仪式等。

礼仪是礼节和仪式的统称。显而易见，礼貌是礼仪的基础，礼节和仪式是礼仪的基本组成部分。换而言之，礼仪在层次上要高于礼貌、礼节和仪式，其含义更深、更广。礼仪实际上是由一系列的具体的表现礼貌的礼节和仪式构成的，它不像礼节和仪式那样只是一种具体的做法，而是一个表示礼貌的系统、完整的过程。不过从本质上讲，这四个概念所表现的都是对人的尊敬、友好。

三、礼仪的起源与发展

考古、民俗学等方面的材料证明：我国原始社会生活中已经形成了颇具影响的礼仪规范，宗教礼仪、婚姻礼仪等都已初具雏形。礼仪始于原始社会的说法，在一些保留着很多原始特征的民族中可见一斑。

我国东北的鄂伦春族，在解放前仍沿袭着原始社会的一些礼仪规范。例如，相信万物有灵，他们对熊的崇拜，正像某些汉族人对龙的崇拜一样，十分虔诚。打猎归来，若捕到了熊，大家都要伤心地痛哭一场，吃完熊肉后，还要再哭一场，并对熊骨进行天葬。

在国外的某些民族，原始的礼仪形式同样具有很强的约束力，但这种约束是自觉的。某些风俗习惯也很有意思。例如，在非洲喀麦隆一带的西非庞圭人，往往瞧不起到他们那里考察的白人，认为他们"缺乏教养"。原因很简单：这些人连"我要去拾点儿柴"或"我要去看看捕兽陷阱"是暗示大小便的话都听不懂。

这就是庞圭人的原始礼仪，忌讳直言粪便、尿液的排放。颇有礼貌的庞圭人来到其他村寨，首先便是婉言询问"村长的住处"，或者问"如果有人追捕我，我能到什么地方去躲避呢？"上述说法均出自"讲礼仪"的人之口，他们总是利用其他词句表达"上厕所"这一意思。在西方，礼仪的演变与中国有相似之处，但又有很大的特殊性。这不仅表现在礼仪的具体形式上，还表现在关于礼仪的哲学论述上。

爱琴海地区和希腊是亚欧大陆西方古典文明的发源地。大约公元前6000年，爱琴海诸岛居民就已经开始从事农业生产。此后，相继产生了克里特文化和迈锡尼文化。公元前11世纪，古希腊进入以《荷马史诗》而得名的"荷马时代"。《荷马史诗》包括《伊利亚特》和《奥德赛》两部分。这部著名的叙事诗，主要描写特洛伊战役和希腊英雄奥德赛的故事，其中也有关于礼仪的论述，如讲礼貌、守信用的人才受人尊重。

公元476年，西罗马帝国灭亡，欧洲开始了封建化的进程。12—17世纪，是欧洲封建社会鼎盛时期。中世纪的欧洲形成的封建等级制度，以土地为纽带，将封建主与其附庸联系在一起，制定了烦琐的贵族礼仪、宫廷礼仪等。例如，于12世纪写成的冰岛诗集《伊达》，就详尽地叙述了当时用餐的规矩，佳宾贵客居上座，举杯祝酒有讲究……

17—18世纪是欧洲资产阶级革命浪潮兴起的时代，尼德兰革命、英国资产阶级革命和法国大革命相继爆发。随着资本主义制度在欧洲的确立和发展，资本主义社会的礼仪逐渐取代封建社会的礼仪。资本主义社会奉行"一切人生而自由、平等"的原则，但由于社会各阶层在经济上、政治上、法律上不平等，因此未能做到真正的自由、平等。不过，资本主义时代也编撰了大量礼仪著作。英国资产阶级教育思想家约翰·洛克于1693年写作了《教育漫话》，该书系统、深入地论述了礼仪的地位、作用以及礼仪教育的意义和方法。英国政治家切斯特菲尔德勋爵在其名著《教子书》中指出："世界最低微、最贫穷的人都期待从一个绅士身上看到良好的教养，他们有此权利，因为他们在本性上和你是平等的，并不因为教育和财富的缘故而比你低劣。同他们说话时，要非常谦逊、温和，否则，他们会以为你骄傲，从而憎恨你。"

西方现代学者编纂、出版了不少礼仪书籍，其中比较著名的有教育家卡耐基编撰的《成功之路丛书》等。

总之，礼仪的历史演变到今天，各个国家以及不同民族都形成了自己独具特色的礼仪文化和礼仪规范。英国人的绅士风度、法国人的浪漫情调、美国人的洒脱自由、日本人的男女有别、中国人的谨慎谦虚等，也为世界所共知；但另一方面，随着全球一体化的加剧，当今世界也形成了一些被普遍认可和接受的礼仪惯例。个性与共性并存，特色与惯例同在，共同构成了当今世界礼仪的亮丽风景。

思考与讨论

1. 什么是礼貌？什么是礼节？两者有什么区别和联系？
2. 仪式和礼仪的定义是什么？
3. 礼仪是怎样产生的？

实 训 题

要求学生发言讨论在社会上都有哪些不文明的现象，并且反思自己在文明礼仪方面有哪些应该改进的地方。

案 例 分 析

大学毕业生小王去应聘酒店总经理的助理，经过几轮复试，最后留下两个人，到见总经理的最后阶段。和他一起的面试者是 D 大的高材生，很优秀漂亮的一个女孩。小王当时想，这么漂亮的女孩，能力也不错，最后录取这位漂亮女孩的机会要比录取他的大。

然而他并不是那样容易放弃的人，他想自己也是 F 大的高材生，两个人势均力敌，谁笑到最后还不一定。

那天，他们两个人一起被通知去总经理的办公室，路上遇到一位保洁阿姨在擦玻璃，她的清洁车放在旁边，转身时不小心撞到女孩，把桶里的水泼到了两个人的身上。

同行女孩的鞋子和裙摆上都有水渍，小王的裤子和皮鞋上也有。

那个女孩瞬间就发火说："你这个保洁员有没有长眼睛，明知道后面有人来，还那么不小心，你是不是故意的。我等会儿要面试，现在你看看我这样怎么去见人，耽误了我的面试你负责得起吗？真是倒霉。"

又转头对小王说："你等一下我，我去收拾一下，等会儿一起进去，要不然你一个人先去也不好，对吧。"

说完不等小王回答就往洗手间方向去了。

小王听到女孩这样对保洁员说话，对她顿时没了好感。小王对保洁阿姨说："阿姨，没关系，就是溅到一点儿水，您别太自责，下次注意就好。"

之后还帮保洁阿姨把地上的水拖干净。在等那个女孩的时候，一边和阿姨聊天，一边帮保洁擦高处的玻璃。

最后，他们两个人到了总经理的办公室。

总经理对小王伸出手说：恭喜你，你被录取了。

原来，所谓最后一场面试，就是刚才保洁阿姨的那段考验。

那位总经理这样说："我们是服务行业，心里有别人，懂得尊重别人是最重要的。有教养的人，往往是一个懂得尊重别人，顾及别人感受，懂得换位思考的人。在人之上，能尊重体恤下属；在人之下，能自尊自爱不自弃，这样的人以后才能被委以重任。"

的确，尊人者，人尊之；自尊者，人亦尊之。尊重的最高境界，不是所谓的感同身受，而是以己之身受人之感。

问题：

你认为总经理的面试有没有道理？在生活中我们还有哪些不文明的行为让别人反感？

任务二 | 礼仪的特征与原则

任务引入

有一次，理发师正在给周总理刮胡须，总理突然咳嗽了一声，刀子立即把总理的脸给刮破了。理发师十分紧张，不知所措，但令他惊讶的是，周总理并没有责怪他，反而和蔼地对他说："这并不怪你，我咳嗽前没有向你打招呼，你怎么知道我要动呢？"这虽然是一件小事，却使我们看到了周总理身上的美德——宽容。

任务分析

周总理不但没有责怪理发师，反而说："这并不怪你，我咳嗽前没有向你打招呼，你怎么知道我要动呢？"宽容和体谅他人是我们中华民族的美德，周总理的宽容赢得了人民的爱戴。

知识链接

一、礼仪的特征

特征是某一事物区别于其他事物的显著标志。正确地掌握礼仪的特征，对于提高学习礼仪这门学科的针对性和有效性，吸收和发扬世界优秀的礼仪规范和礼仪内涵，有十分重要的意义。纵观古今中外的礼仪，可以概括出以下几个特征。

1. 规范性

礼仪属于非法律规范，它是约定俗成的，或由社会成员的代表们共同商讨和制定的。它以一定的道德基础为前提，用来协调人际关系，提高自身修养，促进社会安定，稳定社会发展。礼仪这种规范虽不像法律那样具有强制性，但它却是人们在一切交际场合语言和行为方面的准则，是衡量一个人道德水平和文化修养的重要尺度，因此，任何人要想在交际场合表现得彬彬有礼，建立良好的人际关系，都必须无条件地遵守礼仪这种规范。另起炉灶，自搞一套；或是只遵守自己适应的部分，而不遵守自己不适应的部分，都难以为交际对象所接受和理解。

2. 地域性

礼仪尽管具有一定的普遍性，但是在不同的民族、不同的国家、不同的地区，由于宗教信仰、风俗习惯、地理位置、文化背景的不同，使得不同地区、不同国家的礼仪有着明显的差异，正所谓"五里不同风，十里不同俗"。例如，中国人崇拜龙，在原始社会，龙是我们汉民族崇拜的图腾；进入封建社会，龙又成了帝王"真龙天子"的化身；而现在龙是喜庆吉祥的代名词。但是，在英国以至整个西方世界，龙是凶残阴险的标志，人人惧怕，人人厌恶，而且很多关于龙的故事中，它总是落得被宰杀的下场。因此，春节给中国人送龙的贺卡，就很适合中国人的口味，若圣诞节对英国人也如此，则大大失礼了。

3. 可行性

切实有效，实用可行，规范简明，易学易会，便于操作，是礼仪的又一大特征。"礼者，敬人也"是礼仪的精髓。该怎么样，不该怎么样，就看能不能敬人，敬大多数人，而不能为造作而礼仪，为礼仪而礼仪。礼仪不仅有它的原则和规范，更有一系列具体细节上的方式方法，能够对礼仪的规范和原则加以贯彻和执行，使之落到实处，"言之有物""行之有礼"。因此礼仪应该是易记易行，简明扼要，易于掌握，便于操作的。

4. 继承性

礼仪的形成要经过一个较长的演变过程，一种礼仪形成以后，就会在人们之间形成共识，被人们认同，并且被一代一代地继承下去。只有在社会发生重大变革，人们的观念发生重大革新时，旧的礼仪才会逐渐以缓慢的速度消失。礼仪的继承性、延续性特点非常突出。任何国家、任何民族的礼仪都是从传统礼仪的基础上继承发扬来的，离开了对本国、本民族既往礼仪成果的继承、发扬，就不可能有现代礼仪。传统礼仪不乏优秀的内容，也不乏陈腐落后、封建愚昧的糟粕。因此，对既往礼仪遗产的正确态度是既不能食古不化，全盘沿用，也不能全盘否定，而应当是有扬弃，有继承，更要有发展。

5. 时代性

礼仪虽然具有很强的继承性，但并不意味着礼仪是一成不变的。政治的变革、朝代的更迭，经济的发展，科技的进步，导致文化形态发生相应的变化，从而使礼仪也发生了变化。况且，国际间、民族间经济文化的频繁交流，相互吸取，相互借鉴，也势必影响到各民族的礼仪不断地发生或大或小的变化，从而使礼仪显示出一定的时代性或阶段性。20 世纪初，在欧美地区如果有一位少妇外出遛狗，会被视为丧失风度，有辱礼节。但是 20 年后，欧美地区遛狗成风，成为少妇最有风度的行为。在人们羡慕的眼光里，这不但符合礼节，而且是一种上层生活的表现。了解了礼仪的时代性，就不会把它看成一成不变的东西，而能够更好地以发展、变化的眼光去看待它，也不会对礼仪搞"教条主义"，使之僵化不变，脱离生活和时代。

扫一扫了解
历史上的礼仪

6. 普遍性

礼仪是一种社会规范，是调整社会成员在社会生活中相互关系的行为准则，是全人类所共同需要的上层建筑，所以礼仪被人们普遍地运用于各种场合，可以说礼仪无处不在。大至政治、经济、文化、外交领域，小至个人衣食住行；不论城市乡村、哪种行业；不论干部群众、集体个人；不论单位家庭、繁简事务；不分国家、民族、地域、性别、年龄；不分大小场合，人数多少，只要存在交往，礼仪就会作为一种不可缺少的、不可逾越的行为规范被普遍地遵循。

二、礼仪的原则

任何事物都有其内在的一般原则，作为社会意识形态领域的礼仪也不例外。揭示礼仪的一般原则有助于我们正确地把握礼仪，减少交际失误。在社会交往中，具体的礼仪规范比较庞杂和琐碎，一般人很难将各种各样的礼仪规范都了如指掌，这就要求我们能够掌握礼仪的一般原则，具体问题具体分析，灵活运用。礼仪的一般原则是对礼仪实践的具体规范的高度概括，所以学习掌握了礼仪的一般原则之后就可以做到触类旁通，以不变应万变。那么，礼仪的一般原则包括哪些方面呢？

1. 遵守原则

在交际应酬之时，每一位参与者都必须自觉、自愿地遵守礼仪，以礼仪去规范自己在交际活动中的一言一行，一举一动。对于礼仪，不仅要学习、了解，更重要的是学了就要用，要将其付诸个人社会实践。任何人，不论身份高低、职位大小、财富多寡，都有自觉遵守、应用礼仪的义务；否则，就会受到公众的指责，交际就难以成功，这就是遵守原则。没有这一条，就谈不上礼仪的应用和推广。

2. 平等原则

在具体运用礼仪时，允许因人而异，根据不同的交往对象，采取不同的具体方法。但是，与此同时必须强调指出：在礼仪的核心点，即尊重交往对象、以礼相待这一点上，对任何交往对象都必须一视同仁，给予同等程度的礼遇。不允许因为交往对象彼此之间在年龄、性别、种族、文化、职业、身份、地位、财富以及与自己的关系亲疏远近等方面有所不同，就厚此薄彼，区别对待，给予不同的待遇。商务礼仪中平等的原则要求：以礼待人，有来有往，既不能盛气凌人，也不能卑躬屈膝。平等原则是礼仪的基础，是现代礼仪有别于以往礼仪的主要原则。

3. 自律原则

从总体上看，礼仪规范由对待个人的要求与对待他人的做法这两大部分所构成。对待个人的要求，是礼仪的基础和出发点。学习、应用礼仪，最重要的就是自我要求、自我约束、自我控制、自我对照、自我反省、自我检点，这就是所谓的自律原则。要想真正遵守礼仪、运用礼仪，关键还要看自己的自律能力。古人云："己所不欲，勿施于人"。若是首先没有对自己的要求，人前人后不一样，只求诸人，不求诸己，不讲慎独与克己，遵守礼仪就无从谈起。

4. 敬人原则

礼仪的核心就是敬人。所谓敬人的原则，就是要求人们在交际活动中，不仅要与交往对象互谦互让，互尊互敬，友好相待，和睦共处，更要将对交往对象的重视、恭敬、友好放在第一位。在礼仪的两大构成部分中，有关对待他人的做法这一部分，比对待个人的要求更为重要，这一部分实际上是礼仪的重点和核心。而对待他人的诸多做法之中最重要的一条，就是敬人之心常存，处处不可失敬于人，不可伤害他人的个人尊严，更不能侮辱对方的人格。掌握了这一点，就等于掌握了礼仪的灵魂。在人际交往中，只要不失敬于人，哪怕具体做法一时失当，也不能算失礼。

5. 宽容原则

宽容就是心胸宽广。法国有一句谚语："了解一切，就会宽容一切。"能设身处地地为别人着想，能原谅别人的过失也是一种美德，是现代人的一种礼仪素养。宽容的原则要求人们在交际活动中运用礼仪时，既要严于律己，又要宽以待人。要多容忍他人，多体谅他人，多理解他人，千万不要求全责备，斤斤计较，过分苛求，咄咄逼人。在人际交往中，要容许他人有个人行为和独立进行自我判断的自由。对不同于己、不同于众的行为耐心容忍，不必要求其他人处处效法自己，与自己保持完全一致，这也是尊重对方的一个重要表现。

6. 从俗原则

由于国情、民族、文化背景的不同，在人际交往中，实际上存在着"五里不同风，十里不同俗"的局面。对这一客观现象要有正确的认识，不要自高自大，唯我独尊，以我画线，简单否定其他人不同于己的做法。必要时，必须坚持入乡随俗，与大多数人的习惯一致，切勿目中无人，自以为是，指手画脚，随意批评，否定他人的习惯性做法。遵守从俗原则的这些规定，会使礼仪的应用得心应手，更加有助于人际交往。

7．诚信原则

诚信原则就是遵时守信，"言必信，行必果"。取信于人在交际中是十分重要的，这就要求我们在与人交往运用礼仪时，务必待人以诚，诚心诚意，言行一致，表里如一。只有如此，自己在运用礼仪时所表达的对交往对象的尊敬与友好，才会更好地被对方所理解、所接受。与此相反，倘若仅仅把运用礼仪作为一种道具和伪装，在具体操作礼仪规范时口是心非、言行不一、弄虚作假、投机取巧，或是事前一个样，事后一个样，有求于人一个样，被别人所求另一个样，则有悖礼仪的基本宗旨。

8．适度原则

适度原则的含义，是要求应用礼仪时，为了保证取得成效，必须注意技巧，合乎规范，特别是注意做到把握分寸，认真得体。这是因为凡事过犹不及，运用礼仪时假如做得过了头，或做得不到位，都不能正确表达自己的自律、敬人之意。当然，运用礼仪要真正做到恰到好处，恰如其分，只有通过勤学多练，勇于实践，此外别无他途。

思考与讨论

1．举例说明由于东西方文化的差别而导致东西方礼仪的差异有哪些？
2．我们现在有哪些礼仪是从传统礼仪继承过来的？
3．遵守礼仪为什么要适度？

实　训　题

说说在现实生活中由于不诚信给我们的生活带来的危害有哪些？

案例分析

我在杂志社工作时，有一次社长谈了个广告，单子很大。社长自然不能做具体业务，所以要找个业务员跟客户对接。我们一致认为小韩做这个事最合适，因为他跟那公司的老总是老乡，人也比较能干。那天社长约了老总下午见面，想叫着小韩一起。不巧，小韩请假外出，手机又一直打不通。社长很着急，临时喊来另一个业务员小顾，说："下午你跟着我去吧。"天上掉下个大单子，小顾喜不自禁，说："太好了，我回去准备下。"社长说好，又补了一句："本来小韩去最合适，他跟那老总是老乡，但现在找不到他，没办法了。"小顾想了一下，说，"小韩有两个手机号，他以前用另一个号给我打过电话，我翻翻看能否找出来吧。"十分钟后，小顾来找社长，说："我联系上小韩了，他下午能过来。"社长很高兴，连连点头。小顾出去了。社长看着他关上门，回头就竖起了大拇指，跟我说：这孩子，这人品。

这是七八年前的事了。

前段时间我和社长见面，偶然聊到小顾，我说起这件事，没想到社长也记忆犹新。他说："虽然就是找个电话号码的事，但换一般人，做得出来吗？那天要是小顾跟我去，单子就签他手上了，好几万的提成啊，对他可不是小数字，但这孩子就硬把小韩给我找出来了，我心里真是感动，冲他这份厚道，我后来又给了他好几个单子。"我问："小顾知道您为什么给他单子吗？"社长笑，说："他不知道，他可能以为是自己运气好吧。"

问题：

你认为社长为什么欣赏小顾？

任务三 礼仪的性质与意义

任务引入

一批应届毕业生参观北京某部实验室，负责接待的领导秘书为大家倒水，大多数同学都表情麻木，只有一位叫林晖的同学站起身并轻声说："辛苦了，谢谢您！"当部长讲完话为大家发纪念册时，林晖也是礼貌地站起身，身体微倾，双手接过纪念册，恭敬地说了一声"谢谢您！"部长见此情景，拍了拍林晖的肩膀并记下了他的姓名。不久之后，毕业了的林晖分到了该部实验室，而那些学习成绩比林晖好的同学感到不满找到导师，导师告诉他们，他们应该补上一课，就是修养。

任务分析

从上面的例子可以看出，林晖不是仅仅靠自己的专业知识赢得了用人单位的青睐，而且是通过自己良好的修养，对人的尊重，也可以说是靠自己懂礼仪、讲礼仪打动了用人单位，可见礼仪在我们的日常生活中多么重要。

知识链接

一、礼仪的性质

礼仪已经逐渐成为一门新兴的人文科学，作为社会科学的一个重要分支，礼仪主要以礼仪活动、礼仪规范、礼仪规律作为自己的研究对象。

总的来说，礼仪是一门人文应用科学。具体而言，礼仪的学科定性是：首先，它是一门应用性科学。礼仪具有很强的实用性和可操作性。从某种意义上说，它实际上就是有关交际艺术的科学。

其次，它是一门实践性学科。与纯粹的理论演绎、概念探讨、逻辑抽象显然不同，礼仪来源于实践，并且直接服务于实践。它拒绝夸夸其谈，注重一切从实际出发，坚持实事求是。

再次，它是一门普及性学科。在现实生活中，每一个人都必须参加交际活动，每个人都希望自己的交际活动取得成功，而礼仪正是一门可将交际活动导向成功的科学。由此可见，礼仪应当是一门人人必修的普及性学科。而随着整个社会文明程度的提高，它也必将进一步得到普及。

最后，它是一门综合性学科。礼仪虽然是一门专门研究人的交际行为规范的科学，这也正是它有别于其他学科的标志，但是，另一方面它也广泛吸收了其他许多学科的成果，用以充实、完善自身。礼仪和许多门学科都有密切的联系，因此，我们说礼仪是一门综合性学科。

礼仪作为一门综合性学科，与民俗学、传播学、美学、伦理学、心理学、社会学、公共关系学联系最为密切。

1. 礼仪与民俗学

民俗学所研究的是流传于民间的文化民俗事象。礼仪与民俗的关系是："礼出于俗，俗化为礼。"两者相互联系，相互影响，相互转化。正因为如此，礼仪有时又被称为礼俗。研究民俗学，将有助于进一步解释礼仪。学习礼仪，又将使人能够深入地理解民俗。

2. 礼仪与传播学

传播学所研究的是信息传播的规律，运用传播学的观点来看待交际活动，它实际上是一种人际传播。礼仪与传播学的关系是：礼仪活动通常与传播有关。传播学则是礼仪规范的一个重要理论基础。交际即信息传播，传播制约着交际，两者密不可分，相互依存。

3. 礼仪与美学

美学所研究的是美的一般规律，社会美是其研究的一个重要方面，而社会美又往往表现于人的交际活动之中。礼仪与美学的关系是："有礼则雅"，符合礼仪的做法必然是美的，而美又是衡量礼仪是否完善的一个尺度。从某种意义上讲，礼仪实际上是交际活动的一种形式美。

4. 礼仪与伦理学

伦理学所研究的是道德问题，它是一门纯理论的学科。礼仪则是对伦理学研究成果的具体运用，它反映着社会的道德关系，体现着社会的道德标准。礼仪与伦理学的关系是：伦理学是礼仪的基础，而礼仪是对伦理学所提出的道德要求的具体表现形式。在人际交往中，讲道德就必须讲礼仪，而讲礼仪又反过来有助于讲道德。

5. 礼仪与心理学

心理学所研究的是人的心理活动及其一般规律。礼仪与心理学的关系是：心理学是礼仪活动的基础。人是交际的主角，只有掌握人的心理活动，才能更好地理解人、尊重人，才能更好地运用礼仪。洞察人心，尊重人格，是两者共同的主旨。

6. 礼仪与社会学

社会学所研究的是社会生活和社会行为。礼仪与社会学的关系是：交际活动是社会学的重要研究对象之一，而研究社会生活、社会行为的社会学所提供的一系列成果，则又必须有助于礼仪所关注的交际活动的成功。

7. 礼仪与公共关系学

公共关系学研究的是组织所面对的公众关系。礼仪与公共关系学的关系是：公共关系是交际活动中的每一位成功者所必须妥善处理的，而礼仪则又是处理公共关系的一种重要的技术手段。礼仪与公共关系往往密不可分。

二、学习礼仪的重要意义

1. 学习礼仪可以提高个人参与竞争的能力

社会发展到现在，已进入一个激烈竞争的时代，在这个竞争时代，人们都要改变观念，增强竞争意识，掌握竞争手段，提高竞争能力，从而在激烈的竞争中立于不败之地。而学习系统的礼仪只是便于掌握竞争手段的重要内容之一。我们知道，人与人之间的各种关系都是以交际为基础的，而个体社会化的完成是在与他人交际过程中实现的。在人的整个社会化过程中，如果忽略了礼仪知识的学习，不懂得如何与他人建立和睦的人际关系，就会在激烈的竞争中被淘汰。

美国著名学者卡耐基认为人际关系是个人事业取得成功的一个重要条件。他认为，事业的成功 85% 在于良好的人际关系。此话不无道理。事业成功的首要条件是能力，其次是机遇，最后就是人际关系了。这里所说的人际关系，是指一种处理人际关系的能力，是个人的交际能力。在现代社会里，交际能力强意味着获取信息的本领大。现代社会是信息时代，谁能最大限度地获取信息并处理信息，谁就能在事业上成功。因此，掌握一定的礼仪知识，学会协调和处理人际关系，获取更多的信息，在激烈的竞争中占据主动地位，为自己事业的发展创造良好的环境是十分必要的。

2．学习礼仪有助于提高人们的自身修养

在人际交往中，礼仪往往是衡量一个人文明程度的准绳。它不仅反映着一个人的交际技巧和应变能力，还反映着一个人的气质风度、阅历见识、道德情操、精神面貌。因此，在这个意义上，完全可以说礼仪即教养，有道德才能高尚，有教养才能文明。这也就是说，通过一个人对礼仪的运用程度，可以观察其教养的高低、文明的程度和道德的水准。由此可见，学习礼仪，运用礼仪，有助于提高个人的修养和文明程度。

3．学习礼仪有助于塑造良好的个人形象、企业形象

个人形象是一个人仪容、表情、举止、服饰、谈吐、教养的集合，而礼仪在上述诸方面都有其详尽的规范。因此学习礼仪，运用礼仪，无疑将有助于人们更好、更规范地展示个人良好的教养和优雅的风度，塑造良好的个人形象。而在公务交往和商务交往中，个人形象往往代表着单位形象和企业形象；而在跨地区、跨国界交往中，个人形象则代表着本地区、本国的形象。因此，良好的个人形象是塑造企业形象和国家形象的前提。

4．学习礼仪有助于促进社会文明程度的提高

从社会教育的角度来看，礼仪是人的社会化的重要内容之一，对它的学习与培养，促进了人类文化的延续和文明程度的提高。一个具有良好文明素养的民族，必定是一个讲礼仪、懂礼貌的民族。换句话说，是否讲礼仪也是一个国家、一个民族文明程度高低的重要标志。古人云："礼义廉耻，国之四维"将礼仪列为立国精神要素之本。而在日常交往中，诚如英国大哲学家约翰·洛克所言："没有良好的礼仪，其余的一切就都会被别人看成骄傲、自负、无用和愚蠢。"荀子也说过："人无礼则不立，事无礼则不成，国无礼则不宁。"反过来说，遵守礼仪，应用礼仪，将有助于提高个人的修养和精神品位，从而促进全社会文明程度的提高。

思考与讨论

1．与礼仪相关、相近的学科都有哪些？礼仪能不能成为一门独立的学科？
2．举例说明哪些礼仪是由风俗习惯演化而来的？

实训题

举例说明在生活中礼仪有什么重要作用？

一顿饭看出一个人的修养

过年前夕，梅梅的父母来北京陪她过年，梅梅的男友火速预定了熟悉的餐厅，并在饭局上努力表现。可回到家，梅梅的父母发话了：你这个男朋友在我们眼里不过关！第一，他订餐厅时并没有征求过梅梅的意见，没有问过二老的饮食口味；第二，赶上节前宴请高峰上菜慢，他反复催促服务员，态度很不友善，动辄要投诉；第三，席间他手机响了，他可以向对方表明自己有事，稍后联系，如果是急事也可以说声抱歉离席处理，但他却边吃边接了长达十几分钟的电话，梅梅的父母只能坐在他对面尴尬地吃着。

听完父母的意见，梅梅也有些犹豫了。

饭桌见人品，很多细节早已暴露了你的真相。无论在商务饭局还是私人饭局上，怎么对待服务员，反映的不仅是礼貌和教养，还有情商。

问题：

通过上面的例子分析为什么修养体现于细节。

最令人反感的话

刺耳的话

朋友们一起聚餐，一人出钱买单，其他人觉得不好意思，你却说："不要紧，他有的是钱。"

听了这种话，也许买单者嘴上没说，脸上也没表露不高兴，但心里早就火冒三丈了：我对你的好是出于情分，我有钱，我力气大，难道就该为你服务吗？

嘲笑的话

下班拼车回家，司机不熟悉路线，十几分钟的路程走了一个小时，你笑他说："还老司机呢，怎么连路都不认识？"男人经常做家务，对妻子也是百依百顺，你却嘲笑他："混成这样，还算是个男人吗？"

这样的话虽然不伤人，但让人听了也会很反感：谁规定男人在家不能做家务，老司机也有没走过的路啊！别人已是不易，听到嘲讽的话想必会更加心塞吧。

负能量的话

别人坚持锻炼减肥，你却告诉他长得丑再减也没用；大家一起逛街，你一会儿说交通状况稀烂，一会儿说空气质量太差；别人熬夜加班辛苦工作，你却说："认真你就输了，升职的人选早已内定了。"

经常对别人说些负能量的话，一味地打击抱怨，会让别人心生厌烦。

负能量的话会让人心生郁闷，悲观消极。

问题：

你从案例中得到什么启示？

扫一扫

扫一扫进行
更多练习

项目二
仪表礼仪

学习目标

① 掌握规范的商务人员的仪表礼仪和服饰礼仪。

② 了解正式场合商务人员的仪表礼仪和服饰礼仪的评判标准。

③ 熟悉商务人员仪表与服饰礼仪修饰的技巧和方法。

技能目标

能够掌握商务人员仪表与服饰礼仪的要求，学会在正式场合如何打造商务人员得体的仪表和服饰，学会打领带、化淡妆，以及服装色彩、样式搭配的技巧与方法。

任务一 │ 仪容

🌱 任务引入

不注重形象的代价

有一年我们杂志社招编辑，我和总编、人事主管负责面试。来了个姑娘，素颜、头发有点乱，穿着睡衣一样的长袍，坐下来侃侃而谈。我努力忽略她的形象去探索她的实力。问了几个问题，感觉这姑娘还是有点思想和才华的。

但是总编和人事主管从头到尾基本没有问话。姑娘一出门，人事主管就表达了不满，他说形象是一个人的外在信息，对自己这么不重视，还会重视工作吗？

必须承认他是对的。正如那段流传很广的话所说：以貌取人也不无道理，因为性格写在脸上，人品刻在眼里，生活方式显现在身材，情绪起伏表露于声音，态度看手势，家教看站姿，审美看衣服，爱不爱干净看指甲，重不重视形象看头发。如果一个人的外在形象不好，就会透露出内在的不完善，让人对你失去信心和兴趣。于是不注重形象的你就会丧失掉很多机会。

（作者：李月亮）

🌱 任务分析

案例中的主人公虽然有思想、有才华，可是还是失去了一次不错的机会。究其原因主要是不注意自己的形象，不会装扮自己。外表确实没有内涵重要，但它是一把钥匙、一个敲门砖，这块砖不好用，有些门你就进不去，你的内涵就无从展现。

现在，我们在改变形象上有很多选择，也正因为选择如此之多，大部分人又都在做，所以不修边幅、不注重形象的人，会显得格格不入，会付出许多不必要的代价。

🌱 知识链接

仪容是仪表的重要组成部分。仪容主要指一个人的容貌。在社会交往中，注重个人仪容仪表，对建立良好的社会形象有重要作用。人们总是赞赏美丽的容貌，容貌美会给社交活动带来许多便利。但天生丽质的人总是少数，绝大多数人只是相貌平平。怎样才能使人们的容貌变得更加美丽呢？美容化妆对于仪表美有画龙点睛的作用，因为它突出地表现了人最富有感情变化的部分。

（一）头发

奥黛丽赫本说："女人的头发是飘扬的形象和品质的标识。"头发赋予女人的不只是美丽，更是一种生命的象征，一面生活品质的镜子。

按照一般习惯，人们注意、打量其他人，往往是从头部开始的。而头发生长于头顶，位于人体的"制高点"，所以更容易引起别人的注意。和人接触时，你留意观察一下他的头发是否干净、健康、美观，以及是否修剪得好。如果你发现一个人的头发脏乱粗糙，你会认为他不仅没有品位，而且生活品质一般，他在你心中的印象会大打折扣。有鉴于此，修饰仪容应当"从头做起"。修饰头发应注意的问题有以下 6 个方面。

1. 勤于梳洗

头发是人们的脸面，所以应当自觉地做好日常护理。不论有无交际应酬活动，平日都要对自己的头发勤于梳洗，洗头的水温应在37℃左右，不宜使用温度过高的水。先洗头皮再洗头发，洗头之前一定要把头发梳开，不能在打结状况下洗，洗发水应先在手中揉搓出泡沫后再使用。另外，去屑洗发水不要长时间使用，因为去屑洗发水具有较强的杀菌和清洁能力，可能会造成皮脂膜的过度脱落，长时间使用容易使头皮干燥。所以应根据情况逐渐减少使用的次数。不要临阵磨枪，更不能忽略此点，疏于对头发的"管理"。勤梳洗头发的作用有3个：一是有助于保养头发，二是有助于消除异味，三是有助于清除异物。

通常理发，男士应为半月左右一次，女士可根据个人情况而定，但最长不应长于1个月。洗发应当3天左右进行一次，若能天天都洗自然更好。另外，如果抹了摩丝或定型啫喱之后不洗头就睡觉，会损伤头发，一定要洗净之后再上床。还有，在头发没干之前睡觉，由于湿气的缘故很容易生头屑，而且头发会搅在一起，很难打理。梳头时，要使用梳齿较宽、齿端较钝的梳子。梳头能够去除头皮的角质和老化物，促进血液循环和皮脂分泌，在维护头皮健康的同时，使头发具有光泽和弹力。但是在湿发时，头发处于较脆弱的状态，此时梳头会导致头发折断，所以要注意。许多女性长年保持不变的发线，其实这样会使发线部位因长期太阳照射而变得干燥，从而导致头发稀疏。所以，经常变换发线也是防止脱发的一个简单易行的方法。总之，头发一定要洗净、理好、梳整齐。

如有重要的交际应酬，应于事前再进行一次洗发、理发、梳发，不必拘泥于以上时限。不过务必记住，此类活动应在"幕后"操作，不可当众"演出"。

2. 长短适中

虽说一个人头发的长短应当自己决定，别人不便干预，也不可强求一律，但从社交礼仪和审美的角度看，它仍受到若干因素的制约，是不可以一味地只讲自由与个性，而不讲规范的。影响头发长度的制约因素有如下几点。

（1）性别因素。人分男女，男女有别，在头发的长度上便有所体现。一般认为，女士可以留短发；男士头发可以稍长，但不宜长发披肩，梳辫挽髻。在头发的长度上可以中性化一点，但不应超过极限，不男不女。

（2）身高因素。头发的留发长度，在一定程度上与个人身高相关。以女士留发长度为例，头发的长度就应与身高成正比。一个矮个的女士若长发过腰，会使自己显得个头更矮，显然很不明智。

（3）年龄因素。人有长幼之分，头发的长度也受此影响。例如，一头飘逸披肩的秀发，在少女头上相得益彰，有如青春的护照；而它出现在一位年逾七十的老奶奶头上，则显得不是特别匹配。女士随着年龄的增大头发要渐短，尤其是40岁以后，应以短发为宜。

（4）职业因素。职业对头发的长度影响很大。比如，野战军战士为了负伤后抢救方便，通常理光头，商界、政界人士则不宜如此。商界对头发的长度大多有明确限制：女士头发不宜长过肩部，必要时应以盘发、束发作为变通；男士不宜留鬓角、发帘，最好不要长于7厘米，最长的标准是：前不覆额，后不及领，侧不盖耳，最短的标准是不能剃光头（谢顶除外）。而剃光头，在商界则男女都不合适。

3. 发量多与少的打理

对于发量较少的头发，我们建议：剪发时层次不要太高，这样线条比较实，有饱满的效果；

不要留得太长，因为头发越长会显得发量越少；不宜定型，可以考虑烫发，使头发变得蓬松。当然具体操作要根据个人情况而定。

对于发量较多的头发，一般来说，发型师会建议打薄，这是解决"多"的有效方法，但最好的解决方法还是靠层次来调节发量。

4. 发型得体

发型，即头发的整体造型。在理发与修饰头发时，都需要关注发型是否得体。选择发型，除需要适当兼顾个人偏好外，最重要的是要考虑个人条件和所处场合。

（1）个人条件，包括发质、脸型、身高、胖瘦、年纪、性格等，都影响发型的选择。

在上述的个人条件里，脸型对发型的选择影响最大。选择发型时，一定要遵守应己原则，使两者相互适应，比如，国字型脸的男士最好别理板寸，否则看上去像一张扑克牌，Ω 发型则只适合鹅蛋脸的女士，它下端向外翻翘，可展示此种脸型之美。要是倒三角形脸型的女士选择了它，就更加突出了缺点。圆脸型合适的发型应该是把圆的部分盖住，显得脸长一些。例如头发侧分可以增加高度：用吹风机和圆齿梳将头顶吹高，两边的头发略盖住脸庞，头发宜稍长；或者两边的头发紧贴耳际，不要露出耳朵，稍梳些短发盖住脸庞；头发倒分，长过下巴是最理想的。长脸型要用优雅可爱的发型来缓解由于脸长而形成的严肃感。在发型的轮廓上，要压抑顶发的丰隆，顶部应平伏，前发宜下垂，使脸部变得圆一些，同时，还要使两侧的发容量增加，以弥补脸颊欠丰满的不足。对于脸型狭长的女性来说，将头发做成卷曲波浪式，可增加其优雅的气质，同时应选择松动而飘逸，整齐中带点乱的发型。正三角型脸的人不妨尝试一下比较温柔的波浪卷发，长度最好是中长或及肩，如果蓬松波浪刚好到下巴两颊的位置，只会让脸型的角度更加明显，所以这方面要特别留意。而太过直顺或是太短的发型都不太适合，所以要将头发留到一定的长度，在变化发型的时候才能兼顾到改善脸型。倒三角形脸的下巴比较短，所以最好让下颚两侧的发量较蓬松，而在上额两侧的发型让它较为服帖，以视觉平衡的方式来修饰。头发最好不要是正好卡在两颊或下巴的长度，因为顺着线条看去只会突显缺点，应该变长到颈部或干脆剪成短发，但短发只有颧骨不凸出的人才适合。方脸型的梳妆要点是以圆破方，以柔克刚，使脸型的不足得到弥补。剪太平直或中分的发型都会使脸显得更方，侧分的头发显得蓬松，使脸型变得柔和。顶部的头发要蓬松，使脸变得稍长，前额不宜留齐整的刘海，也不宜全部暴露额部，可以用不对称的刘海破掉宽直的前额边缘线，同时又可增加纵长感。两耳边的头发不要有太大的变化，头发宜长过腮帮，避免留齐至腮帮的直短发。

高瘦身材通常是比较理想的身材，但这种身材的人有时容易给人留下眉目不清的印象，或者是脸部缺乏丰满感，因而在梳妆时要注意增加发容量，稀少单薄的头发会令人感到乏味。也可以适当地加强发型的装饰性，或在两侧进行卷烫，这样可以协调你清瘦的身材，使人显得活泼而有生气。矮胖身材在发型的梳理上宜用精致花巧的束发髻，整体的发式要向上伸展，亮出脖子，以增加一定的视觉身高。不宜留长发波浪、长直发，应选择有层次的短发和前额翻翘式发型。

（2）所处场合。在社会生活里，人们的职业不同、身份不同、工作环境不同，发型自然也应有所不同。总而言之，在工作场合抛头露面的人，发型应当传统、庄重、保守一些；在社交场合频频亮相的人，发型应当个性、时尚、艺术一些。至于前卫的发型，大约只有对艺术家才是适当的。

5．美化自然

人们在修饰头发时，往往会有意识地运用某些技术手段对其进行美化，这就是所谓美发。美发不仅要美观大方，而且要自然。不宜雕琢痕迹过重，或是不合时宜。

在通常情况下，美发的方法有以下4种形式。

（1）烫发。即运用物理手段或化学手段，将头发做成适当的形状的方法，决定烫发之前，先要看一下本人发质、年龄、职业是否合适。

（2）染发。发色不理想，或是头发变白，即可使用染发剂令其变色。对中国人而言，将头发染黑很正常，而若想将其染成其他色彩，甚至染成多色彩发，则需三思而行。

（3）作发。即运用油、发露、发乳、发胶、摩丝等美发用品，将头发塑造成一定形状，或对其进行护理。作发的要求，与烫发的要求大体相似。

（4）假发。头发有先天缺陷或后天缺陷者，均可选戴假发。选择假发，一是要使用方便，二是要天衣无缝，不可过分俗气。

6．悉心呵护，莫让"秀发去无踪"

正常脱发为每天60～80根，脱发是指超过了这种限度，不正常地掉落很多头发的现象。越来越多的职场精英开始为脱发问题担忧，尤其是在现代社会，过多的压力、染发、环境污染、饮酒、吸烟等，无时无刻不在影响着我们的发质，脱发成为令不同年龄段职业人士担忧的问题。

脱发的防治方法有坚持经常对头皮进行按摩和多摄入可以预防脱发的食品等多种方法。预防脱发的食品有菠菜、枸杞子、纤维素、牛肝、黑豆、芝麻、豆腐、糯米、红豆、苹果、葡萄、桃子、栗子、胡萝卜等。

（二）面容

仪容在很大程度上指的就是人的面容，由此可见，面容修饰在仪容修饰之中举足轻重。修饰面容，首先要做到面必洁，即要勤于洗脸，使之干净清爽，无汗渍、无油污、无泪痕、无其他任何不洁之物。洗脸，每天仅在早上起床后洗一次远远不够。午休后、用餐后、出汗后、劳动后、外出后，都是需要立刻洗脸的。

面容修饰具体包括多个不同的部位，对每个部位而言还有一些不尽相同的规定，需要具体问题具体分析。

1．眼睛

眼睛是人际交往中被他人注视最多的地方，自然是面容修饰时最重要之处。

（1）保洁。这里主要是指眼部分泌物的及时清除问题。对于这一点，应铭记于心，随时注意。另外，若眼睛患有传染病，应自觉回避社交活动，省得让他人提心吊胆，近之难过，避之不恭。

（2）修眉。若感到自己的眉形刻板或不美观，可进行必要的修饰，但是不提倡进行纹眉，因为纹眉不自然，而且"一成不变"，更不允许剃去所有眉毛，刻意标新立异。此外，还须注意，文面、文身一般也在禁忌之列。

（3）眼镜。若有必要，可戴眼镜。戴眼镜不仅要美观、舒适、方便、安全，而且还要随时揩拭或清洗眼镜。在社交场合与工作场合，按惯例不应戴太阳镜，免得让人"不识庐山真面目"，或是给人以拒人千里之外的感觉。

2．耳朵

耳朵虽位于面部两侧，但仍在他人视线注意之内。对耳朵要注意如下两点。

（1）卫生。在洗澡、洗头、洗脸时，不要忘记清洗一下耳朵。必要时，还须清除耳孔之中不洁的分泌物，但不要在他人面前进行。

（2）耳毛。有些人耳毛长得较快，甚至还会长出耳孔之外。必要时，应对其进行修剪，勿任其自由发展。

3．鼻子

有关鼻子的问题主要有如下两点。

（1）清洁。平时，应注意保持鼻腔清洁，不要让异物堵塞鼻孔，或是让鼻涕到处流淌；不要随处吸鼻子、擤鼻涕、"发射"鼻涕；不要在人前挖鼻孔。

（2）鼻毛。参加社交应酬之前，勿忘检查一下鼻毛是否长出鼻孔之外。一旦出现这种情况，应及时进行修剪。不要置之不理，或是当众用手去拔。

4．嘴巴

嘴巴是发声之所，也是进食之处，理所当然地应当多作修饰，细心照顾。

（1）护理。牙齿洁白，口腔无味，是护理上的基本要求。要做好这一点，一要每天定时在饭后刷牙，以去除异物、异味；二要经常用漱口液、牙线等清洁牙齿；三要在重要应酬之前忌食烟、酒、葱、蒜、韭菜、腐乳等气味刺鼻的东西，免得让对方闻到异味。

（2）异响。社交礼仪规定，人体发出的所有声音，如咳嗽、哈欠、喷嚏、吐痰、清嗓、吸鼻、打嗝等的声响，都是不雅之声，统称为异响，在社交场合应当禁止出现，只有谈笑之声可以例外。需要指出的是，禁止异响，重在自律，而不必强求于人。在大庭广众之前，若他人不慎制造了异响，最明智的做法是视若不见。若本人不慎弄出了异响，则最好及时承认，并向身边的人道歉，不要装作若无其事。

（3）胡须。男士若无特殊宗教信仰和民族习惯，最好不要蓄须，并应及时地剃去胡须。在社交场合，即使胡子茬为他人所见，也是失礼的。青年男子尤其不要蓄须，否则既难看，又显得邋遢。

5．脖颈

脖颈与头部相联，属于面容的自然延伸。修饰脖颈，一是要防止皮肤过早老化，与面容产生较大反差。二是要经常保持清洁卫生，不要只顾脸面，不顾其他，脸上干干净净，脖子上，尤其是脖后、耳后藏污纳垢，与脸上反差过大。

（三）手臂

在正常情况下，手臂是人际交往时使用最多、动作最多的一个部分，而且手臂的动作往往被附加了多种含义，因此手臂常被人们视为社交时每个人的"第二张名片"。从某种程度上讲，它甚至比人们使用的印在纸片上的那张名片更受重视。从美学意义看，手的外形、指甲的外形、皮肤的状况、脂肪和静脉血管的状态等，都是衡量手美与丑的标准。手臂的修饰可以从手掌、肩臂与汗毛3个方面来进行说明。

1．手掌

手掌是手臂的中心部位，也是"制作"形形色色的手语的关键部位。它的修饰重点有以下4点。

（1）洗涤与护理。在日常生活中，手是接触其他人、其他物体最多的地方，出于清洁、卫生、健康的考虑，手要勤于清洗。用餐前、"方便后"、接触脏东西时洗手，更是必要的。否则，就会让自己与"不卫生"画上等号。每次洗完手后最好涂上护手霜，特别是秋冬季节更应如此。夏季还要注意防晒，如果用酸、碱性较大的洗液洗东西时，需要带上胶皮手套再进行洗涤，以免酸、碱刺激，损伤手上皮肤。

（2）指甲。手上的指甲应定期修剪，可以每月修剪一次。不要长时间不剪手指甲，让它们看上去脏兮兮、黑乎乎；也不要留长指甲，尤其是男士，长指甲对男士来说不仅毫无实用价值，而且也不美观、不卫生、不方便。女士的指甲可以稍长些，但要经常修剪，注意卫生，不能在指甲里藏很多脏东西，政界、商界的女士不可涂彩色指甲油，只能涂透明指甲油，而且指甲不能过长。

（3）死皮。手指甲周围有时会产生死皮。发现死皮应该将其修剪掉，但不宜当众操作，更不应用手去撕，或用牙去咬。

（4）伤残。对于手部要悉心照料，不要让它常带伤。若皮肤粗糙、红肿、发皲、皲裂，应及时进行护理、治疗。若长癣、生疮、发炎、破损、变形，则不仅需要治疗，而且还要避免接触他人。不管是直接的还是间接的接触，都会令他人不快，甚至产生反感。

2. 肩臂

社交礼仪规定，在非常正式的政务、商务、学术、外交活动中，人们的手臂，尤其是肩部，不应当裸露在衣服之外。也就是说，在这些场合，不宜穿着半袖装或无袖装。而在其他一切非正式场合，则无此限制。

修饰肩臂最重要的一条就是着装时肩臂的露与不露，应依照具体所处场合而定。

3. 汗毛

因个人生理条件不同，有人手臂上汗毛生长得过浓、过重或过长。这无关大局，没必要非去进行"干涉"不可。不过，若是特别影响美观的话，最好还是采用适当的方法脱毛，女性尤其如此。

还要强调，在他人面前，尤其是在外人或异性面前，腋毛是不应为对方所见的。它属于"个人隐私"，被人见到是很失礼的。根据现代人着装的情况，女士特别要注意这一点。在正式场合，一定要牢记，不要穿着会令腋毛外现的服装。而在非正式场合，若打算穿暴露腋窝的服装，则务必先脱去或剃去腋毛。

（四）腿部

中国人看人的一般习惯性做法，是"远看头，近看脚，不远不近看中腰"。腿部在近距离之内常为他人所注视，在修饰仪容时自然不能忽视。修饰腿部应当注意的也是3个方面，即脚部、腿部和汗毛。

1. 脚部

修饰脚部要对以下3点予以关注。

（1）裸露。严格地说，在正式场合是不允许光着脚穿鞋子的。这样既不美观，又有可能被人误会。不仅如此，一些有可能使脚部过于暴露的鞋子，如拖鞋、凉鞋、镂空鞋、无跟鞋，也因此难登大雅之堂。

（2）清洁。在正常情况下，应注意保持脚部的卫生。鞋子、袜子要勤洗勤换，脚要每天洗一次，袜子则应每日一换，防止其臭气熏人。不要穿残破、有异味的袜子，如有可能，应在办公桌或随身所带的公文包里装备用的袜子，以应不时之需。

在非正式场合光脚穿鞋时，要确保脚干净、清洁。不要在他人面前脱下鞋子、趿拉着鞋子，更不要脱下袜子抠脚。这些不良习惯，均有损个人形象。

（3）趾甲。脚趾趾甲要勤于修剪，至少要做到每月修剪一次。要除去长趾甲，不应任其藏污纳垢，或是长于脚趾趾尖。趾部通常不应露出鞋外。

2．腿部

在正式场合，不允许男士的着装露出腿部，即不允许穿短裤；女士可以穿长裤、裙子，但不得穿短裤，越是正式的场合，讲究女士的裙子越长。在庄严、肃穆的场合，女士的裙长应达到膝部以下。

女士在正式场合穿裙子时，不允许光着腿不穿长统袜，而且袜长必须高于裙子底边，不能将袜口露在裙子外边。在非正式的场合，特别是在休闲活动中，则无此规定。

3．汗毛

男士成年以后，腿部汗毛大都过重，所以在正式场合不允许穿短裤，或是卷起裤管。

女士一般无此问题，若腿部汗毛浓密，则最好脱去或剃掉，再就是穿深色丝袜加以遮掩，而不要选择浅色丝袜或光腿。

（五）化妆

1．一般的化妆要求

（1）皮肤。护肤是美容的基础，做好皮肤的护理工作是做好美容化妆的先行条件。美容化妆主要是改善和修饰皮肤的外观。皮肤由表皮、真皮和皮下组织3部分构成，皮肤能起到防止体内水分过分蒸发，阻止外界有害物质的侵入，呼吸与感觉等功能。习惯上把皮肤分为干性、中性、油性，其实这是不完全的。要深入了解肌肤，必须结合核肌肤的皮脂分泌状态及水分保持状态这两点，并且这种状态还随着气候环境、健康状况等因素而变化。肌肤状态是由水分及脂分的均衡程度来决定的，水分与脂分平衡的肌肤，看上去才光滑滋润、健康亮泽。

皮肤的基本护理方法如下。

① 掌握正确的洗脸方法。温水洗脸，每日早晚各洗一次。将洗面乳先放在手中揉搓起泡，让泡沫在肌肤上移动以清洁污垢。面部的每个部位都要洗净，每次洗脸预备两盆水。用洗面奶洗过以后，再用清水洗一遍。

② 要会使用化妆水、乳液。化妆水的首要功能是补充洗脸时失去的水分。用充足的水分滋润肌肤，使它变得柔软，再用乳液补足水分、油分，使肌肤恢复良好的状态。

③ 尽量减少外界刺激。

④ 根据皮肤的性质选择合适的化妆品。

⑤ 在条件许可的情况下，定期去做护理。

（2）眉毛。眉毛如一幅画的画框，可用来衬托眼睛，改善脸型的宽窄长短。比较理想的眉毛结构是眉头在鼻翼与内眼角的延长线上；眉峰在鼻翼与眼珠正中的延长线上，约及眉毛三分之二处；眉尾在鼻翼与外眼角的延长线上；眉头与眉尾在水平线上。

（3）眼睛。"眼睛是心灵的窗户"，它是五官中最重要的器官。通常情况下，修饰眼睛有以下几个步骤。

① 涂眼影，眼影的使用可以使眼睛变大、加长，使单眼皮看上去有双眼皮的效果。

② 画眼线。在上下眼皮近睫毛处画上细细的眼线。

③ 用睫毛夹夹睫毛，再刷上一层睫毛膏，这样可以使睫毛显得浓密而漂亮。

（4）面颊。红润的面颊是身体健康的标志。不同的人涂腮红的位置是不同的，因此，必须正确判断适合自己的腮红的位置，这才看不出化妆的痕迹。刷腮红应由上向下呈斜角刷。

（5）鼻子。鼻子在脸部占据最显著部位，它象一条中轴线，将面部分成左右对称的两半。理想的鼻型应该是鼻梁挺拔，鼻尖圆润，鼻翼大小适度，鼻型与脸型比例协调。要修饰鼻子，并使其对脸型产生美的影响，就得认真处理好鼻子与其他部位的关系。其中，画鼻翼，即用颜色加深鼻梁两侧的阴影，是化妆中修饰或矫正脸型的一种常用手法，但应注意以下几点。

① 鼻梁窄的人不宜涂鼻侧影。

② 两眼距离近的人不适合涂鼻侧影。

③ 鼻梁高的人不必涂鼻侧影。

④ 眼窝深陷的人不涂鼻侧影为好。

⑤ 淡妆，追求自然、不露痕迹的效果，可以不画鼻侧影。

（6）嘴唇。比较理想的唇型为：嘴唇轮廓线清楚，下唇略厚于上唇，嘴角微翘，整个嘴唇富有立体感。为达到理想的唇型，可以采用涂唇膏的方法。涂唇膏的方法如下。

① 用唇线笔勾画出唇形。如需改善唇形，应在嘴唇上打粉底，这样才能遮住原有唇形。

② 用唇刷笔均匀刷上口红。

③ 用软纸轻轻抹去过多的唇彩。

④ 涂上第二层唇彩。口红忌用太鲜明的或深红的颜色，避免他人的注意力都集中在你的嘴唇上。不同肤色的人，适合用的口红色系也不同。皮肤白的女性适合粉红色或大红色，而皮肤黑的女性最适合的就是橘色系或浅咖啡色系口红。

2. 化妆适度的原则

适度的化妆，可以使人焕发青春的光彩，增强自信心，在工作和学习中精力充沛，在社会交往中增加魅力。除了特殊场合，一般的生活化妆都应以淡妆为宜。化妆适度的原则首先必须注意与时间、空间相适应，与个人衣着、周围环境相协调。

白天日光下，外出旅游或运动，在工作时间、工作场合，小空间内，都适合化淡妆，表现天然、质朴的气质。而浓妆艳抹，化厚厚的粉底和重重的唇膏，则与周围的气氛不相宜。晚上参加舞会、宴会等社交活动，可穿着艳丽的服装，化浓妆，这样才适合灯光下的环境。

办公妆的色彩组合，既不应过分眩目、刺激，也不应过分含混模糊，应在视觉生理和心理上给人一种和谐、舒适、悦目、满足的美感。生活妆一般为淡妆，用色要单纯、自然，应选用同类色（原色）、类似色相调和。办公妆的颜色应以暖调为主，为使肤色更明快，应选择粉红或橙红，而冷调的玫瑰色会带给人夜生活感，对办公室不合适。

较浓的眼影在办公室也是不适宜的，使用红茶色作眼线使人感到亲切，尤其是下眼线，切忌用纯黑色。

眉毛的形态可以说是左右办公妆印象的关键，因为眉毛可以使人的面部表情发生变化。眉过细，眉向下，都给人不可信的感觉。眉形一定要凸显干练、利索，稍粗重些的眉毛看上去显得很能干，眉峰尖锐显得精明、果断。

职业女性除了在妆容上要洁净优雅，也要注意与化妆相关的礼貌礼仪。应当避免过量地使用芳香型化妆品；工作岗位上应当避免当众化妆或补妆；女士们不要当着关系一般的异性的面，为自己化妆或补妆；应当少在工作场合与他人探讨化妆问题。

3．化妆协调的原则

协调的原则是指化妆必须与自己全身的服饰，自己的年龄及身份、职业等相一致；同时还要与季节、场合相一致。

（1）与服饰协调。生活化妆主要是对面部进行修饰，因此在设计面部化妆的色彩时，应该和服装一起进行整体考虑。

按服装的颜色分类，主要有以下几种系列。橙色调系列：褐色、苔绿色、金黄色系；玫瑰色调系列：粉红、玫瑰红、紫红、紫罗兰、浅蓝系；黑色调系列：深色及黑色系。

① 当穿着橙色调系列的服装时，眼影可用米色、茶色、橙色、苔绿色、褐色等，腮红用棕红系列，口红用橙红色系列。

② 当穿着玫瑰红色调系列的服装时，眼影可选用紫色、蓝色、桃红、粉红、玫瑰红系列，腮红和口红均宜用玫瑰红系列。

③ 当穿着黑色系列服装时，化妆色彩的搭配范围比较广，注意突出脸的亮度，化妆色调宜淡不宜深，如淡红色腮红、晕色红唇膏、浅棕色眼影等。

（2）与身份、职业相符。化妆还应考虑到自己的身份和职业。否则一味浓妆艳抹或一味淡妆，都不易为自己树立良好的形象。一个人的身份并非一成不变，在单位从事一般工作的可以化得活泼妩媚些，而从事领导工作或教师工作的则要化得庄重大方些。一旦成为生日主角或宴会中的女主人，则要注意通过化妆中注重体现主角的位置。

不同的职业，有各种不同的环境氛围，与此相适应、相协调的化妆和发型，能更好地体现自己的仪容。运动员及男女青年，应尽量通过化妆表现出青春风采。职业女性，为表现自己稳重、干练、成熟的特征，应通过化妆表现出清秀典雅的格调；一般的女职员及常有交际的女性应通过化妆表现自己丰满秀美的个性。

（3）与季节相协调。皮肤在一年四季不是处于同一状态，它会随着季节的变化而变化，化妆和保养也应做调整，与之相协调。

春季：皮肤机能活跃，细胞代谢旺盛，人显得生机勃勃。因此，需要注意清洁皮肤，否则渐强的阳光、旺盛的皮脂分泌及暖风所带的灰尘都容易引起皮肤疾病。

夏季：高温闷热，毛孔扩张，皮脂腺与汗腺的分泌液会大大增加，新陈代谢速度加快，角质的死细胞数量剧增，堆积在表皮上。因此，夏季的皮肤保养第一是清洁，第二是防晒。化妆以清爽为宜，夏季不易抹粉底霜，一般顺序是：化妆水，防晒乳液，干湿两用粉饼。

扫一扫

扫一扫了解
皮肤的生物钟与
皮肤保养

秋季：凉意渐深，天气逐渐干燥起来，这时皮脂的分泌也变得缓慢，需补充皮肤的水分和营养。这时也不宜抹过油的化妆品，过油反而容易引起皮肤疾病，化妆顺序是：化妆水，乳液，粉底霜，定妆粉。

冬季：天气寒冷干燥，油脂也容易挥发，皮肤容易出现干燥及局部皲裂的现象。为让皮肤安全过冬，要特别注意皮肤的护理和保养。①减少用热水洗脸的次数，因为过多的热水洗脸容易失去皮肤上的油分。②洗完脸后，擦上化妆水及含油脂较多的护肤化妆品。③多喝水，多吃新鲜的蔬菜和水果。

思考与讨论

1. 商务人员的仪容中最重要的是哪些部位？为什么？
2. 举例说明仪容仪表在日常生活工作中的重要性。

实 训 题

训练目的： 让学生掌握化妆的基本操作规程。训练前应准备好化妆盒、棉球、粉底霜、胭脂、眼影、眉笔、唇彩、香水等物品。

训练方法： 教师按照化妆的一般方法为一名学生操作示范，然后学生分别操作，教师重点指导。针对若干化妆好的学生进行分析总结。

案例分析一

小张是一家物流公司的业务员，口头表达能力不错，对公司的业务流程很熟悉，对公司的产品及服务的介绍也很得体，给人感觉朴实又勤快，在业务人员中学历是最高的，可是他的业绩总是上不去。

小张自己非常着急，却不知道问题出在哪里。小张从小性格大大咧咧，不修边幅，头发经常是乱蓬蓬的，双手指甲长长了也不修剪，身上的白衬衣常常皱巴巴的并且已经变色，他喜欢吃大饼卷大葱，吃完后却不知道去除异味。小张的大大咧咧能被生活中的朋友所包容，但在工作中常常过不了与客户接洽的第一关。

问题：

1. 小张的业绩为什么上不去？
2. 作为商务人员工作时在仪容仪表方面应注意哪些问题？

案例分析二

王小杰忽然接到同学张忻的电话，问他什么时候来参加自己的生日聚会，这时王小杰才想起自己答应过今晚参加他的生日聚会。于是匆匆忙忙赶到聚会地点，发现来的人很多，有一些相识的同学，但也有很多不认识的人。王小杰一整天在外奔波，衣服穿得很随便，加之连日来事情很多，脸上也满是疲惫之色。当王小杰随随便便，拖着有些疲惫的步子走进聚会厅时，看到别人都衣着光鲜，神采飞扬，不觉心里有点不快，后悔自己勉强过来参加聚会，所以脸色更是难看，没有一点笑容。张忻过来招呼王小杰，王小杰勉强表达了祝福，便坐在一旁喝了几杯啤酒，也不想与人寒暄，坐了一会便又借故离开了。

问题：

1. 王小杰参加聚会有什么地方做的不妥？
2. 参加聚会在个人仪容仪表方面应注意什么？

任务二 | 服饰礼仪

任务引入

一位拥有工商管理硕士学位的青年求职于总部设在美国洛杉矶的跨国公司"新闻集团"。该公司总裁、世界第二大富翁默多克看了求职信后认为"很是诱人",于是便约他某日到澳洲分公司面谈。考虑到初次见面,他特地穿了一套名牌西装。面谈结束,这位青年获得一份年薪不菲的工作。事后他感慨地说:"虽不能说是那套西装帮了我的忙,然而除了学识和双语背景之外,应当说'包装'也是成功的因素。"

任务分析

精心设计的服装,不但可以掩盖身材的不足,还可以衬托形体的优势,增加穿衣者的社会成就感。Miuccia Prada 曾说过,你的穿着是你向世界呈现的形象,这个形象在今天尤其重要,因为现代人几乎没有时间深入交往。服装是一种可以马上领悟的语言。

服装是最有助于建立自信的工具,得体的穿着能够增加着装人的成就感,它让你表现得自豪、沉着、优雅、出众。

知识链接

所谓服饰礼仪,就是人们在穿着打扮方面应当了解与遵守的惯例与规范。服饰礼仪的主要作用是为人们的装扮提供一个可参照的标尺。它告诉人们,在各种具体情况下,应当怎样打扮,不应当怎样打扮;针对每一个人,什么样的装扮才是美的,什么样的装扮是不美的。与此同时,服饰礼仪又时时刻刻在提醒人们,每个人的穿着打扮绝非一己私事,而是与对他人的尊重与否密切地联系在一起的。

一、服装交际的原则

服装是一种无声的物体语言。从传播学角度看,服装仅依靠其自身的美,如款式的新颖、色彩的冷暖、面料的变化还不能完成交际的使命。要想真正体现服装的交际价值,展示服装的力度和美,进而在交际场合最大限度地发挥服装的交际作用,必须掌握服装交际的原则。

1.根据时间、地点和场合的变化选择服装

人们在交际中,有时由于时间、地点和场合的变化,需要随时更换不同的服装,以使服装具有一种"现场感",容易被周围的人所接受。关于这一点,我们可以采用世界服装界所公认的"着装 TPO"审美原则。

TPO 原则的概念原是日本男用时装协会(MFU)于 1963 年提出来的。TPO 即英语"time"(时间)、"place"(地点)、"occasion"(场合)的缩写,意思是说穿衣服要适应时间、地点和场合。当时,日本男用时装协会提出这个概念时,恰是东京举行奥林匹克运动会的前一年,初衷是为了借助于运动会期间的国际礼装来推进日本男装的时装化。当 TPO 原则一经提出,便迅速传播,渐渐普及，传遍了全世界。目前，TPO 原则已经脱离了最初推行男装时装化的原意，包括了男装、女装等在内的一切服饰文化，成为服装交际的原则之一。

时间是线型概念，泛指早晚、季节、时代等。穿衣要考虑这些因素，注重时间变化。如冬、夏季节不同，既不能"为了俏，冻得跳"，也不可做个"捂汗包"，而应根据四季变化特点，增减添脱各类服装，才显得其变化有序、顺应自然。当然着装要有时代特点，这更是毫无疑义的。不同时代有不同的服装，从而显示出不同时代的不同风格。

地点是面型概念，指因地制宜。不同国家、不同民族因其不同的文化背景、地理环境、历史条件、风俗人情，在服装上也显示出不同的格调与特色。对于这些，我们应有所了解，以便因地点的变化选择不同的服装，尊重对方的思想情感，更便于结交朋友、增进友谊、交换信息、开展业务。例如，北京某外贸公司一位女业务员，在去阿拉伯国家联系出口业务时，特意穿上素服，带上头巾不露出秀发，从而赢得了该国客户的好感和信任，工作开展得十分顺利。

场合是线面兼容的概念，体现了服装艺术最后的综合效果。人们在交际中，所处的场合是千变万化的。相应地，着装也应根据场合的变化而变化。例如，在正式社交场合和外事活动中，男性可着西装，女性可着西装套裙，以显得高雅；在舞厅时，男性可着甲克衫或西服，女性可着裙装，以潇洒、俊美为前提；而参加宴会，男性则应着西服，女性着裙装、西服套裙或旗袍，显示华贵和气派。至于郊外野游的服装，最宜简捷、轻便，男性可穿猎装，女性可穿运动衣，青年男女的健美于此表现得更为突出。总之，选择服装应当与社交场合的气氛和谐、统一，以便被人们所承认并接受；应当充分显示自己的美和魅力，以引起人们的注意；应当能够准确地表现一个完美的自我，以利于他人对自己做出准确的判断。变化有序，相得益彰，唯此，才有可能把服装的作用尽可能地发挥出来。戏曲界有一个说法，叫作"穿破不穿错"，正是这个道理。

职业装

职业装

休闲装

礼服

运动服

2．根据身材、体型和肤色的不同选择服装

人的身材有高矮之别，体型有胖瘦之分，肤色有黑白之异，容貌有美丑不同。这些外在条件对形成一个人的风度，虽不及显露出的内在特征更重要，但也有一定的影响。因此，我们在服装选择上，要懂得通过着装，掩其缺点，扬其优点，使自己的风度更趋高雅、大方，从而在社交场合显示出一种超凡脱俗、应对自如的风采。"人言格调胜玄度，我爱篇章敌浪仙"。晚唐诗人韦庄的这两句诗，说明人应当珍爱各自的风度，坚持自己的追求，创造高尚的格调，扬长避短，别有特色。

人的身材可分为梨型、凹凸型、倒三角型和直线型4种。梨型身材的特点是上小下大，犹如一个梨。此种身材最好使用垫肩，使上下比例保持均衡。最好不要选用紧身上衣、宽皮带、大圆裙、宽裤腿等类服装。比较适合的款式是上长下短，不加皮带的外套或连衣裙、梯型线条的瘦长直筒裙等。凹凸型身材的特点是隆胸蜂腰。适合穿合身套装和束皮带的衫裙，而不宜穿宽松的罩衫，以避免掩盖纤腰，进而显得稳重。倒三角型身材的特点是宽肩窄臀，适合穿各类服装，但不要使用垫肩，以免上身显得过大。直线型身材通常显得瘦高，应避免穿裸露颈部较多的低领口的衣服，适合的款式是轻飘有动感的服装。另外，对于上身略长、下身略短的人来说，应多穿流线型服装。所谓流线型服装，即上下一体，流畅自然的服装，如连衣裙、套裙、旗袍、长风衣、长大衣等，避免上下两截、平分秋色的服装，以遮盖不足，展示美点。如果必须穿上下两截的服装时，应保持裤子与鞋子的颜色相近或一致，以此造成视觉差，增加腿的长度。

人世间没有十全十美的人，人的体型也是如此。对于体型不够匀称者，只要讲究穿着搭配，就可以在一定程度上使缺点得到掩盖。体型短胖者，宜穿竖条纹或深颜色的服装。这样可使人产生延伸感和收拢的效果，看上去体型有所改变，增加高度和健美。另外，穿单一颜色的服装也可使身材显得高些。体型瘦高者，宜穿横条纹或浅颜色的服装，让人产生体型丰满的效果。同时，穿杂色的衣裤也可使身高者看上去略显低些。矮瘦或矮胖者，穿衣时要注意不可将衬衣下部束在裤子里，给人身段分为两截的感觉。可将裤子尽量做得长一些，盖住皮鞋脚面，以便给人高大的印象。脖子短粗者，应穿无领、敞领、翻领、低领口或"V"字领上装。女性可再戴上一条细长项链，以突出肌肤之美，借以分散人们对短脖子的注意力。

人的肤色会随着所穿衣服的色彩发生微妙或明显的变化。因此在选择服装时，还应根据肤色的不同来进行搭配，从而起到相得益彰的效果。一般来说，无论男性还是女性，皮肤较白的人配衣浓淡总相宜。这类人需根据自身气质、环境特点及工作性质，适当选择款式即可。皮肤较黑者可选择色彩明朗、图案较小且柔和、面料悬垂感较好的服装，如穿浅紫、豆绿、淡黄等色服装，这样能使黝黑的脸庞显得含蓄、深沉。如果是女性，加上明眸皓齿，能给人以神秘感。皮肤黑的人应避免穿褐、黑、深紫色等暗色服装。皮肤发黄、发青者，可选择素雅的碎花、格、纹的上衣，但要避免穿柠檬黄、绿或蓝色服装，以免使皮肤显得更黄、更青。而皮肤略红的人则可选择白色或浅色服装，忌穿蓝、绿色系服装，因为红色与蓝色、绿色是强烈的对比色，会使人的面色红得发紫。面色苍白者，不宜穿粉红、浅绿、嫩黄等娇艳色彩的服装，以免呈现病色。

3．讲究脸型、发型与服装的合理搭配

脸部在人体的最高位置，是人们视觉首先到达的地方。所以，美化脸部、讲究发型、突出优点、遮掩缺点，也是服装交际中不可忽视的一个重要方面。

古人对人的脸型曾概括为一句话，即"人面分八格"。这8个类型可以用8个字来说明。

"田"字形——扁方形；

"由"字形——面部呈扁方形；上部略呈尖状；

"国"字形——长方形；

"用"字形——面部呈长方形，下巴稍尖；

"目"字形——窄长形；

"甲"字形——上宽下尖形；

"风"字形——下巴呈宽方形；

"申"字形——中间大两端小的枣核形。

现代人则将人的脸型简化为长、圆、方形3种。不论属于哪种脸型，穿衣时都应学会运用视错原理来平衡脸型、弥补缺陷。因为长与长、圆与圆、方与方处于同一体中，会产生一种线条的重合，更加强调原脸型的线条。只有运用对比的方法，通过穿对比的领型的服装，才能达到改善脸型的目的。具体来说，"田"字形、"由"字形脸的人适合穿角领、"V"字领；"用"字形、"目"字形脸的人适合穿圆领、扁领，尽量减少颈项外露面积；"风"字形脸的人适合穿尖领、"V"字领、袒胸服装，可造成脸型拉长的错觉；"申"字形、"甲"字形脸的人，除不宜采用同脸型相似的尖领、"V"字领外，其他领型均适合，特别以配大翻领最美。

如果以长、圆、方脸型论，则可采用下面的方法来改变脸型。长脸型的人适宜穿圆领口的衣服，也可穿高领口、马球衫或带有帽子的上衣。不宜穿与脸型相同的领口的衣服，更不宜用"V"形领口和开得低的领子。在发型上可尽量让头发向两旁分散，以增加量感，女性可将前发剪成"刘海"，使脸蛋显得丰满，发分线采用侧分法。圆脸型的人适宜穿"V"形领或者翻领衣服，不宜穿圆领口的衣服，也不宜穿高领口的马球衫或带有帽子的衣服。发型设计可将头顶部的头发梳高，使脸部显得长一些，避免遮住额头。同时利用头发遮住面颊，可使脸颊宽度减少。发分线最好是中分。至于方脸型的人则适合穿"V"形或勺形领的衣服，不宜穿方形领口的衣服。女性梳低发髻，有优雅感。还可让头发披在两颊，减少脸的宽度，发线侧分，并使分线向头顶斜伸。

当然生活中也不仅仅只有这3类脸型的人，还有鹅蛋脸、三角脸、逆三角脸、菱形脸、大型脸等。总之，在穿着时，可考虑自己的脸型，避免穿和脸型相近的领口的衣服，而应选择和脸型对比强烈的领型的服装，以缓和缺点，突出优点。这样，才能真正做到扬长避短、随分入时、穿出个性、展示风采，从而在交际场合超凡脱俗、魅力无穷。

发为人体之冠，对于女性来说，更是展示魅力和美点的一个重要方面。在中国古代文学作品中，也曾留下许多赞美女性头发的词句，如"秀发如云""满头青丝如墨染"等。女性拥有一头秀发，又能和服饰进行完美的组合，的确能增添无限风韵和魅力。例如，在庄重的场合身着礼服或旗袍时，可将头发挽在颈后结低发髻，显得端庄、高雅；着运动装时，可将头发自然系在脑后，给人以活泼、利索之感；着宽大棉麻服装时，可将头发梳成一根发辫，或编成印第安式的双辫，发辫结在耳朵上边，同时齐眉毛处横结一根同色发带，这样可使乡间的质朴感与都市现代感完美地结合起来。当身着色彩艳丽的宽松丝绸服时，可将头发盘起，用一根同色的或与服装色彩呈协调色调的丝巾将头发包住，显得有异国情调且富有神秘色彩。如果身着连衣裙或格调飘逸的服装时，可将头发自然披散，与服装格调相和谐。当然，发型的设计还要考虑年龄大小。但是注意发型的变化，是女性穿着的一个重要因素。

相比之下，男性的发型不可能频繁地变化，只要选择适合自己脸型的发型，相对保持一段时间即可。

4. 注重服装色彩以及饰物的合理搭配

服装色彩作为物体语言的一部分，有它一定的生理基础与文化基础。马克思说："色彩的感觉是一般美感中最大众化的形式。"色彩感是人类最主要的感觉。因此，服装设计大师们十分重视色彩的审美价值和特性。法国时装设计大师皮尔·卡丹说过："我创作时，最重视色彩，因为色彩老远就可以看到。"[1]这为服装色彩提供了生理基础。同时，人类文化的长期积淀，又使特定的色彩载负着特定的感情信息，这就是服装色彩的文化基础。概括地说，色彩是有一定情感的。由于人类生存环境与心理构造的同一性，使之对色彩的感受形成了共同点。色彩的情感是由身着者和欣赏者生理和心理的主观作用所引起的。

扫一扫 7 组
高级配色，教你
做个时尚女人

色彩对一个人的穿着具有重要作用。有人说："选用得体的颜色是服饰成功的一半"，就是这个道理。对于现代人来说，穿着合体的一个关键是学会色彩搭配，以显示较高的买学情趣。

关于色彩的冷暖及情感，如表 2-1 所示。

表 2-1　　　　　　　　　　　　色彩的冷暖及情感

属性		感情性质	色	感情意义
色相	暖色 中色 冷色	积极的 中庸的 消极的	红 绿 青	热情、兴奋、欢喜 安宁、平和、年轻 沉静、寂静、文静
明度	明 中 暗	明朗 稳重 厚重	白 灰 黑	纯粹、清白 稳重 神秘、严肃
纯度	高 中 低	新鲜 温和 涩重	朱 桃 茶	热情、热烈 可爱、和蔼 稳重

现代人多采用以下两种服装配色方法。

① 同类色配合，是指由同一种色调变化出来的明暗、深浅不同的颜色。其特点是清淡柔美，文雅协调，如海关人员蓝色制服给人以严肃统一的感觉。上穿浅紫色衬衣，下着深紫色裙子，则带给人以温和协调的印象。

② 对比色配合，是指两种对比较为强烈的颜色的配合，如红与白、红与黑等。它们给人的感觉是艳丽明快，简洁大方，如上穿白衬衣，下着黑裤或深色的裙子，色彩反差较大，引人注目。

另外，如上穿花色衬衣，下可着单色裙子，以起到"闹中取静"的效果。

---

[1] 琳达，杰克逊. 仪表美. 北京：中国文联出版公司，1987 年版.

　　不管采用对比色还是同类色配合艺术，服装的颜色一般应控制在3种之内，以突出简洁的艺术效果。因为美在简洁、美在比例、美在适度。用一句古诗概括，就是"动人春色不须多"。

　　饰物与服装色彩的搭配也有一定的方法。特别是现代女性已越来越重视并喜爱搭戴头饰。头饰插戴得体，整体形象则显得统一而柔美。反之，色彩缺少搭配，易使人产生缺乏审美情趣的印象，所以点缀一定要恰如其分。一般头饰与上衣色彩要尽可能一致。如穿浅黄上装，则插戴浅黄色的头饰。这样，从色彩上达到了协调，避免了杂乱感，平添几分清丽，显示出较高的服装审美。其余的像腰带、提包、围巾、项链、耳环等饰物，与服装色彩的搭配，或可采用对比色配合的方法，或可借鉴同类色配合的经验，以创造和谐统一、富有层次的艺术效果。

二、加强服装的整体美

　　服装是人体的软雕塑。正如马克思所说："一件衣服由于穿的行为才现实地成为衣服，一间房屋无人居住，事实上就不称其为现实的房屋。"[①]服饰只有穿在人身上，才能充分显现它的魅力。而"讲究服饰美是人们的文化水平、艺术修养的反映。消费是有层次的，但讲究服饰美却是相通的。"日本服装设计大师君岛一郎的话道出了强调服装整体美的意义。

　　美的形式多种多样。对称是一种整齐的形式美，在服装上主要是指左右两部分对等。人体本身就是对称的，因而服装大多也讲究对称，如传统的中山装，即是典型的对称形式。对称可以产生一种秩序感，给人以稳定的形式美。但严格的对称也容易产生呆板印象，改善的方法是利用局部破坏对称的方法来达到新的平衡，如传统的旗袍。而平衡和对称不同，它不要求左右两部分对等，而是在不对称中求得稳定，它追求的是一种动态美。对服装来说，它意味着感觉上的重量、质感、面积、色彩等在一定条件下的相互作用。穿衣要讲究左右平衡和上下平衡。假如失去了平衡，就不能表现美。必须在不对称中求取平衡。藏族男子的服装是一个典型的例子。他们习惯上只穿左袖，而将右袖垂于腰右侧，这样就在不对称中求得相对的稳定感，形成了一种平衡。除了左右平衡外，服装的上下平衡也是非常重要的。特别是上装与下装的组合协调，无论是哪一种服装，都是一种立体的造型。因此，任何服装的轮廓形状都具有容量感。上下平衡就是指上下装的容量感要平衡，着装时应注意利用面料的质感、图纹的状态、色彩的搭配来平衡人体的造型，起到稳定的作用。视错也是一种美的形式。人的视觉由于生理的原因，常常发生视错，如人在看同样大小的白色块和黑色块时，总感到白色块比黑色块的面积大，这叫"眩视"。究其原因，就是视错在发生作用。视错可以帮助我们改善人体的缺陷，这是服饰美学的一条特殊规律。鲁迅先生当年就很注意利用视错选择衣着，扬长避短，弥补不足。他曾经对年轻作家萧红说："人瘦不要穿黑色衣裳，人胖不要穿白色衣裳；脚长的女人一定要穿黑鞋子，脚短就一定要穿白鞋子；方格子的衣裳胖人不能穿，但比横格子的还好；横格子的胖人穿上，就把胖子更往两边裂着，更横宽了。胖子要穿竖条子的，竖的把人显长，横的把人显宽。"[②]不过，利用视错原理来改善整体形象要运用得当，才能充分发挥其作用。

　　当然，还有韵律、对比、反复、统一等许多美的形式，这里就不一一介绍了。总之，不论从事什么职业的人，服装设计都应追求和谐统一，注重整体美。人们常说的"好衣服不如好装束"就是这个道理。服装应是衣服与人体的配合。衣服穿在身上，就和人体构成了装束，装束比衣服

---

① 《马克思恩格斯选集》第二卷、人民出版社，1972年版.
② 鲁迅：《鲁迅书信集》上卷，北京：人民文学出版社，1976年版。

更重要。如果过分注重单件或单套衣服的效果，忽略了个人的身体条件、生活习惯和职业特征，衣服再好也仍旧穿不出应有的风采，有时还会弄巧成拙。

穿着是一门艺术，要想穿出风采、穿出个性，并通过服装展示自己的职业、身份、修养、性格和情趣，需要在实践中反复摸索、总结，才能发挥服装这种物体语言在交际场合中"先声夺人"的作用。

三、装饰品的佩戴礼仪

（一）男士服饰的配件

最能反映男士服饰品位的或许要数服饰的配件了。人们谈论一位男士的仪表风度也往往从一些搭配的小地方着眼，因此，男士服饰除了衣服的穿着要注意符合礼仪要求外，皮鞋、手表、帽子、袜子、镜子等的选择与穿戴也需给予充分的重视。因为它们与服装的本体构成了最广泛意义上服饰礼仪的全部内涵。

1. 关于鞋、袜

有人曾说过这样的话，如果要对一位男士作出评价，只要看他身上的三样东西，那就是皮鞋、领带和手表。皮鞋在男士的整体着装中占重要地位，它不仅能映衬出服装的整体美，更重要的是它还能增加人体本身的挺拔美。因而有俗话说：脚底没鞋穷半截。讲究的男士对鞋的重视并不亚于对衣服的关注，在礼仪场合穿着最多、最普通的是皮鞋。一般来说，鞋子的颜色应与服饰相配。在正式场合，男士多穿没有花纹的黑色平跟皮鞋。黑皮鞋可配任何色调的服装，浅褐色与褐色皮鞋可以配米色、咖啡色调的西服，但与黑色西服不搭配。值得一提的是，近年来流行穿旅游鞋，但它与正规礼服不相配，在工作或进入庄重场所时不宜穿用。休闲鞋一般与休闲装相配才合适。皮鞋必须保持鞋面光亮明净，这一点非常重要。谈到皮鞋自然会联想到袜子，在礼仪场合，绝不能赤足穿鞋。正式或半正式场合，男士应着颜色素净的中长筒袜子，这样可避免坐下谈话时露出皮肤或浓重的毛发。袜子颜色以单色的深色系为最好，带条纹的，方格图案而图案不显眼的也可以，但色调应比西服深一些，以使它在西服和鞋之间呈现一种过渡色。穿起来较为舒服的棉质运动袜因多为白色，所以在正式场合，尤其穿礼服时就不合适。着黑色礼服时，一定要穿黑皮鞋、黑（或深蓝）袜子。

2. 关于手表

男士在公共场合，除了头和手，其余部位都被衣服、鞋袜遮盖。而且与人交往时，头部总要保持相对的稳定，摇头晃脑是不允许的，但手部会有较多的动作，如握手、递接名片、拿东西、挥手作别等。所以手表对于男士来说是非常重要的，发挥着特殊的装饰作用。手表根据用途不同，可分为上班表、时装表、纪念表等。上班表一般在公务活动时戴，故造型凝重，较为高档；时装表适用于社交和休闲场合，所以不讲档次，但求别致，无论造型还是色彩都很特别；纪念表则一般具有重要的纪念意义。

3. 关于帽子、头发及其他

男士戴帽应注意参加活动的性质及季节。从礼仪角度讲，男士在以下场合须脱帽：进入宴会场所、剧院、住宅室内或电梯内；被介绍给他人或与人离别时，或与朋友打招呼时；与女士、长辈谈话时。在众人面前，人们注意最多的部位是头部，所以要予以特别的关照。还有一点需要指出的是，男士满脸胡子拉碴是不礼貌的，因此应养成经常刮胡子的习惯。最好能随身携带电动剃须刀备用。需注意的是，在工作时间或在客人面前剃须是不庄重的，也是不礼貌的。

（二）女士的服饰配饰

服装的配件指人们为服装搭配的以增加其美感的一些附属性部件，如首饰、包袋、帽子、手套等。虽然这些配件在人们穿着打扮时可用可不用，但懂得打扮的人都知道，配件选择得当，运用巧妙，会使人的打扮不同凡响，配件的重要性是不容忽视的。

1. 首饰

首饰是女士们打扮时不可缺少的重要组成部分，饰品佩戴也有传播信息的作用，往往表明一种想法或是某种特有的含义。而且饰品不同的佩戴方法还能传播特定的信息，所以饰品佩戴同样应合乎礼仪。女士常用的首饰包括耳环、项链、胸针、戒指、手镯等。这些饰物，正如"水能载舟，亦能覆舟"一样，佩戴合宜，能画龙点睛，倍增风采；反之则可能画蛇添足，弄巧成拙，虽珠光宝气，却显得庸俗。

职业女性佩戴首饰首先要注意以下几个原则：①讲究身份，以少为佳；②扬长避短，显优藏拙；③佩戴两件以上的首饰要同质同色。

其次，佩戴首饰最重要的，是要与服装构成一个有机的整体。首饰与服装的和谐呼应体现为：款式上相配合，色彩上相补充。款式上，与礼服相配的首饰应是精致考究的，如高档的钻石、白金首饰；与日常装相配的首饰应是简洁大方的，如造型简单的珍珠、K金首饰；与牛仔装相配的首饰应是粗犷奔放的，如几何图形的大耳环，粗大的宝石串饰等。

从色彩上，深色服装应配以光亮鲜明的首饰，以首饰的光泽来"画龙点睛"，如穿黑色、蓝色、咖啡色、深灰色等深沉色调的服装，若佩戴一只金银、象牙色的胸花，会有含蓄中见亮丽的效果。浅色服装可配以有色宝石首饰，否则会显得主次不分。肤色对首饰的选择也很重要。皮肤较黑的人，应当佩戴线条较粗、色泽较暗的饰物，宝石中的蓝宝石、祖母绿、翡翠更能衬出佩戴者优雅高贵的气质。

首饰于体形五官的作用，无非是突出优点，掩饰缺陷。按一般规律，体形上高瘦单薄的女性宜选佩线条复杂一些、结构错落的首饰，如层叠式首饰、大图案胸针、粗线条手镯等，最忌将一根短项链戴在颈间或将米粒大的小耳钉附于耳上，那样会使人感到气息不畅；较为丰满的女性，宜选配纤细型的首饰，如悬挂式的项链、流线型的耳环等，最好不用大首饰；小巧玲珑的女性，佩戴的首饰应简洁精巧，切忌各种首饰一同佩戴且都带有悬垂式的坠，那样会显得头重脚轻。

面容是装饰打扮的焦点，首饰也要以面容为中心。从脸型看，椭圆型脸的女性可以选佩各种首饰。其他脸型的女性，应选择能缓和脸部线条的首饰，切忌首饰造型与脸型一模一样。具体来说，圆脸的人不宜戴贴颈式项链，应佩戴长型的，如一串长项链下垂到胸部，会使人感觉脸型加长了。脖颈较短粗的，不要佩戴珠粒状的，而要选择中长有坠的。脖颈细长的可以用贴颈的短项链，尤其以彩色大珠项链最适宜。选择耳环同样要根据脸型，脸型瘦长的较适合佩戴耳环，因为可以增加横的感觉。脸型较宽的人应佩体积较小，长形的贴耳耳环，而不是长坠的或面积较大的扣式耳环，因其会增加脸庞下部的宽度，而对下颌较尖的脸型则正好能弥补其缺憾。另外，戴眼镜的女士不要用短项链和吊坠耳环，可选长的项链；耳环要选细粒的清简款式。五官秀美

扫一扫阅读
有关首饰特别会
议的故事

的应以胸部以上佩戴首饰为主，那样会更加突出五官；而五官平庸的，应以颈部佩戴首饰为主，比如可用绚丽的大型项链和亮丽的宝石项链来转移人们的视线。

2. 帽子、手套及包袋

（1）帽子。帽子在女性服饰中始终占据举足轻重的位置。因为帽子戴在人的头部，最容易受到别人的关注，并给最为深刻的印象。所以帽子选得好可给人平添魅力，选得不好则破坏了自身的整体形象。帽子与女士发型相比，重要性虽然要小一些，但却不能忽视，它也能改变一个人的形象。

（2）手套。手套除御寒外，有很重要的装饰作用，被称为女性的"手部时装"。在选购手套时，首先要考虑的仍是要与服装相协调。一般用于装饰作用的手套，主要适用于同礼服、时装配套。这类手套有黑色、白色的薄纱手套，网眼手套等。女士们参加社交活动时，戴手套也很有讲究。通常夏季戴夏装手套，冬季戴冬装手套；白天戴短手套，长可过腕，颜色不拘，多与服装相协调；晚上戴长手套，长可过肘，颜色多为白、黑，以与礼服相配。不管戴什么色彩、什么质地、什么款式的手套，都要注意保持其整洁，否则不仅起不到美化形象的作用，还会让人觉得你懒惰、散漫。

"女士优先"原则在戴手套时也有体现。社交场合男士如果戴着手套与人握手寒暄，会被认为失礼，女士则可以戴手套与人握手。但在商务活动中，女士最好舍弃这一优先原则。在公共场合，女士吃东西、喝饮料，与他人交换名片或起立讲话前都应当摘下手套。除了在婚礼上，新郎能把戒指戴在新娘戴着手套的手指上，其他时间，不宜把戒指、手镯、手链等戴在手套外，免得过分张扬。

（3）包袋。包袋是女性服饰的重要配件，其重要性甚至不亚于鞋。包袋由于质地和用途的不同，可以分为很多类型。那么女性应怎么选择包袋从而为打扮增光添彩呢？

首先，考虑场合需要。女性包袋根据用途，可分为手包、挎包、拎包、背包、腰包、箱包等多种，其适用场合不同。手包，一般没有背带和提手，形状较小，只适合单手或双手持握。拎包，又叫提包，它有一只或一对长长的提手，外形较大，提在手里，可携带较多物品。挎包，介于手包与拎包之间，有提手，但外型小于拎包，大于手包，携带时应将其套在左手小臂上挎着。背包有单肩包、双肩包等。通常情况下，商务人员如果去参加欢迎仪式、剪彩仪式、报告会一类的活动，最好携带挎包。这样在与他人握手、告别时，把它挎在手臂上，看上去非常典雅，能为形象增色不少。如此时背背包，就不太方便了。如果准备出席舞会、宴会一类轻松愉快的社交活动，携带一只背包，既便于存放，又可以多带一些东西（如化妆品、纸巾等），而且携带起来也较方便，包背在肩上，可以把双手腾出来。

其次，因为手袋颜色较多，应注意颜色搭配。如为日常使用，体积、颜色均可随意，只要与衣服搭配协调即可。若是上班所用，黑色、咖啡色、深蓝、枣红等深沉色都是不错的选择，这类颜色较其他色彩更宜与多种颜色的服饰配合，且有沉稳干练之感，当然白色在春夏季使用也不错。包袋在与服饰配色时，有几个细节须注意：一是使包与服装呈对比色，这样两者都很醒目，如穿白衣，拿黑包；二是如服装有较多色彩，则包应与服装的主色调色彩相同；三是应使包袋与服饰中的某一样，如鞋子、手套、帽子或装饰腰带等，用同一色彩，这样上下呼应，整体非常和谐。

最后，要注意包的放置。如果去参加公务活动或社交活动，比如到友人家做客等，进入室内后，未经主人允许，不能将自己随身携带的包袋随处乱放，否则是失礼的表现。此种情况下，可交由主人代为存放，也可放在自己坐定后并拢的双腿上。如果包袋较重、较大时，最好的办法是坐定后将它放在自己右手边的地板上。而在参加宴会时，包袋放在腿上或地上就不方便了，既会影响自己进餐，也会妨碍他人。此时要么存放在衣帽间，要么在坐下后放在自己的后背和椅背之间，这样既方便，又安全。

3. 鞋、袜

鞋、袜在女士的服饰中占有举足轻重的地位。一位女士的装束是否得体，看一下她的鞋袜就可以得出大致的结论。因此，一位不注意自己鞋袜的选择与搭配的女士，永远无法在穿着打扮方面取得成功。

（1）女士的鞋。一般来说，女士的鞋较男士鞋复杂且多变化。选购鞋时，除注意穿着舒适外，着重要考虑其款式、色彩是否能与服装相配。女鞋通常可以分为正装鞋、便装鞋、休闲鞋等类型。正装鞋主要是和西式套裙、套装、旗袍、礼服、连衣裙等正式场合穿着的服饰搭配，一般多为低带的皮鞋。其鞋跟有高低、粗细之分，应与相应款式的衣服搭配。女士穿高跟鞋不仅能增加身体高度，使身材修长，苗条，更能增加女性美感。但鞋跟太高，容易使腿、腰、踝部变大，所以鞋跟高低，应根据身体高矮而定，同时也不能忽略与服饰的搭配，如穿西式套裙和旗袍，配高跟鞋是最佳搭配，要是配平跟鞋，服装优势就无法体现了。便装鞋一般只适合于非正式场合穿着，且不能与正式场合穿着的服装搭配，否则不伦不类。同时要注意，穿便装鞋到正式场合去，是失身份、没有教养的表现。

从服饰礼仪的角度讲，在选配和穿着鞋子时，除注意"TPO"原则外，还要注意：其一，不管款式、颜色如何，都要注意保持鞋子的整洁，在正式场合，不宜穿残破的鞋，鞋面要始终保持光亮明净。其二，鞋子的款式与色彩越简单明朗，越朴实无华越好。在正式场合穿着的鞋不宜有太多的点缀、饰物，颜色以单一、雅气为主。所以这种场合下，女士多穿黑色高跟皮鞋（正式场合应避免穿平跟鞋），露脚趾的皮凉鞋是绝对不许在礼仪场合穿的。各种彩色皮鞋，可配以近似色调的裙、裤。一般来说，鞋的颜色应深于袜子。在鞋、袜、裙或裤之间，鞋的色彩与裙或裤的色彩接近或相似才最为得体。其三，要注意的是举止，不要在他人面前特别是异性面前整理鞋子，如用手脱鞋，用脚跟拉着鞋，或将脚从鞋里偷偷脱出来透风等，这都是非常不文明的行为，在公共场合绝对不允许。

（2）袜子。由于职业女性多穿裙装的缘故，所以除非你的腿型长得特别匀称，否则要注意选择袜子的颜色和品质。首先要考虑的当然是要与服装、鞋在色彩上的统一和谐。作为职业女性最好不要穿彩色或图案过于醒目的袜子，它会让人感到轻佻、缺乏稳重感。一般来讲，参加公务活动或社交活动，着皮肤色长筒丝袜配各式裙装、旗袍最为得体。例如，浅皮肤色袜可以使皮肤显得细腻，深皮肤色袜可以给人一种修长健美的感觉。其次要考虑的是腿型。可以利用袜子颜色修饰腿型，假如腿粗了些，可穿深于肤色的袜子，利用色彩的收缩效果，使腿部看上去纤细、小巧；若腿瘦，应穿与肤色一样或浅一点的袜子，利用浅色的扩张作用，使腿部看上去丰满、圆润一些。需要注意的是，白丝袜和白鞋并非任何体型都适合穿，它很容易让人看上去又矮又胖。有的袜子是需要和其他服饰配套穿的。例如，黑色网眼丝袜，与黑色网眼面纱、黑色网眼长统手套一同使用，是典型的社交晚装搭配。否则，不顾场合，不讲搭配，只会破坏自身形象。此外还需注意的是，穿着袜子的厚薄与鞋的款式要协调，如厚袜子不配纤细的高跟鞋等。不要穿跳丝、有洞的袜子或自己用线打的袜子，因为袜子的残破比服装更引人注目，不加注意，就会因小失大。因此，常出门的女士不妨在皮包或办公室准备一双袜子，以便换用。穿裙装最好穿长筒袜或连裤袜。在礼仪场合，穿短袜配裙子是极不适宜的。另外，不要在裙子里面穿短棉毛裤并在走动时露出裤面；或把棉毛裤掖在袜子里，又鼓又胀，很不雅观。当然，不管什么颜色、款式的袜子，干干净净是必须的，否则与女士身份不符。

思考与讨论

1. 商务人员在生活中有哪些重要场合？在这些场合中应选择什么样的服装？怎样修饰自己？
2. 不同的体型、脸型、肤色的女性应怎样根据自己的自身条件来选择服装和修饰？
3. 男士应怎样选择西服？西服在穿着时应注意哪些细节？

实 训 题

训练目的：让学生掌握西服的穿着要求和搭配以及女士套裙的穿着要点和搭配方法。

训练方法：要求学生以宿舍或小组为单位，3～5人一组（男女分开），分别上台展示其套裙、西服、衬衫、鞋袜、饰物的搭配，说明搭配的理由，用数码摄像机记录整个过程，然后用投影仪回放，学生自我评价，授课教师总结点评学生存在的个性和共性问题。最后，评选出若干名"最佳服饰女士""最佳服饰先生"。

案例分析一

衣服的巨大作用

美国商人希尔清楚地认识到，在商业社会中，一般人是根据一个人的衣着来判断对方的实力的，因此，他首先去拜访裁缝。靠着往日的信用，希尔定做了3套昂贵的西服，共花了275美元，而当时他的口袋里仅有不到1美元的零钱。然后他又借钱买了一套全新的衣服，在同一时间里与同一位出版商"邂逅"，希尔每天都和他打招呼，并偶尔聊上一两分钟。

这种例行性会面大约进行一星期之后，出版商开始主动与希尔搭话，并说："你看来混得相当不错。"接着出版商便想知道希尔从事哪一行业。因为希尔身上的衣着表现出来的这种极有成就的气质，再加上每天一套不同的新衣服，已引起了出版商极大的好奇心，这正是希尔盼望发生的事情。希尔于是很轻松地告诉出版商："我正在筹备一份新杂志，打算在近期内争取出版，杂志的名称为《希尔的黄金定律》。"出版商说："我是从事杂志印刷和发行的，也许我也可以帮你的忙。"这正是希尔等候的那一刻。这位出版商邀请希尔到他的俱乐部，和他共进午餐，在咖啡和香烟尚未送上桌前，已说服了希尔和他签合约，由他负责印刷和发行希尔的杂志。发行《希尔的黄金定律》这本杂志所需要的资金至少在3万美元以上，而其中的每一分钱都是从漂亮衣服所创造的"幌子"上筹集来的。

问题：
1. 美国商人希尔为什么能够在没有资金实力的情况下成功发行杂志？
2. 如何通过服装来为自己的形象加分？

案例分析二

小黄去一家外企进行最后一轮总经理助理的面试。为确保万无一失，这次她做了精心的打扮。一身前卫的衣服、时尚的手环、造型独特的戒指、亮闪闪的项链、新潮的耳坠，身上每一处都是焦点，简直是"鹤立鸡群"。况且她的对手只是一个相貌平平的女孩，学历也并不比她高，所以小黄觉得胜券在握。但结果却出乎意料，她并没有被这家外企所认可。主考官抱歉地说："你确实很漂亮，你的服装配饰无不令我赏心悦目，可我觉得你并不适合干助理这份工作。实在很抱歉。"

问题：

1. 小黄为什么没有被录取？

2. 如果你要去应聘，你会怎么打扮自己？

案例分析三

着装可以让女人比想象中漂亮

西班牙著名作家巴尔塔沙·葛拉西安说："衣着，是灵魂的外壳。有些人灵魂优美，自然优雅，若再配上出色的着装，便如锦上添花，魅力倍增。"他还曾说："我们的思想必须优雅，我们的言谈举止、衣装打扮也应该优雅，这是文明的一个重要体现。"可见衣装对人的重要。

无论哪个年代，衣装都是女人外在美的包装与再造，不管潮流如何变幻，款式如何变化，让适合你的常伴你左右便是最明智的选择。而且只要选款得当，打扮得体，再平凡的女人也能让人赏心悦目。

职场女性需要不断成长，而不断地投资自己的人，才能获得成长。美的震慑力无与伦比，无论是风景、容貌还是衣装。衣装得体则韵味无穷，让你无论身处何方都能轻松地吸引眼球。美丽的容颜并非可永久拥有之物，而气质和过人的衣品则能助你在人生的每个阶段彰显魅力，令人难忘，因此会穿衣的女人如香醇的酒，永远散发着迷人的幽香。

着装是提升个人魅力的重要部分。聪明的女人都懂得——内外兼修才可以始终立于不败之地。于是，她们既培养自己的内涵，也培养自己的眼光，用心将自己装扮成一道最靓丽的风景。

问题：

1. 你同意以上观点吗？

2. 你认为男人需要注重自己的外表和着装吗？

项目三
言谈礼仪

学习目标

① 了解交谈的艺术，理解并掌握商务交往中言谈的礼节、礼貌。

② 熟悉并掌握寒暄问候语、称谓、介绍、打电话正确的方法。

技能目标

能够应用人际交往时言谈的礼节、技巧，学会寒暄问候语、称谓、介绍、打电话、赞美等在人际交往中的应用，提高交谈技巧及艺术性，并能通过得体言谈完善自我形象，获得良好的人际关系。

任务一 | 交谈礼仪

任务引入

曾经有人说，娱乐圈如果要排情商最高的三人，黄渤一定身在其中。他情商高，不是油嘴滑舌，不是世故圆滑，不是虚与委蛇，不是即兴表演，而是历尽沧桑的智慧，灵光四溢的表达，审时度势恰到好处的应对。

我们先来看两段采访。

一段是他在鲁豫有约上的表现。

鲁豫问他："现在觉得自己特别火了吧？"

他说："都来《鲁豫有约》了，能不火吗？"

一句话，把鲁豫、自己、节目全夸了。滴水不漏的情商，堪称完美！

有一年金马奖颁奖典礼，黄渤是颁奖嘉宾。

在此之前，他已经主持过一届金马奖，参与过几届，算是熟脸孔了。

那天，他的礼服有些像睡衣。

和他搭档的女嘉宾问他："你怎么穿个睡衣就来出席颁奖礼？你看梁朝伟、刘德华……他们都穿得很隆重的。"

他立马调侃说："对对对，因为他们是客人嘛，客人到别人家里，当然要隆重了。你五年没来金马奖，我这五年一直都在这里，已经把金马奖当成自己的家。回到家里应该穿什么，当然要舒适一点……"

明星们为黄渤的机智而鼓掌。

任务分析

人际交往中往往会遇到一些尴尬的话题，怎样化解尴尬气氛，靠的是你的情商和语言的技巧。在上面的这个例子中，黄渤用幽默的语言，四两拨千斤，巧妙地化解了尴尬。

知识链接

言谈包括两层含义，一是谈论、交谈，二是说话的内容和态度。"言为心声"，言谈是人们运用语言表达思想、沟通信息、交流感情的重要方式，包括说话的内容、语气及伴随说话时的表情、动作等。它反映一个人的思想水平、知识修养、道德品质，也是礼仪形象的重要体现。言谈要符合一定的礼仪规范，就要熟知语言表达的基本方式，掌握谈吐礼节。

语言礼仪是指人们在交谈中应该注意的礼节、仪态。一般来说，它集中体现在礼貌语言的使用和谈话时的表情及声音上。

一、语言交谈礼仪

语言交谈是商务活动中传播信息的重要手段。它以语言为媒介，使商务人员与公众得以沟通，及开展商务活动。语言交谈中是否注意礼节，语言运用是否恰当，直接关系到信息沟通的效果。

所以商务语言要求以语言的"礼"吸引人，以语言的"美"说服人。

如何进行语言交谈，一直是古今中外人们谈论的一个重要话题。《论语》中说："言之不文，行之不远。"古希腊亚里士多德在他的名著《雄辩术》一书中指出，口头交谈有3个要素：谈话者、主题和听话者。要达到"施加影响的目的"，就必须注意这3个要素。在现代社会中，人们（包括商务人员）在语言交谈中首先必须掌握好的就是语言礼仪。

语言礼仪是指人们在交谈中所应该注意的礼节、仪态。一般来说，它集中体现在礼貌语言的使用和谈话时的表情及声音上。

（一）礼貌语言的运用

在任何社交场合，诚实和热情都是交谈的基础，只有开诚布公的谈话才能使人感到亲切自然，气氛才会融洽。要知道，与任何人进行面对面的交谈，都是一种对等关系。以礼待人，既能显示出自身的人格尊严，又可以满足对方的自尊需要。为此，交谈中要随时随地有意识地使用礼貌语言，这是文明人应当具备的基本素养，也是以敬人之心赢得尊重的基本方式。比如，"请"字最能体现对人的敬意，有事相托时，不要忘记说"请"字，在需要使用祈使句时，加上一个"请"字也会使命令的口气缓和许多；接受别人的服务，表示感谢时，不要忘记说声"谢谢"；万不得已需暂时离去或打断对方，或自觉不周到时，应说"对不起"。有人总结说，"嘴边三句话，人间大道理"。在交往、交谈过程中礼貌用语常用、多用、勤用，日久天长，必见功效。

礼貌用语的作用是不可忽视的。人们见面时要互致问候与寒暄，如"你好""早安""好久不见，近况如何""能够认识你真是太高兴了"，等等。尽管这些问候与寒暄用语的本身并不表示特定的含义，但它却是交往中不可缺少的，它既能传递出表示尊重，示以亲切，给予友情的信息，同时又显示出自己懂礼貌、有教养、有风度，从而形成一种和谐、亲切、友善、热情、尊敬的良好"人际气候"。

说到礼貌用语，美国人说话、写信、打电话都少不了"请"字。"请坐""请转告""请您先走""请多费心""请及早复信"，等等；打电报时，他们宁可多付电报费，也不省掉"请"字。因此，美国电信总局每年从这个"请"字上就可以多收1000多万美元。

日本人说话离不开"谢谢"。据统计，一个在百货公司工作的日本职员，一天平均要说571次"谢谢"，否则就不是一个好的职员。经验表明，人们都愿意光顾洋溢着亲切和尊重人的气氛的商店。

英国人最常用的词汇是"对不起"。凡事稍有打扰，便先说一声"对不起"。警察对违章司机进行处理时，先要说声"对不起"，两车相撞时，相互说声"对不起"。在这样的气氛中，双方的自尊心都得到了满足。

我们的祖先也给我们留下了许多宝贵的敬语。例如，表示尊敬之意可用请问、敢问、借问、动问、请教、指教、见教、求教、讨教、就教、赐教，等等；打扰之时，可用打扰、劳驾、相扰、劳神、费心、烦劳、麻烦、辛苦、费神、难为、偏劳，等等。如果我们在语言交往、交流与交谈中恰当使用这些词汇，一定能形成亲切友好的交谈气氛。

（二）声音的讲究

交谈过程中，说话者的语速、音质和声调，也是传递信息的符号。同一句话，说时和缓或急促，柔声细语或高门大嗓，商量语气或颐指气使，面带笑容或板着面孔，效果大相径庭，要根据对象、场合进行调整。

说话是一种艺术，要想把话说得好，正确地表达自己的意思，首先就必须发音正确、清晰易懂，如果口齿不清，发音不准，就会影响内容的表达。清晰易懂的发音，可以依赖平时的练习，多注意别人的谈话，多朗读书报；交谈时克服紧张情绪，讲话不急不躁，就可以做到这一点。其次说话的速度不宜太快，也不宜太慢。说话太快会令人应接不暇，反应跟不上，而且自己也容易疲倦。有些人以为自己说话快些，可以节省时间，其实说话的目的，在于使对方领悟你的意思。此外，不管是讲话的人，还是听话的人，都必须运用思想。说话太慢，也会使人着急，既浪费时间，也会使听的人不耐烦，甚至失去谈下去的兴趣。因此，谈话中，只有使自己谈话的速度适中，即每分钟讲 120 个字左右，才最适宜。最后要注意的是语调，人们说话时常常要流露真情，语调就是流露这种真情的一个窗口。愉快、失望、坚定、犹豫，轻松、压抑，狂喜、悲哀等复杂的感情都会在语调的抑扬顿挫、轻重缓急中表现出来。语调同时还流露一个人的社交态度，那种心不在焉的语调难以引起别人感情上的共鸣。语调虽重要，但在谈话中却往往被忽视，只注意词令如何风趣、内容如何美妙，却忘了语调要如何动人，结果使思想的传递受到损失，效果受到影响。在社交场合，为使自己的谈话引起人们的注意，谈吐得体，一定要在声音的大小、轻松、高低、快慢上有所用心，这样才能收到好的效果。例如，放低声调总比提高嗓门说话显得悦耳得多；委婉柔和的声调总比粗厉僵硬的声调显得动人；发音稍缓总比连珠炮式易于使人接受；抑扬顿挫总比单调呆板易于使人产生兴趣。但这一切都要追求自然，如果装腔作势，过分追求所谓的抑扬顿挫，也会给人华而不实在演戏的感觉。自然的音调总是美好动听的。

（三）不良习惯的克服

文雅的谈吐固然需要词令的修饰，但最基本的一条却是词能达意，通顺易懂，即说出的话既要让人觉得顺耳、动听，更要让人听得清楚，听得明白。让人听得费劲、不舒服的话影响谈话情趣，还会使人怀疑你的实际才能，甚至反感和恼怒。因此，在选择词句时应以朴实自然为好，多使用一些明白易懂的口语白话。这样，既合乎人们的习惯，易于被理解、接受，还不会给人以卖弄做作之感。

另外，有些人喜欢在交谈中插入少许外文或方言俗语，其效果优劣恐难一概而论，这主要取决于双方的趣味，假如趣味相投，便不足为怪，否则恐难受欢迎。一般来说，在与两个或两个以上的人一同交谈时，以不用为佳。因为多数人不习惯这种"中外合璧"的谈话方式。当然，偶尔一两个外国字用得恰当的话，也可以为谈话增一分色彩。但要注意，引用的外语要以对方能心领神会为宜，否则不仅是隔靴搔痒，"对牛弹琴"，还会无形中造成隔阂。如果的确有必要说，那就要用得恰当，并且要注意正确地发音。如果张冠李戴，不伦不类或语调蹩脚，则不免为识者所笑，所以必须谨慎。

同样，在社交场合，应尽量讲普通话，方言应尽量避免。但也要认识到，我国幅员辽阔，语言庞杂，方言的形成自有它地理上的因素，相互间的语言障碍一时还很难完全消除。所以对于别人的乡音，要有一种雅量。遇有不尽明了的言语，可以多问一声，切忌讥讽或揶揄。

还有一些人，在和熟人谈话时较为正常和自然，偏偏在遇到陌生或新朋友时，为了给人一种特别的印象而堆砌词藻，显得矫揉造作，结果却事与愿违。

有些人说话还有一种不好的习惯，常常不知不觉地在谈话中插入一些毫无意义的口头禅。

有的口头禅不伤大雅，可有的口头禅却会说者无心，听者有意，使自己的谈话对象产生错觉，或者被自己所伤害。比如，"知道不？""你懂吗？你"，教训人的口气十分明显，而且还会令人感到暗含轻视的意思。"没什么了不起"对谁都这么说话的人，是不是有点目空一切？"是吗？"这是典型的"怀疑一切"的态度，会使谈话对象的自尊心深受伤害。以上这些口头禅最好是自觉地弃而不用。

二、交谈礼仪

（一）正确认识自己

人人都可以成为一个善谈、健谈的人。但首先要消除胆怯心理，克服内向心态，打消顾虑，增强信心。

每个人在社会上都有一席之地，每个人在与人交往、交谈中都有要说的话。须知"言为心声"，只要是发自内心，态度真诚的话，都会打动人心。有些性格内向的人往往以自我为中心，在交谈时先想到：人家会怎么看我，我是否会失态。这种心理状态不利于谈话的深入。最好的谈话心理应该以谈话内容为中心，打消顾虑，稳定情绪，自然地加入谈话。如果感到与人交谈缺乏内容，话题很少，语言枯燥，可以平时多看报纸、杂志、书籍、电视，关心时事、艺术、体育等，随时留意周围发生的事，同时多和他人谈话，谈的次数多了，就可以储存知识以供将来谈话之用，日积月累，久而久之，就会感到话题多了，内容充实了，词汇也丰富了。此外，在与人交谈时，应力争主动，尽可能先提出自己最得心应手的话题，放开来讲述，以表示有信心与人交谈，从而克服胆怯心理。

最后要注意的是，谈话的姿态也会反映出一个人的性格和心理。胆怯内向的人，谈话时往往双肩紧并、下垂，腰部弯曲，显示出一副紧张的样子。因此，切忌采用这种姿态与人谈话。谈话分站、坐两种。如果站着与人交谈，说话时要挺胸、收腹，全身重量均匀地分配于两足，使重心稳定。这样，会感到自己的肩膀似乎宽了些，人也显得生气勃勃，泰然自若。如果是坐着谈话，要注意谈话距离宜保持在一臂之内。双脚要平放于地面，不宜交叠双腿，在身份高者面前，更不宜跷着二郎腿；坐时背部要紧靠椅背，肩膀平正，腰部挺直。相信，良好的姿态会使人信心增强。

（二）交谈礼仪

交谈时除注意语言美、声音美之外，姿态美也很重要，也就是在谈话中语气、语态、神色、动作、表情等都要合乎规范。

1. 谈话时要正面视人

交谈中，目光注视对方是一种起码的礼仪，以表示对谈话的兴趣和对对方的尊重，同时也可以为愉快和谐的谈话气氛创造条件。美国NBC的著名节目主持人芭芭拉·华特曾说："对全神贯注和我谈话的人，我以为是可亲近的人"，"没有其他的事比这更重要了"。假如你是个有心人，也一定会发现，交谈一方有时偶尔把目光转向一旁，会引起另一方的注意，可能会因此认为交谈一方对谈话不感兴趣而关闭谈话的大门。当然，注视并不等于凝视，直勾勾地盯着对方，或目光在对方身上左右上下乱扫，甚至还跑到对方身后去，这只会使对方透不过气来或惶惑不安，

有话也说不出来。一般来说，如果两个人在室内面对面交谈，目光距离最好在1～2米，目光注视对方胸部以上、额头以下部位。有时可能会出现交谈双方目光对视的情况，此时不必躲闪，泰然自若地徐徐移开就可以了。

还需要指出的是，仅仅注视对方还远远不够，还要注意能够让对方感受到你对谈话的态度。任何有经验、有教养的人，在与人交谈时，都不会忽略适当引起谈话对象的谈话兴趣。称道对方，关怀对方，对对方所说的一切表示出浓厚的兴趣，都可以提高对方的谈话兴趣。如果许多朋友在一起交谈，讲话的人不能把注意力只集中在其中一两个熟悉的人身上，要照顾到在场的每一个人。同时，谈话过程中对对方的谈话应有所呼应，这样话题才可能谈得更广、更深，相互间的交流也就越多，甚至可在心理上达到某种程度的默契。

所以，谈话时，首先要做到的是双方应互相正视、互相倾听。不要东张西望、左顾右盼，更不能看书看报，或者面带倦容，哈欠连天；也不要做一些不必要的小动作，如玩指甲、弄衣角、搔脑勺、压指甲等，这些动作显得不礼貌，也会使人感到你心不在焉，傲慢无理。

2. 谈话要尊重别人，调和意见

交谈过程中要常常说话，但不要说得太长。社交场合，参加谈话是对众人的一种义务，如果对于所议论的某个主题可以提供若干意见，就该讲出来；如谈话的目的只是为了娱乐，也要参与其中，不能只静坐听别人的谈话，而自己却一直三缄其口。但谈话并不是独白，如果只顾自己发表意见，而不愿听别人说话，甚至不容别人插话、发表看法，交谈就变成了"一言堂"。"一言堂"的谈话方式，或许可以显示口才，但结果往往事与愿违，别人可能认为你自高自大，蔑视他人的存在。所以虽然常常发言可以加深别人的印象，但长篇大论地说下去，容易使人厌倦而不耐烦。为此，自己每次"发言"所用的时间从总体上讲，宜短不宜长，通常自己讲一两分钟之后，就应把"讲坛"主动相让与他人。要是碰上别人"发言"过久，或是意欲发表个人见解，应耐心等候。他人讲话结束之前，千万不要打断别人讲话。一次生动活泼的谈话，要求每个交谈者注意不但自己说，也要让别人说。聪明的谈话者，往往不急于发表自己的意见，而是设法让对方开口，谈他所关心的问题，吸引对方与自己交谈。

此外，为表示对交谈一方的尊重，交谈时要尽量让对方把话说完，不要轻易打断对方的谈话，要有耐心，这是一种基本修养。尤其是对方谈兴正浓时，突然打断对方，一是可能使对方思路中断，二是可能使对方被突如其来的"拒绝"弄得不知所措，下不了台。如果有紧急事件发生，或确实有必要打断对方，要在对方说话的间歇，以婉转的口气，很自然得体地将自己的话简短说出，如"你的看法的确有道理，不过请允许我打断一下"，或"请让我提个问题好吗？"这样就不会让人感到你轻视他或不耐烦了。恰当的插话，会引起对方的注意，使其停止自己的言谈，让你先说。但插话如果违背对方原意，未听明白就下结论，或插的不着边际，转移话题，或抢过话头，显示自己高明，则有不尊重或揶揄的味道，闹不好还会引起争执，不欢而散。在参与多人交谈时，应不时地同其他人聊上几句，不要论远近亲疏，凭衣帽或印象取人，对有的人一见如故，谈个不休，而对另一些人则一言不发，不理不睬。这样既是对他人的不尊重，也会让其他人觉得你没有教养。

交谈中还经常会遇到不同意对方某个观点，或发现对方某一明显错误的说法的情况，怎么办？在正式的社交场合，一般以表示疑问或商讨的语气提出为宜，以免伤害对方的自尊心。比如，若不赞成对方的某个观点，可以说："我对这个问题倒也十分感兴趣，只不过好像我不这么认为"，

"你刚才的某个观点好像很新，能否再详细地解释一下"，等等。假如认为对方的某个观点和说法根本是错的，可以说："在我的记忆中，好像这个问题不是这样的"，或者说"我在某本书上看到的好像与你讲的不完全一样"……虽然语言非常婉转，但这足以使对方明白其中的意思。遇到别人真的犯了错误，又不肯接受劝告和批评时，别急于求成，往后退一步想想，把时间延长些，隔一两天或一两个星期再谈。否则，大家都固执，这样不仅没有进展，反而伤害感情。记住，如果不是讨论性的交谈，一般不要与人争辩。如果对方反驳你的意见，大可不必急躁、恼怒，从容说出自己的道理便是。企图与别人争胜是拙劣的想法，有时越是想做到这点，越是想逞口舌之利，就越不能使对方成为朋友。总之，要学得谦虚些，随时考虑别人的意见，让大家都觉得你是可以谈话的人，这才是硬道理。

事实上，人们谈话时都有一个目的：想知道别人对某件事情的看法是否和自己相同。人们总是希望别人能和自己对某事物有同样看法。如果谈话时双方意见一致，就会感到一种安慰，但如果发现对方意见和自己略有出入，或大不相同时，会感到这是一种刺激，从而想与对方作进一步探讨。所以，当听到别人意见和自己相同时，要立即表示赞同。不要以为这样做，会被人认为是随声附和。不出声，容易使人误以为不同意。同样，当听到别人意见与自己不一致时，也要立即表示什么地方不同意（当然要注意方式），不要迟疑。

3. 谈话要看对象

交谈不是一味地发泄自己的感情和情绪，而是一种合作的程序，所以必须考虑交际对象。交际对象是最直接的对话语起制约作用的环境因素。说话人的言语行为总是围绕着听话对象进行的，以他们能接受为前提，而不能逾越他们的思想、感情、知识所能及的范围。不同的对象，因年龄、性别、职业、社会地位、人生阅历的不同，对同一句话会产生不同的反应，甚至会出现截然相反的反应。所以，在交谈过程中，所说的话要符合交际对象特定身份的要求，从称谓到措词组句，从交谈话题、谈活语气到表达方式等都应尽量合乎交谈对象的特点，做到恰当得体。

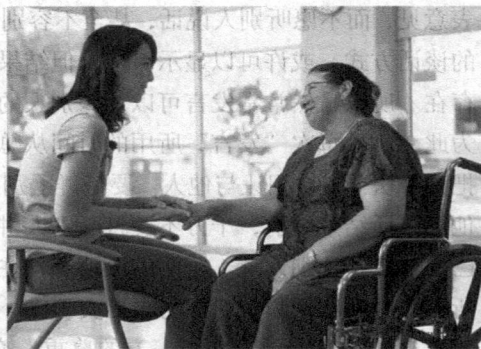

交谈的第一道程序就是问候和寒暄。但问候和寒暄并不是随处可用的，必须考虑到交际对象的特点，否则不仅无礼，还可能使双方处于一种尴尬的局面。例如，中国人见面时喜欢问"吃饭了吗？"本是一句很普通的问候语，并没有准备请客吃饭的意思，但对不懂这一习惯用语的外国人来说，就完全可能理解为打算与他一同进餐。又比如，中国人见面时喜欢说"你气色真好，又白又胖""你发福了"来表示对对方的友好，对方也往往会以"你也一样""多谢"来表示谢意。但西方人恐怕就有不同的看法，他们怕被人说白、胖，因为身体白胖表明体弱，对他们而言，说胖就有一种贬低人的意思。同样，外国人见面时也常说"见到你十分荣幸""你今天打扮的格外迷人""你真是太漂亮了"之类的客套话。所以，同样是问候，面对不同的对象，就要有不同的说法。

说到交谈话题、方式的选择，有这样一个故事：在一只游船上，来自各国的一些实业家边观光边交谈。突然，船出事了，并开始慢慢下沉。船长命令大副："赶快通知那些先生，穿上救生衣，马上从甲板上跳海。"几分钟后，大副回来报告："真急人，谁都不肯马上跳。"于是，船长亲自出马。说来也怪，没过多久，这些实业家都顺从地跳下海去。"你是怎样说服他们的呀？"大副请教船长，船长说，"我告诉英国人，跳海也是一项运动；对法国人，我说跳海是一种别出心裁的游戏；我同时警告德国人，跳海可不是闹着玩的。""你又怎样说服那个美国人呢？""那还不容易"船长得意地说，"我只说已经为他办了巨额保险"。这纯粹是笑话，然而笑话里包含了一个浅显的道理，即说话的内容和方式应尽可能地合乎对方的心理需要，这样才会取得令人愉快的效果。同样，交谈的方式也影响着交谈的气氛，对一般市民用抽象而又深刻的分析，枯燥而又严肃的逻辑推理方式与之交谈，会使对方感到不知所云，莫名其妙；而对知识层次较高的人用"海阔天空"式的聊天方式与之交谈，会使对方听而生厌，无所适从。这一切都说明正确选择话题和谈话的方式是重要的。当然，为了使谈话更富有创新和吸引力，还可以在现有的话题中，挖掘、发现新的感兴趣的话题，使交谈双方始终在一种享受乐趣的气氛中继续他们的谈话。

关于交谈的话题与内容，以下一些要求是必须注意的。

（1）为能创造一个愉悦和谐的谈话环境，在公共社交场合，应选择大家都可以介入又都方便发表意见的话题，即寻求共同的经验范围，如现场气氛、环境布置、天气、当日新闻、国际形势、文艺演出、体育比赛等，切忌只谈个别人知道或感兴趣的事，或只与个别人交谈而冷落其他人。

（2）不要涉及令人不愉快的内容，如疾病、死亡、荒诞的事情。奇闻趣事，有助交谈的气氛，但不宜从头到尾用奇闻趣事消遣，更不要用笑话影射在座的人，否则很不通情理。最好交谈一些轻松愉快的问题，把快乐与人分享。这一常识也应在选择谈话内容时得到体现。

（3）话题不要涉及他人的隐私。如对女士不问年龄、婚否、服饰价格等；不用身体壮实、保养好等模糊用语来形容女士的身材。对男士不问钱财、收入、履历等。不随便谈论他人的宗教信仰和政治信仰。同时，不要随便散播和听信流言蜚语。

（4）遇到不便谈论的话题不要轻易表态，应当转移话题以缓和气氛。涉及对方反感的话题应及时表示歉意。一般不宜用批评的语气谈论在场者和其他相关人士，也不要讥笑他人，更不能出言不逊，恶语伤人。

（5）男士一般不参与女士圈内的话题议论，与女士谈话时要宽容、谦让、尊重，不随便开玩笑，也不可与女士无休止地攀谈，否则会引起对方的反感和旁人的侧目。

4. 谈话要看准时机，留有余地

"言贵精当，更贵适时"。不该说的时候说了，是操之过急；该说的时候没说，是错失良机。把握住说话的适宜时机，是说话得体的重要因素。比如，在听话人心情比较平和的时候去反映情况或提出批评建议；在双方的感情和认识差距稍小了以后再开口劝说。高明的推销员从不直接向持拒绝态度的顾客推销商品，而是先迂回，套近乎，排除了对方的"武装"之后，再劝人家购买推销的商品，这样往往会获得成功。

交谈过程中还要注意说话应留有余地。比如，在交谈中，遇到需要赞美对方时，应措词得当，注意分寸，赞美的目的在于使对方感觉到你真的对他（或她）钦佩，用空洞不切实际的溢美之词，反而会使对方感到你缺乏诚意。若一名商务人员热情友好地接待了一位公众之后，得到了"你的接待真令人愉快，你的热情给我留下了深刻印象"的评价，显然比"你是全世界最热情的人"的赞誉会入耳得多。所以称赞要适度，过分地讨好、谄媚则近于肉麻。特别是对上级领导，在社交场合更不宜毕恭毕敬说些奉承话。对晚辈或地位比较低的人，也不要用轻视、冷淡的口吻说话。总之要注意分寸。

再比如，要使谈话得以继续，并且产生较好的效果，可适度地选用一些幽默风趣的语言，或讲一些笑话。幽默的语言，既有趣可笑，又寓意深长。如能在谈话中适当加以运用，不仅能够活跃气氛，而且能够启人心智，吸引听众，更好地与他人沟通和交流。但凡事要有个限度，使用幽默语言，讲笑话也要因人而宜，要分时间、地点、场合，要有分寸。比如有的人喜欢嘲笑他人的短处，特别是对男女之间的话题津津乐道。其实，这不但不能表现自己的风趣和幽默，反而说明了自己的轻薄与无聊。要知道，优雅的举止风度是以友善和为他人着想这两项原则为基础的。这种揭短的"幽默"伤人太深，不但不道德，于己也未必有益。所以说话一定要注意把握好分寸。

现实生活中，很难不求人，也很难不被人求，所以无论求人，还是被求助，都要注意把话说得留有余地。此外，表扬人，批评人，调解事端，解决冲突，应付尴尬局面，调解不满情绪，乃至布置任务，汇报工作等，都涉及语言艺术问题。

5. 其他注意事项

在参与多人交谈时，应表现出对谈话内容兴趣很大，而不必介意其他无关大局的地方，比如对方有浓重的乡音，读错了字或记错了日期等，只要不妨碍交谈的进行，没有必要当面去指正。不要在对方谈兴正浓时，突然凑到某个人耳边窃窃私语，这容易引起别人的反感，还有可能使谈话者产生误会：有什么事不好当着大家讲？如果确有私事要说，不如请他到另一边再谈。撇开众人，只跟一小帮人交谈，这说明他还不善于与大家打交道。

当遇到自己的熟人正在和别人一起交谈时，如果打算加入，一定要事先征得同意，比如问一下"我能够有幸加入吗？"或"不打搅吧？"得到许可后，方可加入。不要以为是自己熟人，就可随便加入别人的谈话。加入之后，应甘当配角，不可自己一加入就口若悬河，滔滔不绝地"唱起"主角，以致影响交谈者的兴致。一旦发现自己加入后，原来的交谈者都缺少了兴致，应及早退出，不要因此让别人产生不好的印象。在碰到有人想加入自己的交谈时，通常应来者不拒。如果自己确有私事，不适宜外人介入，应及早婉言相告，比如可以说"对不起，我们有点私事想单独谈谈"，或者说"我们过一会儿再谈，好吗？"一旦同意他人加入自己的谈话，就不要有意冷场，或是使用隐语、暗示等，使他人无所适从。

此外，在交谈过程中要始终注意不要扮演喋喋不休、逢人诉苦、无事不晓或一言不发的角色，这些都不利于交谈的进行，更不利于在众人面前树立良好的形象。

三、交谈中的聆听礼仪

（一）交谈中聆听的作用

一般人在交谈时倾向于以自己的意见、观点、感情来影响别人，因而往往谈个不停，似乎非如此无法达到交谈的目的。实际上，与人交谈，光做一个好的演说者不一定成功，还须做一个好的听众。也就是说，在谈话中，任何人都不可能总是处于说的位置上。要使交谈的双方双向交流畅通无阻，就必须善于倾听他人的谈话。善于聆听的人，懂得"三人行，必有我师"的道理，能够利用一切机会博采众长，丰富自己，而且能够留给别人讲礼貌的良好印象。

外国曾有谚语"用十秒的时间讲，用十分钟的时间听"。社会学家兰金也早就指出，在人们日常的语言交往活动（听、说、读、写）中，听的时间占54%，说的时间占30%，读的时间占16%，写的时间占9%，这说明，听在人际交往中居于非常重要的地位。

在人们面对面的交谈中，讲与听是对立统一的，认真地去听，可以收到良好的谈话效果。听，可以满足对方的需要。认真聆听对方的谈话，是对讲话者的一种尊重，在一定程度上可以满足对方的需要，同时可以使人们的交往、交谈更有效，彼此之间的关系更融洽。聆听从消极的一面讲是一种礼貌，是对别人的尊重；积极地说是一种鼓励，是褒奖对方谈话的一种方式，有助于提高谈话者的兴致。因此，能够耐心地倾听对方的谈话，等于告诉对方"你是一个值得我倾听你讲话的人"，这样在无形中就能提高对方的自尊心，加深彼此的感情。反之，对方还没有把想要说的话说完，你就听不下去了，这最容易使对方的自尊心受挫。

听，可以了解对方（现在讲话者）是否真正理解你（刚才讲话者）说话的含义。听，可以获得必要的信息，提供给你最新的情报资料。注意聆听别人的讲话，从他说话的内容、声调、神态从中可以了解对方的需要、态度、期望和性格，他们会自然地向你靠近，这样你就可以与很多人进行思想交流，建立较广泛的人际关系。

注意倾听别人讲话，还可以同时思考自己所要说的话，整理自己的思想，寻找恰当的词句，以完善地表达自己的意见，给人鲜明的印象。一般来讲，听比说快，听话者在听话过程中总有时间空着等待，在这些时间空隙里，应该回味讲话人的观点、定义、论据等，把讲话人的观点和自己的观点作比较，预想好自己要阐述观点的理由，设想可能有的其他观点等。因此，从某种意义上说，在社交场合受大家欢迎的人，人人都爱与之交谈的人，并不仅仅在于他能说会道，而重要的是他会听。因为交谈中只有既讲又听才可以满足双方的需要，也只有如此，才能使交谈顺利进行。如果只顾自己讲，不想听对方说，则一定是交谈中的"自私者"，当然也是不受欢迎的。

（二）交谈中的聆听礼仪

交谈中善于聆听的确有许多好处，但要真正作到洗耳恭听，仅仅对人抱有尊敬之心还不够。也就是说，听不光要用身，还要用脑，用整个身心。但有些人做不到这一点，他们听时心不在焉，或左顾右盼，或处理他事，或摆弄东西，或不时走动。这种方式最易伤人自尊心，使说者不愿再讲，更不愿讲心里话，因此不仅无法收到较好的效果，还会影响到双方的关系。也有的人，听时虽然很认真，但却挑其毛病，或者频加批判，或妄下判断，或发出争论，这种方式使人讲话时不得不十分小心，字斟句酌，同时也担惊受怕，不敢吐露真情，从而影响交谈正常而深入地进行。这两种听的方式都不利于交谈的进行。其实最好的听的方式，是要站在对方的立场去听，去反应，去认识，去理解，去记忆，因为这种听话的方式，既能使听者集中注意力全神贯注地听，又能较好地理解说话者的原意，使对方受到尊敬和鼓舞，愿意讲真话、说实话，并进而发展彼此友好的往来关系。

除了听的方式外，在聆听对方谈话时还要注意以下这些方面。首先宜选择一个安静舒适的环境进行交谈，以减少外界噪声的干扰。如果交谈环境不理想，比如外界干扰、噪声太大，或者室温过高、过低，要尽力设法更换环境。同时要保持冷静，不受个人情绪和当时气氛的影响。这样才能保证有效地倾听。其次要设法使交谈轻松自如，不要使对方感到拘束，同时消除心理上的障碍，不要预先存在

想法，不可显示出不耐烦的样子，也不要过早地做出判断，因为过早表态往往会使谈话夭折。要少讲多听，不要随意打断对方。还要注意听其内容，而不必过多地考虑对方的谈话技巧。

听时要注意谈话者的神态、表情等非语言传播手段，这些往往会透露出话外之意，不仅如此，还要多注意自己的"身体语言"。在他人讲话时，应尽可能地以柔和的目光注视着对方，以便与对方进行心灵上的交流与沟通，这样做，会使对方感受到无声的鼓励或赞许，可以赢得其好感。当然，善于聆听的人仅会用眼神还远远不够，还要学会用声音、动作去呼应，也就是说要随着说话人情绪的变化而伴以相应的表情。身体稍稍倾向于说话人，面带微笑。在说话者谈到要点，或是其观点需要得到理解和支持时，应适时适量地点点头，或是简洁地表明一下自己的态度。当然，只是在关键地方点点头就可以了，不必频频点头。同时，还可以通过一些简短的插话和提问，暗示对方对他的话确实感兴趣，或启发对方，以引起感兴趣的话题。当然，如果对对方的话题不感兴趣，且十分厌烦，那就应该设法巧妙地转移话题，但须注意方式。当多人在一起交谈时，要学会用目光适当照应在场的其他人，很快地交换一下目光，以鼓励那些不爱开口的人说话。此外，要善于从别人的话语里找出他没有能明白表达出来的意思，避免产生误解，此时也可用一两个字暗示对方。或恰当地提出问题，以表明你听得十分认真，并力求理解他讲话的含义。要强调的是，最高明的"听众"是善于向别人请教的人。如与人交谈时，能向其请教一两个他擅长且不避讳的问题，一定会使其自尊心得到莫大的满足。但要注意向人请教绝不能避实就虚，强人所难。

最后需要强调指出的是，人们在交谈、交往中由于所处的不同社会角色地位而形成的交谈双方的不同关系，往往会影响倾听。一般来说，在交谈双方社会地位相同时，双方相互间能以完全平等的态度进行交谈，在这种情况下，比较容易倾听对方的谈话。在交谈双方社会地位不相同时，往往有两种情况：一是听者的社会地位高于谈话者，比如上级对下级，师长对晚辈、学生等。在这种情况下，听者一定要特别注意听的诚意与态度。通常属下找领导谈话，一定有其原因，领导必须以关心、真诚的态度认真地听，即使对方发牢骚、抱怨，也不要冷淡待人，更不能责备。了解了对方的真实愿望、意见、想法后，可据此做出确切的判断，给予合情合理的答复。肯花时间认真倾听属下意见的上级，是真正关心他人、值得依赖的人。二是听者的社会地位低于谈话者。比如下级对上级，晚辈、学生对师长等。在这种情况下，一般人都会认真地听，有时可能还要在本上记几句。遇有不懂之处，可请对方作适当的重复与解释。切忌唯唯诺诺，点头哈腰，显出一副卑躬屈膝的样子。因为谈话双方无论社会地位上相差多么悬殊，在人格上是完全平等的。保持平等的态度才能使谈话得以顺利地进行，从而建立较好的关系。

一般而言，任何人都会对诚心诚意倾听自己谈话的人产生感激之情，从而开启心扉，倾吐真情实意。所以，在交谈过程中，不仅要让自己的话说得更得体，还要注意用聆听来赢得对方。善于倾听，是谈话成功的一个要诀。

扫一扫

扫一扫了解
更多谈话礼仪
要求

（三）交谈中要善于提问

谈话过程中，不仅要注意倾听，还要善于提问。恰当的提问可从对方那里了解到自己不熟悉的情况，或将对方的思路引导到某个要点上，有时还可以打破冷场，避免僵局。

提问既然是为使交谈有效、深入地进行下去，就要注意内容，不要问对方难以应付的问题，如超过对方知识水平的学问或技术问题等，也不应询问人们难以启齿的隐私，以及大家都忌讳的问题等。有的人在交谈中就不注意这一点，不管什么事情都要打破砂锅问到底，这样做的结果是既不尊重对方，也不尊重自己，谈话只能不欢而散。提问的方式也不能忽视，查户口式的一问一答只能窒息友善的空气。为此，提问的人应对发问进行方式设计。比如接待一位东北客人，若这样问："你是东北人吧？""刚到北京吧？""东北比北京冷吧"，对方恐怕只好一次又一次地重复"是"，这不能怪客人不健谈，而是这种笨拙的发问也至多能回答到这种程度，如果换一个问法："这次到北京有什么新的感触""东北现在建设得怎么样""有什么新闻"等。这样的问话，对方不但可以介绍一些你所不了解的事，还会使客人能充分叙述自己的感受而使气氛自然融洽。所以设计巧妙的提问，不仅能起到投石问路的作用，还能使交谈沿着自己希望的轨道向深处展开，达到相互沟通的目的。有的人问话一出，便立即打开了对话的话匣子，双方相见恨晚，成了好朋友；有的人问话一出，却使双方无话可说，形成难堪的场面。可见提问是一种艺术，对双方的交流起着很重要的作用。

如果提出的问题对方一时回答不上来，或不愿回答，不宜生硬地追问或跳跃式地乱问，要善于调整话题。如果对方是因为羞怯而不爱说话，那就应当问一些无关的事，比如问问他工作或学习的情况，等紧张的气氛缓和了，再把话题纳入正轨。

（四）结束谈话

在社交活动中，无论是谋职，谈判还是结交朋友，处理业务，都要与人交谈，这就涉及怎样结束谈话。如果能做到恰到好处，就会给人回味无穷的感觉，如果处理不好就会把事情弄糟。所以怎样结束谈话是有技巧的。

一般来说，要避免分歧，再结束谈话。谈话在尚未获得结论或一致意见的情况下，突然结束谈话是不明智的，不利于解决问题和人际交往。分手时更不能讲使对方讨厌的话题，出现分歧时，应主动做出让步，比如可以转换一个话题，把有分歧的话题暂时放放，谈一些别的，待气氛缓和了再把谈话告一段落，这样能增加双方的亲近感。有时，谈话的开头很好，双方谈得很投机，都处于兴奋状态，如果此时没有什么新的话题，就应该及时结束。有些人不注意这一点，认为前边既然谈得好，后面一定会更好，殊不知交谈的内容已快枯竭了，如果再接着谈，只会变得枯燥无味。

除了在内容上注意外，还要注意掌握好谈话的时间，使谈话能顺其自然地结束。此时要注意观察，对结束谈话事先有个心理准备，可以预先留一点要结束交谈的时间，为结束谈话创造一定条件。否则，在没有思想准备的情况下，突然终止谈话，会给人粗鲁无礼的感觉。如果在特殊的情况下，只能作短促的交谈，此时宜事先声明，以便使对方有思想准备。在把握时间的同时，还可以多留意对方的表情。比如当对方因对谈话内容不感兴趣，或因别的事需要告退，又不好直说时，往往会做出某些暗示，像频频改变坐姿，心不在焉，东张西望，心神不定，摆弄自己带的东西，或不时看看自己的表，对说的话也不做出积极的反应等，这时就该结束谈话了。如果置这些不顾再继续谈下去，就会使人感到反感了。

最后要注意的就是结束谈话后如何打招呼。一般分别时，双方都应主动打招呼，以增加感情。比如谈话结束了，主动谈话一方可以说："非常感谢您给了我许多教诲和帮助"，另一方则可以说："不必客气，以后有什么需要我帮忙的，尽管说。"还可以面带笑容地说"欢迎您再来"，使人感到轻松、自然，令双方都感到满意。

1. 简述交谈中应注意什么。
2. 如何做一个聪明的聆听者？

训练目的："交谈"技能训练。

训练方法：将学生按每组4~6人分组。每组设计交际场景，在交际过程中要充分体现交谈的语言风格，注意使用礼貌用语、选择话题等，在交谈时要伴随正确的身体姿态和面部表情。用摄像机、数码照相机记录学生的交际过程，回放这一过程，学生进行相互评价，教师最后总结点评学生存在的个性与共性问题。观察平日里同学之间、同学与老师之间、与陌生人交谈时有哪些不符合交谈礼仪的地方，并将其逐一列出，进行改进。

第二次世界大战结束后，日本许多商店人手奇缺，为减少送货任务，有的商店就将问话顺序进行了调整，将"是您自己拿回去呢，还是给您送回去"改为"是给您送回去呢，还是您自己带回去"，结果大奏奇效，顾客听到后一种问法，大都说："我自己拿回去吧。"

又如，有一家咖啡店卖的可可饮料中可以加鸡蛋。售货员就常问顾客："要加鸡蛋吗？"后来在一位人际关系专家的建议下改为："要加一个鸡蛋，还是加两个鸡蛋？"结果销售额大增。

问题：

以上两个例子说明了什么问题？

任务二 | 寒暄和问候

📖 任务引入

英国女王维多利亚有一次独自去参加一个社交活动，深夜才回到寝宫。

她敲门，只听丈夫在房内问："谁？"

"我是女王"，女王回答。可是，门却没有开。

女王再敲门。丈夫又问"谁呀？"

"维多利亚，"女王答道。

门仍然没有开。女王在门口犹豫了一会，又一次敲门。

丈夫仍旧问："谁呀？"

这一次，女王温柔的回答："你的妻子。"

门终于开了，丈夫热情地将妻子迎了进去。

📖 任务分析

1. 一个人能有几种称谓？
2. 最后女王的丈夫为什么打开了门？

知识链接

一、寒暄问候语

（一）寒暄问候语的含义

寒暄问候是人们在交际中使用的最简单的一种语言，是说话人肯定自己与被招呼者之间关系的一种标志。无论东西方，人们见面时为了表示友好，都要以各自特定的方式和语言来向对方问候。

（二）寒暄问候语的分类

寒暄问候语，说得通俗些，也就是招呼语。根据其载体不同，寒暄问候语可分为两类。

1．交谈型寒暄问候语

这是由包含具体信息的问答组成的。但这里的"交谈"并不是真的要获取某种信息，只是表达说话人的友好和关心。因此，对方可作回答，也可不回答而反问对方。它主要出现在经济不太发达的社会中，小规模的生产方式限制了人们交往的范围。居民往往结成许多内部关系密切的小社群。社群之内交往频繁，而不同社群之间接触很少。交谈型寒暄问候语多用在相互熟悉的亲友之间，其具体内容多是衣食住行等。

交谈型寒暄问候语的使用方法一般是根据对方当时的具体情况而即景即情地进行问话。如吃饭前后问："吃了吗？"路上相遇问："上哪儿？"对方在看书则问："看书吗？"或"看什么书？"见到别人出门，就会问："出门啊。"见到人家买的东西，则问："买的什么？""什么地方买的？""什么价钱？"还有表示对人关心的问话："这一段身体好吗？""怎么穿得这么少？"对熟人的不期而来的招呼语则是："什么风儿把你吹来了？"

在交谈型寒暄问候语中，使用频率最多的则是"吃了没有"。人们见了面，无需经过思考，脱口而出此语，并非真的关心对方是否饥肠辘辘。其真实用意只不过是一种礼貌，一种善意的表示，是说话者向对方发出情感相容的信号，或是为了维持既存的关系、相互接触和交往，因而有人把这种招呼称为"慰藉型"交际活动。与"吃了没有"并存的一种寒暄问候语，是 20 世纪 80 年代流行的"在哪发财？"这是人们相见时的问候与祝愿。显然这种寒暄问候语表现了大家渴望生活富足的心理变化。20 世纪 90 年代曾出现的一句寒暄问候语"下海了没？"这些寒暄问候语如实反映了当年以经济建设为中心奔富裕的心理，折射出人们温饱后的更高追求。

2．问候型寒暄问候语

这是一种格式固定、通用性较强、内容简单的招呼语。这类招呼多出现在经济发达、不同社群交往频繁、而人际关系较为松散的开放性社会中。在亲切、随便等方面优于交谈型招呼语。

"您好"是这一类的典型词语。特别是在 20 世纪 90 年代，不少城市中已有许多人见面时以"您好"代替过去经常使用的交谈型寒暄问候语。由于问候型招呼语语言简单、格式固定、容易学习，已被越来越多的人所接受。它是社会发展中人际关系复杂化、生活节奏加快的必然产物。

"您好"问候型招呼的流行还有一个重要原因，就是对外交往的需要。随着世界人民交往范围的扩大，交往机会的增多，若在国际正式场合下，依旧使用"吃了没有"的招呼语，会引起外国人的误会。所以，在正式场合下，交际双方见面时，最好使用符合国际潮流的问候型招呼语"您好"，以显示其礼貌。

另外需要提及的是，当双方寒暄问候时，应尽量避免涉及个人隐私的话题。可选择与个人无关的一些内容，如电影娱乐、体育赛事、异地风光、流行歌曲乃至天气冷暖等，使对方没有心理压力，便于回答。

交际者用怎样的方式和语言进行寒暄问候，是体现其修养和人际水平高低的一个方面。因此，我们可从最简单的交际——寒暄问候语开始培养自己的风范。

二、人际称呼语

（一）人际称呼语的含义

所谓人际称呼语，即人与人交往中使用的称谓和呼语，是指代某人或引起某人注意，以表达对人的不同思想感情的一种最简短的语言形式。

在现实生活中，人们由于血缘、性别、婚姻、工作以及其他关系，诸如身份、职业等，而需要加以恰当的称谓，来表现彼此关系，并体现尊重、友好的思想感情，以求建立人际之间的和谐关系。这样，人际称呼语的把握就成为有声语言交际的一项重要内容。

（二）称谓的种类和用法

1. 姓名称谓

姓名，即一个人的姓氏和名字。姓名称谓是使用比较普遍的一种称呼形式，其用法大致有以下几种情况。

（1）全姓名称谓，即直呼其姓氏和名字，如"李大伟""刘建华"等。全姓名称谓有一种庄重、严肃感，一般用于学校、部队或其他郑重的场合。一般来说，在人们的日常交往中，指名道姓地称呼对方是不礼貌的，甚至是粗鲁的。

（2）名字称谓，即省去姓氏，只呼其名字，如"大伟""建华"等，这样称呼显得既礼貌又亲切，运用场合比较广泛。

（3）姓氏加修饰称谓，即在姓之前加一修饰字，如"老李""小刘""大陈"等。这种称呼亲切、真挚，一般用于在一起工作、劳动和生活的相互比较熟悉的同事之间。

过去的人除了姓名之外还有字和号，这种情况直至解放前还很普遍。这是沿用已久的一种古风。古时男子二十岁取字，女子十五岁取字，表示已经成人。平辈之间用字称呼既尊敬又文雅，为了尊敬不甚相熟的对方，一般以号相称。

我国还有乳名，即小名，这种称谓使用也很普遍，只限于亲属长辈称呼晚辈，或亲属平辈之间使用。到成人后，便逐渐不再使用。

2．亲属称谓

亲属称谓是对有亲属关系的人的称呼。我国古人在亲属称谓上尤为讲究，主要是对亲属的长辈、平辈绝不称呼姓名、字号，而按与自己的关系称呼，如祖父、父亲、母亲、胞兄、胞妹等。

有姻缘关系的，前面加"姻"字，如姻伯、姻兄、姻妹等。

称别人的亲属时，加"令"或"尊"，如尊翁、令堂、令郎、令爱、令侄等。

对别人称自己的亲属时，前面加"家"，如家父、家母、家叔、家兄、家妹等。

对别人称自己的平辈、晚辈亲属，前面加"敝""舍""小"，如敝兄、敝弟，或舍弟、舍侄，小儿、小婿等；对亲属自己谦称，可加"愚"字，如愚伯、愚岳、愚兄、愚甥、愚侄等。

随着社会的进步，人与人的关系发生了巨大变化，原有的亲属、家庭观念也发生了很大的改变。在亲属称谓上已没有那么多讲究，只是书面语言上偶用。现在我们在日常生活中，使用亲属称谓时，一般都是称自己与亲属的关系，十分简洁明了，如爸爸、妈妈、哥哥、弟弟、姐姐、妹妹等。

有姻缘关系的，在当面称呼时，也有了改变，如岳父——爸，岳母——妈，姻兄——哥，姻妹——妹等。

称别人的亲属时和对别人称自己的亲属时也不那么讲究了，如你爹、你妈、我哥、我弟等。

不过在书面语言上，还是比较讲究的，不少仍沿习传统的称谓方法，显得高雅、礼貌。

3．职务称谓

职务称谓就是用其所担任的职务作称呼。这种称谓方式古已有之，目的是不呼其姓名、字号，以表尊敬、爱戴，如对杜甫，因他当过工部员外郎而被称"杜工部"。诸葛亮因是蜀国丞相而被称"诸葛丞相"等。

现在人们用职务称谓的现象已相当普遍，目的也是为了表示对对方的尊敬和礼貌，主要有以下几种形式。

（1）用行政职位称呼，如"李局长""张科长""刘经理""赵院长"等。

（2）用专业技术职务称呼，如"李教授""张工程师""刘医师"。对工程师、总工程师还可称"张工""刘总"等。

（3）职业尊称，即用其从事的职业工作当作称谓，如"李老师""赵大夫""刘会计"，不少行业可以用"师傅"相称。

另外，随着时代的发展，新的称谓也在出现，如对归国侨胞、外国旅游者等，为了尊重他们的习惯，按照不同身份和职业，称其职衔身份，如博士、教授或"阁下""先生""夫人""小姐""女士"等。

（三）称谓使用中应注意的一些问题

进行称呼时，要注意以下事项。

（1）使用错误的称呼。这主要是由于粗心大意造成的。有的姓氏或名字中含有难念的字或多音词，有时错误判断了被称呼者的年纪、辈分、婚否及他人的关系。前者应主动请教对方，后者宜提前弄清其身份，方便到时准确称呼。

（2）在多人交谈的场合，要顾及主从关系，称呼人的顺序，一般为先上后下，先长后幼，先疏后亲，先女后男。

（3）使用不通行的称呼。有些称呼具有一定的地域性。例如，北京人爱称人"师傅"；山东人爱称人为"伙计";中国人把配偶称为"爱人"。但在南方人眼中,"师傅"就是出家人,"伙计"指的是打工仔。外国人则把"爱人"理解为婚外恋人。有些称呼则不能跨行业,如军人之间互称"战友",学生之间互称为"同学",工人之间互称为"师傅",如果互串,会闹出笑话的。

（4）勿使用庸俗低级的称呼或是使用绰号,尤其是带有侮辱性的绰号。对对方使用具有侮辱性质的绰号,如"罗锅""四眼"等不恰当,尤其是当对方身有残疾时,借此起绰号并称呼,只能表现出自己的修养不够。

总之,称谓的选择应根据不同的对象,区别不同场合,以文明礼貌为原则。

思考与讨论

1. 列举我国各地有哪些寒暄问候语?比较它们的不同。
2. 你在生活中有哪些称谓?人际交往中称谓使用错了会造成哪些不良后果?

实 训 题

训练目的:使学生熟悉称呼、问候的有关礼节,并能够正确运用其礼仪规范。

训练方法:将学生分成若干小组,自设情境,每组一部分学生扮演拜访人员,一部分学生扮演接待方成员,模拟演示以下情景:

（1）在门口迎接客人;
（2）招呼客人;
（3）为客人奉送热茶;
（4）交谈;
（5）送别客人。

在演示过程中要遵循称呼、问候、交谈等会面的有关礼仪规范,演示完毕后,可两组人员角色对调,再演示一遍,充分体会双方角色的不同礼仪要求。

案例分析

案例一

有一位先生为一位外国朋友订做生日蛋糕。他来到一家酒店的餐厅，对服务小姐说："小姐，您好，我要为我的一位外国朋友订一份生日蛋糕，同时送一份贺卡，你看可以吗？"小姐接过订单一看，忙说："对不起，请问先生，您的朋友是小姐还是太太？"这位先生也不清楚这位外国朋友结婚没有，从来没有打听过，他为难地抓了抓后脑勺想想说："小姐？太太？一大把岁数了，太太。"生日蛋糕做好后，服务员小姐按地址到酒店客房送生日蛋糕，敲门，一女子开门，服务员小姐有礼貌地说："请问，您是怀特太太吗？"女子愣了愣，不高兴地说："错了！"服务员小姐丈二和尚摸不着头脑，抬头看看门牌号，再回去打电话问那位先生，没错，房间号码没错。再敲一遍，开门，"没错，怀特太太，这是您的蛋糕"。那女子大声说："告诉你错了，这里只有怀特小姐，没有怀特太太。"啪一声，门被大力关上，蛋糕掉在地上。

案例二

某高校一位大学生，用手捂着自己的左下腹跑到医务室，对坐诊的大夫说："师傅，我肚子疼。"坐诊的医生说："这里只有大夫，没有师傅。找师傅请到学生食堂。"学生的脸红到了耳根。

问题：

请从以上两个例子分析称谓在交谈中的特点和重要性。

任务三 介绍

任务引入

张小姐和杨小姐都是刚毕业的学生，学的都是英语专业，学习成绩都很突出，两人同时应聘一家独资公司的高级秘书职位。人事经理看了她们的简历后，难以取舍。于是通知两人面试，考官让她们分别做一下自我介绍。

张小姐说："我今年22岁，刚从某大学毕业，所学专业是英语，浙江人，父母均是高级工程师，爱好音乐和旅游，性格开朗，做事一丝不苟。很希望到贵公司工作。"

杨小姐介绍说："关于我的基本情况简历上都介绍得比较详细了。在这里我强调两点：我的英语口语不错，曾利用假期在旅行社做过导游，带过欧美团；再者，我的文笔较好，曾在报刊上发表过6篇文章。如果你有兴趣可以过目。"

最后，人事经理录用了杨小姐。

任务分析

1. 用人单位为什么录用了杨小姐？
2. 杨小姐的自我介绍好在哪里？

知识链接

介绍，就是人际交往中与他人进行沟通，增进了解，建立联系的一种最基本、最常规的方式，它是经过自己主动沟通或者通过第三者从中沟通，从而使交往双方相互认识、建立联系的一种社交方法。现代人要生存和发展，在日常生活和工作中，就需要通过介绍与他人达到沟通、了解、帮助、支持的目的。

在社交场合中，如何正确地利用介绍来广交朋友，是必须要掌握的社交常识。根据介绍者的不同，介绍可以分为自我介绍、他人介绍、集体介绍3个类型。

一、自我介绍

自我介绍，即在必要的社交场合，由自己担任介绍的主角，自己把自己介绍给其他人，以使对方认识自己。自我介绍是最为灵活的介绍方式，恰到好处的自我介绍可以增添个人魅力，较快赢得对方的好感。

在社交活动中，自我介绍又可分为两种：一种是主动型的，在欲结识对方而又无人引见时，可自己充当介绍人与对方相识；另一种是被动型的，人们在某些场合有时会应其他人的要求，将本人某些方面的情况作一介绍。但无论是哪一种介绍，都应注意自我介绍的时机、自我介绍的内容等方面。

扫一扫了解更多介绍的案例

（一）自我介绍的时机

应当何时作自我介绍？它涉及许多因素，诸如时间、地点、当事人、旁观者、现场气氛等。在下述时机，如有可能，有必要进行自我介绍。

1. 本人希望结识他人

在社交场合或公共聚会上，当对不相识者或身边的陌生人感兴趣并有意愿交往时，可主动作自我介绍；在公共聚会上，若打算介入陌生人组成的社交圈中，也可主动作自我介绍与对方相识。

2. 他人希望结识本人

在社交场合中，有不相识者表现出对你感兴趣时，可主动自我介绍；或是有不相识者请你做自我介绍时，也可做自我介绍，但这种情况属于被动型的自我介绍。

3. 本人认为有必要令他人了解或认识本人

有求于他人，而对方对自己不甚了解；交往对象因为健忘等原因而记不清自己，或自己担心这种情况的发生；在出差、旅行途中，与他人相遇，有必要与之建立临时接触时；拜访熟人遇到不相识者挡驾，或是对方不在需要不相识者代为转告时；初次利用大众传媒，如报纸、广播、电视、传单等向社会公众进行自我推销、自我宣传时；利用社交媒介，如信函、电报、传真、电话等与不相识者进行联络时；前往其他工作单位进行业务联系时；因工作需要，如在展览会等公共场合进行业务推广时，应聘求职、求学时也可做自我介绍。

（二）自我介绍的内容

因自我介绍的时机各有不同，自我介绍的内容也有所不同。

确定自我介绍的内容，应兼顾实际需要、所处场景、被介绍者等因素，不可千人一面，一概而论。依据自我介绍时表述内容的不同，自我介绍又可分为下述五种形式。

1. 应酬式

它适用于某些公共场合和一般性的社交场所，如旅途中、宴会上、舞会上、通电话时。对介绍者而言，应酬式的自我介绍面对的对象一般是泛泛之交，所以介绍的内容要少而精，往往只包括姓名一项即可，如："你好，我叫高峰。"

2. 工作式

工作式的自我介绍主要发生在工作场所或工作中。它是以工作为自我介绍的中心，因工作而交际，因工作而交友。

工作式自我介绍的内容，应包括本人姓名、供职单位及部门，担任的职务及从事的具体事务3项，在介绍时缺一不可。其中第一项姓名，必须报全，有姓有名；第二项供职单位及部门，也可仅报单位名称；第三项若担任职务低或无职务，则应报出目前所从事的具体工作。例如，"你好，我叫王梅，是××市驻深圳办事处的主任。"

3. 交流式

交流式自我介绍主要适用于社交活动中，是一种刻意寻求与对方进一步交流与沟通的自我介绍。它的内容大体应包括介绍者的姓名、工作、籍贯、爱好、兴趣以及与交往对象某些熟人的关系等。例如，"我叫马静，北京人，现在××公司做会计，我和你的朋友××是高中同学。"

4. 礼仪式

礼仪式的自我介绍，适用于讲座、报告、演出、庆典、仪式等一些正规而隆重的场合，是一种表示对交往对象友好、敬意的自我介绍。它的内容包括：姓名、单位、职务，以及为表示欢迎、感谢交往对象的较为热烈的谦词等。例如，"各位来宾，大家好！我叫关蓝，是××公司公关部的经理。我代表本公司热烈欢迎大家光临我公司十五周年庆典活动，谢谢！"

5. 问答式

问答式的自我介绍，适用于应试、应聘和公务交往，有时也用于普通的社交应酬场合。它通常的形式是有问有答，如主考官问："请介绍一下你的基本情况。"应聘者可回答："各位好！我叫刘君，今年30岁，河南郑州人，汉族，已婚，中共党员，1994年毕业于××学院，获得××学士学位，在××期间在××公司工作，工作期间任销售部经理，获得了××荣誉称号。本人精通日语，懂电脑，会驾驶汽车。"

（三）注意事项

1. 注意时间

在做自我介绍时一定要力求简洁，尽可能地节省时间，越短越好。如没有特殊情况，不宜超过1分钟。切忌在做自我介绍时信口开河，借题发挥，滔滔不绝，这样做极易引起别人的反感。

为节省时间，也可在作自我介绍时附上名片、介绍信等。另外，在做自我介绍时，应在适当时间进行，如对方有兴趣时对方有空闲时、对方情绪好时、对方有要求时等，而在对方与他人交谈时，对方在用餐、工作、休息时均不宜做自我介绍。

2. 讲究态度

进行自我介绍时，态度应自然、友善、随和，行为应落落大方，不卑不亢，不要小里小气，矫揉造作。如果参加朋友的非正式宴会，朋友忘了把你介绍给其他人，在这种情况下，不要觉得别扭和无趣，可找一个适当的机会提醒朋友，也可大大方方地进行自我介绍。在进行自我介绍时，语气要正常，语速要适中，条理要清楚，一定不要因为某种原因而显得语气过硬、表情过僵、语速过快或过慢、语言含糊不清。

在做自我介绍时，从介绍一开始就应热情坦率地目视对方，而目光游离不定，甚至根本不去注视对方都是失礼的。

3．实事求是

在做自我介绍时，一定要实事求是，不要过分谦虚，也不宜自吹自擂，掺加水分，应该有一说一，有二说二。

二、他人介绍

他人介绍，又称第三者介绍，它是经第三者为彼此不相识的双方引见、介绍的一种介绍方式。

1．他人介绍的介绍者

在他人介绍中，介绍者的选定是有一定规则的。通常，具有下列身份的人理应在他人介绍中充当介绍者。

（1）社交活动中的东道主。

（2）社交场合的长者，地位、身份较高者，或主要负责人员。

（3）家庭聚会中的女主人。

（4）公务交往中的专职人员，如公关人员、礼宾人员、文秘人员、接待人员。

（5）熟悉被介绍双方者。

（6）应被介绍一方，或双方要求者。

（7）在交际场合中，被指定的介绍者决定为他人介绍时，要抓住时机、熟悉双方情况。如有可能，在为他人作介绍之前，最好先征求双方的意见，以免为本来相识者或关系恶劣者作介绍。

2．他人介绍的时机

遇到下述情况，通常有必要进行他人介绍。

（1）在家中，接待彼此不相识的客人。

（2）在办公地点，接待彼此不相识的来访者。

（3）与家人外出，路遇家人不相识的同事或朋友。

（4）陪同亲友，前去拜会亲友不相识者。

（5）本人的接待对象遇见了他不相识的人，而对方又跟自己打了招呼。

（6）陪同上司、长者、来宾时，遇见了其不相识者，而对方又跟自己打了招呼。

（7）打算推介某人加入某一交际圈。

（8）受到为他人作介绍的邀请。

3．他人介绍的顺序

在为他人作介绍时，先介绍谁，后介绍谁，是一个比较敏感的礼仪问题。根据规则，为他人作介绍时的顺序大致有如下几种情况。

（1）介绍年长者与年幼者相识时，先介绍年幼者，后介绍年长者；介绍长辈、晚辈相识时，

应先介绍晚辈，后介绍长辈；介绍师生相识时，先介绍学生，后介绍老师。

（2）介绍女士与男士认识时，先介绍男士，后介绍女士。

（3）介绍已婚者与未婚者认识时，先介绍未婚者，后介绍已婚者。

（4）介绍同事、朋友与家人认识时，先介绍家人，后介绍同事、朋友；介绍来宾与主人认识时，先介绍主人，后介绍来宾；介绍上、下级认识时，先介绍下级，后介绍上级。

（5）介绍社交场合的先至者与后来者认识时，应先介绍后来者，后介绍先至者。

（6）介绍职位、身份高者与职位、身份低者认识时，应先介绍职位、身份低者，后介绍职位、身份高者。

扫一扫学习
如何介绍领导

4．他人介绍的内容

在为他人作介绍时，介绍者对介绍的内容应当字斟句酌，慎之又慎。倘若对此掉以轻心，词不达意、敷衍了事，很容易给被介绍者留下不良印象。

根据实际需要的不同，为他人作介绍时的内容会有所不同。通常，有以下6种形式可借鉴。

（1）标准式。适用于正式场合，内容以双方的姓名、单位、职务等为主。例如，"我来给两位介绍一下。这位是博大公司销售主管江涛燕小姐，这位是欣悦集团总经理石蕊小姐。"

（2）简介式。适用一般的社交场合，其内容往往只有姓名一项，甚至只提姓氏即可。例如，"我来介绍一下，这位是老关，这位是小王，你们认识一下吧。"

（3）强调式。适用于各种交际场合，其内容除双方姓名外，还会刻意强调一下其中一位被介绍者与介绍者之间的特殊关系，以便引起另一位被介绍者的重视。例如，"这位是北江公司经理杨平之先生。这位是刘俐，她是我的侄女，请杨经理多多关照。"

扫一扫

扫一扫完成
小思考

（4）引见式。适用于普通的社交场合。介绍者把被介绍双方引导在一起，而不需要表达任何具有实质性的内容。例如，"两位认识一下如何？你们自己自报家门吧。"

（5）推荐式。适用于比较正规的场合，多是介绍者有备而来，有意要将某人举荐给某人，因此在内容方面，通常会对前者的优点加以重点介绍。

（6）礼仪式。适合于正式场合，是一种最为正规的他人介绍。其内容与标准式基本相同，但语气、表达、称呼上都更为礼貌、谦恭。例如，"佟小姐，你好！请允许我把深圳××公司的销售部经理张彭先生介绍给你。张经理，这位就是广州××公司的业务部经理佟林小姐。"

5. 他人介绍的应对

在做他人介绍时，介绍者与被介绍者都要注意自己的表达、态度和反应，即所谓他人介绍的应对问题。

扫一扫了解
更多为他人介绍
的手势

介绍者为被介绍者作介绍之前，不仅要尽量征求一下被介绍者双方的意见，而且在开始介绍时还应再打一下招呼，切勿上去开口即讲，显得突如其来，让被介绍者措手不及。被介绍者在介绍者询问自己是否有意认识某人时，一般不应加以拒绝或扭扭捏捏，而应欣然表示接受。实在不愿意时，则应说明缘由。当介绍者走上前来，开始为被介绍者进行介绍时，被介绍者双方均应起身站立，面含微笑，大大方方地目视介绍者或对方，神态庄重、专注。而介绍人在介绍双方时，不要用手指着对方，而是五指并拢，手掌向上。当介绍者介绍完毕后，被介绍者双方应按照合乎礼仪的顺序进行握手，彼此问候对方。不要在此时有意拿腔拿调，硬端架子，显得瞧不起对方，或是心不在焉，疲于应付；也不要奴颜婢膝，低三下四，成心讨好对方。

思考与练习

1. 自我介绍时为什么不能过分谦虚？面试时自我介绍应该重点介绍哪些内容？
2. 为他人作介绍时应注意些什么？

实 训 题

训练目的：进行介绍模拟训练，使学生熟悉介绍的有关礼节，能够正确运用其礼仪规范。

训练方法：将学生按每组 4～6 人分组。每组设计交际场景，演示在不同场景下如何做自我介绍以及为他人作介绍。

案例分析

吴青和周悦是一对好朋友。有一回学校发放"贫困生助学贷款申请表"，吴青了解到周悦家境贫寒，符合申请资格，并且也急需这笔助学贷款，便催促周悦去领表。可是周悦迟迟不肯行动，吴青急了，叫起来："你不是跟我说过，你爸妈都下岗了，家里没钱供你读书，只有找亲戚借，但是亲戚借钱的脸色不好看吗？与其看人脸色，还不如直接向银行贷款。"当时正是课间，很多同学的目光都被吸引到两人身上。周悦的脸一直阴着，仍旧一言不发。吴青自悔失言，却不知道如何补救，两个好朋友好长一段时间都没有说话。

问题：

1. 吴青的语言有什么不妥？
2. 在这种情况下应该怎样规劝好朋友？

任务四 电话礼仪

任务引入

　　一位消费者新买的某品牌计算机出现了故障。她忘了该计算机的维修电话，于是从查号台问到该公司电话后打了过去。一位小姐接了电话，犹豫几秒后说道："我帮你找人来说，你稍等。"谁知这一等就是好几分钟，这位消费者能听到办公室嘈杂的声音，但就是没人再接电话，那位小姐好像也不知去向。她非常生气，从此对这个品牌印象大打折扣。

任务分析

　　随着科技的进步，电话、移动电话的普及率越来越高，加之现代生活中人的交往面的扩大，交往事物的增多，电话在人与人的关系中扮演越来越重要的角色。然而，如何利用电话来交流信息，联络感情，调节人际关系，却并非每一个人都能做得到的。正确地利用电话，自觉地维护自己的"电话形象"，是每一个现代人应掌握的礼仪知识。

知识链接

一、打电话

打电话时，需注意以下几点。

（1）要选好时间。打电话时，如非重要事情，尽量避开受话人休息、用餐的时间，而且最好别在节假日打扰对方。

（2）要掌握通话时间。打电话前，最好先想好要讲的内容，以便节约通话时间，不要现想现说，"煲电话粥"，通常一次通话不应长于3分钟，即所谓的"3分钟原则"。

（3）要态度友好。通话时不要大喊大叫，震耳欲聋。

（4）要用语规范。通话之初，应先做自我介绍，不要让对方"猜一猜"。请受话人找人或代转时，应说"劳驾"或"麻烦您"，不要认为这是理所应当的。

二、接电话

接听电话不可太随便，得讲究必要的礼仪和一定的技巧，以免横生误会。无论是打电话还是接电话，我们都应做到语调热情、大方自然、声量适中、表达清楚、简明扼要、文明礼貌。

（1）及时接电话。一般来说，在办公室里，电话铃响 3 遍之前就应接听，6 遍后就应道歉："对不起，让您久等了。"如果受话人正在做一件要紧的事情不能及时接听，代接的人应妥为解释。如果既不及时接电话，又不道歉，甚至极不耐烦，就是极不礼貌的行为。尽快接听电话会给对方留下好印象，让对方觉得自己被看重。

（2）确认对方。对方打来电话，一般会自己主动介绍。如果没有介绍或者你没有听清楚，就应该主动问："请问您是哪位？我能为您做什么？您找哪位？"但是，人们习惯的做法是，拿起电话听筒盘问一句："喂！哪位？"这在对方听来，陌生而疏远，缺少人情味。接到对方打来的电话，您拿起听筒应首先自我介绍："您好！我是某某某。"如果对方找的人在旁边，应说："请稍等。"然后用手掩住话筒，轻声招呼你的同事接电话。如果对方找的人不在，应该告诉对方，并且问："需要留言吗？我帮您转告。"

（3）讲究艺术。接听电话时，应注意嘴和话筒保持 4 厘米左右的距离，要把耳朵贴近话筒，仔细倾听对方的讲话。最后，应让对方自己结束电话，然后轻轻地把话筒放好，不可"啪——"地一下扔回原处，这极不礼貌。

（4）调整心态。当你拿起电话听筒时，一定要面带笑容。不要以为笑容只能表现在脸上，它也会藏在声音里。亲切、温情的声音会使对方马上对你产生良好的印象。如果绷着脸，声音会变得冷冰冰。

打电话、接电话的时候不能叼着香烟、嚼着口香糖；说话时，声音不宜过大或过小，应吐词清晰，保证对方能听明白。

（5）电话铃响之际，如果当时自己正有客人，应先征得其首肯，再去接电话。如发觉打进来的电话不宜为外人所知，可告诉对方："我身边有客人，一会儿我再给您回话。"不要"见异思迁"地立即抛下客人，与他人在电话中神神秘秘地谈个没完。这样典型的厚此薄彼的行为，会让自己身边的客人有一种被轻视的感觉。当然，也没有必要从一个极端走到另一个极端：在客人面前故意不接任何电话，或是有意让电话铃声响上几分钟之后，才慢腾腾地起身去接。客人见此情景会产生联想：这人真不讲礼貌，前几天我打进来的电话"没人"接，是不是不愿意接呀？

（6）用左手接听电话，右手便于随时记录有用信息。

（7）电话内容谈完后，可询问对方："还有什么事吗？""还有什么要求"之类的客套话，这既是尊重对方，也是提醒对方。然后让对方自己结束电话，并以"再见"作为结束语。一般在对方放下电话之后，再轻轻放下电话。

（8）应学会代替别人接电话。遇上同事或上司不在场，而有人打电话来找他们，代替他们接电话，乃是人之常情。但是替他人接电话需要有某个前提条件：其一，来电话要找的人不在现场；其二，来电话要找的人虽在现场，但却因故不能分身，是他授意你出面代替他接电话的。

遇上来电话要找的人不在，应首先以实相告。不要先问上一大堆问题，比如："你找他有什么事情？""公事还是私事？""我怎么没听说过你"，等等，然后才告诉对方要找的人不在。这

样做的后果极为恶劣，它会使对方感到自己要找的人就在电话旁边，只不过装作不在而已。比较得体的做法应是在告诉对方要找的人不在之后，客气地告诉对方自己与前者是何关系以及叫什么名字，随后问一声："您是否需要我帮忙？"若对方说："我是某某的朋友，以后再打电话来吧"，此刻就没有必要让人家留下姓名和电话号码了。若对方表示有要事相告，则应取过纸笔当场记下来，随后复述一下自己记录的要点，以检验有无差错。待来电话要找的人回来后，应立即转交记录，以免误人大事。

若来电话要找的人就在不远之处，应先对来电话的人说一声："请您稍候，我立刻请他来听电话。"叫人时不要放声大喊要找的人的姓名，搞得人人皆知。奉上司指示拦截电话时，在电话上要表现得委婉谦和。"刘总经理不在办公室，您有什么事需要转告？"或"刘总经理不在办公室，我能告诉他是谁给他来了电话吗？"等等，都是标准的应对语言。

三、要维护好自己的"电话形象"

与别人通电话时，对方声音的高低、语气的缓急、态度的好坏，都直接影响到通话时的情绪。由此可见，虽然人们在通电话相互之间"只闻其声，不见其影"，但实际上也会在无形之中给对方留下深刻的印象，这就是所谓的"电话形象"。

要想维护好自己的"电话形象"，就不能在电话中大喊大叫，令受话人难以忍受。由于现代科技的高度发达，现在电话的传声效果已经非常好，因此，拿起话筒时不要与嘴贴得太近，那样做不但不卫生，而且可能"扩大"说话时发出的音量。一般来讲，话筒与嘴之间以保持3cm左右的距离为宜。

有礼貌的受话者总会把"终止"电话交谈的权力让给打电话人，而不会首先放下自己的听筒，让人感受到不耐烦。因此，当通话结束放下电话时，务必要双手轻放，以示对人尊重。

在通话过程中，声音的音量与语速不能与面对面交谈时一样，音量以听清对方声音为标准，语速相对平时讲话要慢些。必要时，可用升调向对方投去友好的"微笑"，让对方有一种亲切的感受。

四、要表现得文明而有教养

有人在打电话时，自己拨错了号码，非但不向被无端打扰的受话人表示歉意，反而像人家对不起自己似的，一言不发地就把电话挂上了，这是很不文明的举动。万一电话拨通后，感到可能不对，可先有礼貌地询问一下受话人的电话号码，如果错了，应说"对不起"，然后再轻轻挂断电话。在通话过程中，当受话人陈述某一问题时，尽量不要打断。要是电话串线或出现其他故障，不要轻易挂断电话。要是在通话中电话突然中断，不论是何原因，都应当立即再挂一次，并向受话人说明刚才电话中断，不是自己"无理"。如需总机接转电话，应在报完要转接的号码后，对接线员说声"谢谢"，若接线员首先向自己问好，应同样问候对方，不要有来无往。在别人家做客时，如欲使用私人电话，事先需经主人同意。

使用移动电话与使用固定电话的礼仪有哪些相同点和不同点？使用移动电话还应该注意什么礼节？

训练目的：让学生掌握使用电话（手机）的礼仪。训练前应准备好固定电话或手机。

训练方法：两人一组，用固定电话或手机现场表演各类情形的通话，如双方第一次进行业务联系、下级向上级通过电话汇报工作、正在与客户交谈时电话震动提示有来电等情形（也可发挥想象，设计其他情形）。其他同学观摩，表演结束后，由同学点评，最后老师总结。

案例一

张小姐坐出租车，中间有人给司机打电话。只见司机一手握着方向盘，一手拿着电话，显得非常熟练和满不在乎。张小姐在司机打电话时一直提心吊胆，唯恐司机没看见行人或车辆，发生事故。

案例二

邱女士在北京音乐厅听一场由著名指挥大师指挥的交响乐。音乐演奏到高潮处，全场鸦雀无声，凝神谛听，突然手机铃声响起，在宁静的大厅中显得格外刺耳。演奏者、观众的情绪都被打断。大家纷纷回头用眼神责备这位不知礼者。

案例三

刘先生到医院探访病人，公司的同事来电话，铃声让另一床正闭目养神的病人睁开了眼。刘先生接起电话就谈上了工作，尽管电话时间不长，但那位被吵着了的病人一直脸色不悦。

问题：

分析以上三个案例，打电话和接电话应注意哪些礼仪？

任务五 说服与赞美

任务引入

某市文化单位计划兴建一座影剧院。一天，公司经理正在办公，家具公司李经理上门推销座椅。一进门便说："哇！好气派。我很少看见这么漂亮的办公室。如果我也有一间这样的办公室，我这一生的心愿就满足了。"李经理就这样开始了他的谈话。然后他又摸了摸办公椅扶手说："这不是香山红木么？难得一见的上等木料呀。"

"是吗？"王经理的自豪感油然而生，接着说："我这整个办公室是请深圳装潢厂家装修的。"于是亲自带着李经理参观了整个办公室，介绍了计算比例、装修材料、色彩调配，兴致勃勃、自我满足溢于言表。

如此，李经理自然地拿到了王经理签字的座椅订购合同。同时，互相都得到了满足。

📖 任务分析

"人类本性上最深的企图之一是期望被赞美、钦佩、尊重。"美国著名心理学家威廉·詹姆士这样说。可见被赞美是人的内心深处的一种基本意愿。在日常生活中，应该去发现、去寻找别人值得称赞的地方，并设法真诚地告知他，只有能由衷地赞美别人，才能和谐地与人相处共事，同时也让工作、生活和交往变得更容易。

📖 知识链接

一、说服

（一）说服的含义

说服是为了协调人际关系、促进双方合作、增进彼此感情而采用一些可以自由取舍的论据，以影响他人的信仰、价值观、态度和行为的一种交际方法。

在现代交际中，交际一方有时出于某种目的、愿望或要求，需要借助有声语言来劝导对方，改变对方的态度、观点、行为，请求对方支持、理解或赞同，这就要运用说服的方法。虽然借助于严密的逻辑推理来展开信息交流是促进他人改变观点的有效手段，但也不是所有的转变都是推理的结果，成功的说服还将依赖感情的影响。

（二）说服的前提

说服他人应具备以下几个前提。

1. 富有同情心

同情心是生活中每一个人所应具备的品质，是指对美好生活的共同追求，对他人不幸的深深理解，对困难痛苦的深切共鸣。拥有一颗同情心，能从心灵深处找到与被说服者的共同点，并使其感受到说服者的友好，进而接受说服者的劝导。

2. 深入了解对方

由于每个人生活阅历、脾气秉性、社会地位不同，进而形成了不同的价值观念、审美情趣和人生态度，再加上思维方式也有所区别，导致每个人认识上的差异，这是正常的。在交际中，我们不能要求别人如何如何，让别人循着自己的思想去行动、去做人。但当发现对方存在明显的失误或者过激的行为时，出于关心，还是应尽力说服对方纠正偏差，约束举止。为了达到这个目的，说服他人前应对对方的性格、经历、喜好、思想做深入了解，根据对方的具体情况，寻求与对方在某一问题上的共同点，促使对方给予认同，得到发表意见的机会。倘若对对方情况一无所知，说服起来就比较困难。即使旁征博引，苦口婆心，也很可能被对方拒绝，甚至产生逆反心理。

3. 把自己放在与对方平等的位置

人人都希望受到尊重，这是作为人的本能需求之一。在说服中，这一点同样表现得十分突出。某人因某事犯了错误，心理上本来受到一定压力，如果再强制对方服从或干涉对方意志，或者以居高临下、好为人师、自以为是的姿态教训对方，只能适得其反。因此，在说服中，切不可认为自己一贯正确，更不应认为真理与自己同在。只有把所讲的道理与说服者本人分开，置于高处，当作与被说服者共同追求的目标，才能避免主观性错误，让对方感受到说服者的平易、友好，从而易于被对方接受。

（三）说服的方法

说服只能自由取舍论据、事实或数据。谁都有权利拒绝说服者提供的材料。因此，要想达到改变对方态度、放弃错误观点、中止过分行为的目的，仅有良好的愿望、丰富的材料、流利的口才还不够，还要掌握说服的具体方法。

1. 以对方认识基点为起点

既然是说服对方，那么交际双方对某一问题肯定会存在认识上的分歧。不管对方认识如何，它总是客观存在的，对此应予承认。不过，可以在说服中先避开分歧点，从对方认识的基点出发，或者先谈细枝末节的问题，而不涉及要害实质话题。如此由小到大、由远及近、逐步迫近、循循善诱，对对方表现出来的某些观点，只要同意，就可以立即做出赞同的反应，甚至顺着对方的观点补充一两句事实。这样，通过说服者的发挥，交际双方的共同点能得到强调，有助于抵消对立情绪。

理解对方是说服的基础。而说服者要想达到说服对方重建信心的目的，必须找到一个认识上的共同点——被说服者此时悲观苦恼的感情。例如，说服者能设身处地替对方着想，就会理解对方感情的合理性，并接受对方的感情，进而用恰当的语言表述出来，取得对方的信任。接着再陈述自己的观点，让对方感觉到这些意见更好、更全面。这比陈述自己的观点更具有说服力。

2. 巧妙地表述与对方的不同点

在说服中，说服者找到与被说服者认识上的共同点，把它作为解决分歧的出发点，以扩大说服的范围，这只是解决问题的一个方面。关键是要陈述与对方的不同点，达到说服对方，改变对方观点的目的。然而这又是一个敏感的话题，必须掌握适当的方法。一般地说，可以旁敲侧击，不触及对方的成见，先谈与之有关的边缘问题；可以不经意地提供一些意外的经验，使对方不知不觉受到暗示；可以把不同点融进共同点里表述，在"共同"的原则下，软化对方的偏见。各种办法都不行时，也可干脆提出自己的不同点，但可以冠之以"这也许是我的偏见"，促使对方检点自己的"偏见"。总之，首先要把对方从主观转化为客观，从固定的体验中解脱出来，使对方承认"原来还有这样的办法"。只要对方有了这样的感受，说服就成功了一半。

3. 善意地给对方绝望感

说服的目的是为了使对方放弃原来的主张，同意并接纳自己的观点，有时可以采取善意地给对方绝望感的方法。这是因为，当说服者提出自己的看法，而对方又不愿意去接受，就产生不了影响。对这种情况，则需要指出对方原来的做法所产生的恶劣后果，以便使对方产生绝望感。这种说服法，对一些经验不足的人尤为有效，可扩大被说服者的视野，帮助其深一层地认识事物。当然，在具体表达上，指出绝望感可"虚"可"实"，或"虚实结合"。所谓"虚"，是指比较长远才产生的恶劣情况；所谓"实"，是指眼前就可以出现的恶劣情况。在给对方绝望感时，要对问题作具体分析，不能一开始就笼而统之地概括、简要地抛出结论。只有事实摆得越充分、分析得越细致，说服效果才越大。

4. 促使对方产生良好的联想

善意地使人产生绝望感固然是说服的方法之一，但它有一定的局限性，只能阻止、杜绝人往坏的方向发展，而不能引导、推进人向好的方面努力。光靠令人产生绝望感，还是消极的做法，因此，说服还可采用另外的方法——促使对方产生良好的联想。这种方法的长处在于用简短的语言，调动被说服者的想象力，给对方以美的展望或者好的渴求。

需要注意的是，在运用这种方法时，要实事求是，不能随便给人描绘一幅根本无法实现的美景，更不能把坏的东西随便说成好的，那将是欺骗。对一些表面不利的情况，从另一种角度去分析出积极的因素，从而使人进行良好的联想，这是必要的。

5. 力求使对方多说"是"，少说"不"

在说服对方时，想方设法为对方创造肯定的心境，控制对方少做否定的反馈，力求使对方多说"是"，少说"不"，这是说服他人的重要手段。

心理学研究表明，多说"是"，少说"不"，能使整个身心趋向于肯定方面，全身组织呈开放状态。而说"不"时，全身组织——分泌腺、神经与肌肉都聚集在一起，成为拒绝状态。因此，和一个人谈话时，开头就让他不要反对。生活中许多人忽略了这一点，一开口就使人发怒，做出蠢事，导致双方关系紧张。不如先找出能使对方认可的事实和接受的道理，再加以循循善诱，说服才有可能奏效。因此，要说服别人，就要运用理智，不惜做出忍耐和牺牲，才有可能将对方的否定意见改为肯定意见。

人的思维是复杂多变的，说服的方法也不仅局限于上面所提到的5种。像运用数字、名人言论、具体事例等，都是说服的好办法。关键是要将说服的各种方法结合起来，灵活运用。这样，说服才能在和谐人际关系中真正发挥作用。

二、赞美

（一）赞美的5种方法

赞美是一件好事情，但如何在社交中适时赞美别人，却不是一件易事。若在赞美别人时，不掌握一定的技巧，不审时度势，即使是真诚的赞美，也不会达到预期的结局。

赞美的方法很多，下面介绍几种常用的方法。

1. 直言夸奖法

夸奖是赞美的同义词。直言表白自己对他人的羡慕，这是平常用得最多的方法。老朋友见面说："啊！你今天精神真好啊！"年轻的妻子帮丈夫结领带时说："你今天看上去真精神！"一句平常的贴己话，一句出自内心的由衷赞美，会让人一天精神愉悦，信心倍增。

2. 反向赞美法

指责与挑剔，每个人都难以接受。把指责变成赞美，看来是难以想象的，能真正做到实在不易，但世界著名企业家洛克菲勒做到了。他是一位很有吸引力的企业家，许多有才能的人都团结在他周围。一次，公司职员艾德华·贝佛处置失当，在南非做错一宗买卖，损失100万美元。洛克菲勒知道后没有指责贝佛，何况事情已经发生了，指责又有何用？他于是找了些可以称赞的事，恭贺贝佛幸而保全了他所投金额的60%，贝佛感动万分，从此更努力地为公司效力。

3. 意外赞美法

出乎意料的赞美，会令人惊喜。丈夫工作一天后回家，见妻子已摆好了饭菜，称赞妻子几句；老师见学生把教室打扫得干干净净，夸奖一番。在学生看来是应该的，却得到了老师的表扬。这些看似平常的小事，却让对方收到了意外的赞美，心情是无比愉悦的。

有时，内容出乎意料的赞美，也会引起对方的好感。卡耐基在《人性的弱点》中写到一个他曾经历过的故事：一天，他去邮局寄挂号信，办事员服务质量很差，很不耐烦。当卡耐基把信件递给她称重时，说："真希望我也有你这样美丽的头发。"闻听此言，办事员惊讶地看了看卡耐基，接着脸上露出微笑，服务变得热情多了。

4. 肯定赞美法

人人都有渴望赞美的心理需求，在一些特定的时机更是如此。例如，在人多的时候他说了一句俏皮话；在报上发表了文章，成功地完成了论文；苦心钻研多年的项目通过了鉴定等。这时，不失时机地给予真诚的赞美会使受赞美者高兴万分。大家都知道张海迪的故事，她曾应日本友人之邀，赴日本参加特意为她举行的演讲音乐会。在台上，她第一次用自学的日语做了自我介绍，并唱了几首自己创作的歌。在她讲完之后，可想而知，她是多么希望能得到别人的赞许和鼓励啊！这时，日本著名作家和翻译家、主人之一秋山先生上台来紧紧抱住她，说："讲得太好了，我们全都听懂了。"这短短的赞扬深深地打动了张海迪，使她在最需要了解自己价值的时候，对自己有一个清楚的认识，增强了自信心。

5. 目标赞美法

在赞美别人时，为他树立一个目标，往往能让他坚定信念，为这一目标而奋斗。足球教练文斯·伦巴迪是一位富有传奇色彩的人物。在训练队伍时，他发现一个叫克里·克雷默的小伙子思维敏捷，球路较多。他非常看好这个小伙子。第二天，他轻轻地拍一拍克里·克雷默的肩膀说："有一天，你会成为国家足球队的最佳后卫。"克雷默后来真的成了国家足球队队员。他后来回忆说："伦巴迪鼓励我的那句话对我的一生产生了巨大影响。"

（二）赞美的6个要点

赞美有时候没有必要刻意修饰，只要源于生活，发自内心，真情流露，就会收到赞美之效。但要更好地发挥赞美的效果，则需考虑以下6个要素。

1. 实事求是，措辞恰当

当你准备要赞美时，首先要掂量一下，这种赞美，对方听了是否相信，第三者听了是否不以为然，一旦出现异议，你有无足够的理由证明自己的赞美是有根据的。所以，要当心，赞美只能在事实的基础上进行，不可浮夸。

赞美的措词要恰当。一位老师赞美学生说："你们都是好孩子，活泼、可爱，学习认真，做你们的老师，我很高兴。"这话很有分寸，使学生们既努力学习，又不会骄傲。但如果这位老师说："你们都很聪明，将来会大有出息。比其他班的同学强多了。"这样就会使学生们傲气，造成不良影响。

2．赞美要具体、深入、细致

抽象的东西往往不具体，难以给人留下深刻印象。若称赞一个初次见面的人说："你给我们的感觉真好。"这句话一点作用也没有，说完便过去了，不能给人留下任何印象。但是，倘若你称赞某个好推销员，可以说："小李有一点很难得，就是无论给他多少货，只要他肯接，就绝不会延期。"挖掘对方不太显著的，处在萌芽状态的优点，发掘对方的潜质，增加对方的价值感，这样赞美所起的作用会更大。

3．赞美须热情

漫不经心地对对方说上一千句赞美的话，等于白说。缺乏热诚的空洞的称赞，不能使对方高兴，有时还可能由于你的敷衍而引起反感和不满。"嗯，你这条围巾挺漂亮的。"谁都明白这是一种敷衍。若具体地说："嗯，你这条围巾挺漂亮的，和你衣服的颜色搭配起来很协调。"显然比空洞的赞美更有吸引力一些。

4．赞美多于鼓励

鼓励能让人树立起自信心。自信是成功的一半，用赞美来鼓励对方，能达到事半功倍的效果，尤其在"第一次"。干任何事情，都有开头，有第一次。如果对方第一次干得不怎么好，你也应该真诚地赞美一番："第一次有这样的成绩已经不容易了。"赞美是对他们最好的帮助，将给他们留下深刻的印象。

5．借用第三者的口吻赞美他人

赞美随时随地都能听见，而面对面或直接地赞美对方，总给人留下不大好的印象，有点恭维奉承之嫌。若换个角度，换种说法，也许就好多了。以"第三者"的口吻来赞美对方，说："难怪某某一直说你很不错，今日一见果不其然……"可想而知，对方一定很高兴。以"第三者"的口吻来赞美，更能得到对方的信任和好感。因为在一般人的观念中，"第三者"说的话是较公正的。因此，当面赞美一个人，有时会令人感到虚假，疑心你是否真心，而间接地在背后赞美对方，使对方感到你对他的赞美是真诚的。

6．赞美要注意适度

过度的恭维、空洞的奉承，或者恭维、奉承频率过高，都会令对方感到难以接受，甚至感到肉麻，令人讨厌，结果适得其反。只有适度的赞美才会令对方感到欣慰。适度因人、因时、因事、因地而异，需要不断探索积累，掌握好这个"度"。

思考讨论题

1. 说服有哪些技巧与方法？
2. 赞美在人际交往中有什么作用？怎样赞美别人？

实 训 题

训练目的："交谈"技能训练。

训练方法：将学生按每组 4～6 人分组。每组设计交际场景，在交际过程中要充分体现交谈的语言风格，注意使用礼貌用语和选择话题以及适当的交谈方法。用摄像机、数码照相机记录学生的交际过程，回放这一过程，学生进行相互评价，教师最后总结点评学生存在的个性与共性问题。

案例分析一

杨安琪被派到一位意大利来京工作的专家家里做服务工作。因为她热情负责、精明强干，起初专家夫妇对她的印象很是不错，她也把自己当成了专家家庭中的一名成员。

有一个星期天，那位意大利专家携夫人外出归来。小杨在问候了他们以后，如同对待老朋友那样，随口便问："你们去哪里玩儿？"专家迟疑了良久，才吞吞吐吐地说："我们去建国门外大街上了。"小杨当时以为对方累了，根本未将人家的态度当回事，于是她接着话茬儿又问："你们逛了什么商店？"对方被迫答道："友谊商店。""你们为什么不去赛特购物中心看看，秀水街的东西也不错。"小杨好心地向对方建议说。然而，她的话还没说完，专家夫妇已转身走了，两天后，杨安琪就被辞退了。这说明，由于文化背景不同，待人接物应掌握好一个"度"，否则会"好心"得不到"好报"。

问题：

请问小杨为什们被辞退？她错在哪儿了？

案例分析二

某游戏软件公司欲招三名软件开发人员，通过笔试、上机操作，有四人成绩优秀，独立学院计算机科学专业的小唐就是其中一个。面试那天小唐才知道另外三人中有两人是名牌高校的本科生，还有一个是研究生，于是小唐在心理上就觉得低人一等。面对考官的提问，小唐明明知道答案，也不敢抢先回答，害怕答错了招人笑话。即使偶尔回答问题也是抬头瞟一眼考官便迅速低下头，脸涨得通红，还不时偷眼看其他三位应聘者的反应。最终他被淘汰了。

扫一扫

扫一扫进行
更多练习

问题：

1. 小唐为什么被淘汰了？
2. 面试时回答问题应注意些什么？

项目四
商务人员的举止礼仪

学习目标

了解商务人士举止规范，掌握正确优雅的站姿、坐姿、行姿，熟悉握手的次序、握手的禁忌等内容，正确运用鼓掌、致礼等其他手势，领会微笑的表情和眼神的运用。

技能目标

能够在商务场合较为准确地运用体态语言，传递相关信息。

任务一 | 身姿

任务引入

一次，三个毕业生同时到一家公司应聘做业务员，面试方式为应聘人员同时面试。三位同学进入人事部主任办公室时，主任上前请三位同学入座。当主任回到办公桌前，抬头一看，欲言又止，只见其中两位同学坐在沙发上，一个架起二郎腿，而且两腿不停地抖动；另一个斜靠在沙发一角，两手攥握，手指咯咯作响，只有一个同学坐在椅子上等候面试，人事部主任起身非常客气地对两位坐在沙发上的同学说："对不起，你们二位的面试已经结束了，请退出。"两位同学四目相对，不知何故。面试怎么什么都没问，就结束了？

任务：你知道其中的缘故吗？结合本案例谈谈个人举止应该注意哪些方面。

任务分析

首先，一般来说沙发是在日常聊天或者洽谈业务等相对轻松的氛围场景中的坐具，在面试这个正式又严肃的场合，应聘者坐沙发是不合适的；其次，两位坐沙发的同学，不管是太过放松还是太过紧张都反映出应聘者心理素质不够好及其对应聘者应具备的礼仪规范把握的不到位。对于坐沙发的两位同学提前结束面试的原因就显而易见了。

在应聘过程中，面试人员首先观察的就是应聘者的仪表仪态，所以对应聘者来说，要衣着得体，端正心态，落落大方，不卑不亢。

知识链接

人的身姿包括站姿、坐姿、行姿等，下面我们将对人们在社交场合中经常要使用的合乎礼仪规范的身姿逐一介绍给大家。

一、站姿

（一）规范站姿

站姿就是人们站立时的姿态,站立时应当显得挺拔而庄重。

头正。两眼平视前方，嘴微闭，收颌梗颈，表情自然，稍带微笑。

肩平。两肩平正，微微放松，稍向后下沉。

臂垂。两肩平整，两臂自然下垂，中指对准裤缝。

躯挺。胸部挺起、腹部往里收，腰部正直，臂部向内向上收紧。

腿并。两腿立直，贴紧，脚跟靠拢，两脚夹角成60°。

这种规范的礼仪站姿，同部队战士的立正是有区别的，礼仪的站姿较立正多了些自然、亲近和柔美，规范站姿如图 4–1 所示。

图 4-1 规范站姿

（二）其他几种站姿

1. 叉手站姿

即在标准式站姿的基础上，两手在腹前交叉。这种站姿，男子可以两脚分开，距离不超过20厘米；女子可以用小丁字步，即一脚稍微向前，脚跟靠在另一脚内侧，如图4-2所示。

图4-2 叉手站姿

这种站姿端正中略有自由，郑重中略有放松。在站立中身体重心还可以在两脚间转换，以减轻疲劳，这是一种常用的接待站姿。

2. 背手站姿

即双手在身后交叉，贴在两臂中间，右手贴在左手外面，两脚可分可并。分开时，不超过肩宽，脚尖展开，两脚夹角成 60°。挺胸立腰，收颌收腹，双目平视，如图4-3所示。

这种站姿优美中略带威严，易产生距离感，所以常用于门童和保卫人员。如果两脚改为并立，则突出了尊重的意味。

3. 背垂手站姿

即一手背在后面，贴在臂部，另一手自然下垂，中指对准裤缝，两脚可以并拢也可以分开，也可以成小丁字步，如图4-4所示。

图4-3　背手站姿　　　　　　　图4-4　背垂手站姿

这种站姿，男士多用，显得大方自然、洒脱。以上几种站姿在某些工作岗位中使用较多，在日常生活中适当地运用，会给人们挺拔俊美、庄重大方、舒展优雅、精力充沛的感觉。

要掌握这些站姿，必须经过严格的训练，长期坚持，才会形成习惯。

在站立中一定要防止探脖、塌腰、耸肩，双手不要放在衣兜里，腿脚不要不自主地抖动，身体不要靠在门上，两眼不要左顾右盼，以免给人造成不良印象。

二、坐姿

人们在工作、社交活动中的坐姿应当以端正、文雅、得体、大方为基本要点。

（一）就座的基本姿势

（1）就座时，应缓慢而文雅、轻松而自然地着椅，并坐在椅子的四分之三处。因为，如果将整个臀部塞满椅子，甚至把双手放在脑后，是一种对对方不够尊重的表示，显得傲慢无礼。而仅坐在椅子的一角，则又是自卑胆小、拘谨害怕的反映。

（2）男士就座时，上身挺直，稍向前倾。双腿平稳放好，双脚叉开，与肩同宽双臂自然放松，双手或放在沙发扶手处，或置于双膝之上，以显示男士沉稳、成熟的阳刚之气。

（3）女士就座时，双腿不宜叉开，而应双腿并拢。同时，将双手自然交叉或相叠于身前，以表现女性轻盈秀气的阴柔之美。

（4）宾主正式友好交谈时，就座的位置一般是主左客右，即主人坐在左方，客人坐在右方，以显示对宾客的尊重。

（5）宾主交谈时，应相邻而坐。相邻而坐，体现了宾主之间亲切友好的和睦关系。

（二）就座的注意事项

（1）就座时，要注意不可将脚尖冲向对方，以免给人造成咄咄逼人的架势。在泰国将脚对着他人是对对方的不尊重甚至含有侮辱对方的意思。

（2）女性就座时，如穿长裙，需先用手将裙子的后面向前拢一下而后入座；如穿旗袍，不可跷腿，以免裸露过多。也不可将高跟鞋随意脱下，只穿脚尖部分有碍文明。

（3）无论男女，坐下后，手脚都应有所约束，不要抖动双腿，以免给人造成缺乏修养的印象。更不可猛起猛坐，给人以粗鲁无礼之感。

（4）如是工作人员，不能抢在来宾、上司、长辈、女士之前入座。坐下来时，不应发出"响亮"的声音，离座时，从椅子的左侧离座，并主动协助长辈、上司、女士或贵宾离座。

（三）几种优美坐姿

1. 女士的几种优美坐姿

（1）标准式。轻缓地走到座位前，转身后两脚成小丁字步，左前右后，两膝并拢的同时上身前倾，向下落座。如果穿的是裙装，在落座时要用双手在后边从后往前把裙子拢一下，以防坐出皱折或因裙子被打褶坐住，而使腿部裸露过多。坐下后，上身挺直，双肩平正，两臂自然弯曲，两手交叉叠放在两腿中部，并靠近小腹。两膝并拢，小腿垂直于地面，两脚保持小丁字步，如图 4-5 所示。

（2）前伸式。在标准坐姿的基础上，两小腿向前伸出一脚的距离，脚尖不要翘起，如图 4-6 所示。

（3）前交叉式。在前伸式坐姿的基础上，右脚后缩，与左脚交叉，两踝关节重叠，两脚尖着地（见图4-7）。

（4）屈直式。右脚前伸，左小腿屈回，大腿靠紧，两脚前脚掌着地，并在一条直线上（见图4-8）。

　图4-5　标准式　　　　图4-6　前伸式　　　　图4-7　前交叉式　　　　图4-8　屈直式

（5）后点式。两小腿后屈，脚尖着地，双膝并拢（见图4-9）。

（6）侧点式。两小腿向左斜出，两膝并拢，右脚跟靠拢左脚内侧，右脚掌着地，左脚尖着地，头和身躯向左斜。注意大腿要成90°，小腿要充分伸直，尽量显示小腿长度，如图4-10所示。

（7）侧挂式。在侧点式的基础上，左小腿后屈，脚绷直，脚掌内侧着地，右脚提起，用脚面贴住左踝，膝和小腿并拢，上身右转（见图4-11）。

（8）重叠式。重叠式也叫"二郎腿"或"标准式架腿"等。

在标准式坐姿的基础上，两腿向前，一条腿提起，腿窝落在另一腿的膝关节上边。要注意上边的腿向里收，贴住另一条腿，脚尖向下（见图4-12）。

重叠式还有正身、侧身之分，如图4-13所示，手部也可有交叉、托肋、扶把手等多种变化。

二郎腿一般被认为是一种带有不严肃、不庄重的坐姿，尤其是女士不宜采用。其实，采用这种坐姿时，只要注意上边的小腿往回收且脚尖向下这两个要求，不仅能使外观优美文雅，大方自然，富有亲近感，而且还可以充分展示女子的风采和魅力。

　图4-9　后点式　　图4-10　侧点式　　图4-11　侧挂式　　图4-12　重叠式　　图4-13　侧身重叠式

2．男士6种优美坐姿

（1）标准式。上身正直上挺，双肩正平，两手放在两腿或扶手上，双膝并拢，小腿垂直地落于地面，两脚自然分开成45°（见图4-14）。

（2）前伸式。在标准式的基础上：两小腿前伸一脚的长度，左脚向前半脚，脚尖不要翘起，如图 4—15 所示。

（3）前交叉式。小腿前伸，两脚踝部交叉（见图 4—16）。

（4）屈直式。一小腿回屈，前脚掌着地，另一脚前伸，双膝并拢（见图 4—17）。

（5）斜身交叉式。两小腿交叉向左斜出，上体向右倾，右肘放在扶手上，左手扶把手，如图 4—18 所示。

（6）重叠式。右腿叠在左腿膝上部，右小腿内收、贴向左腿，脚尖自然地向下垂（见图 4—19）。

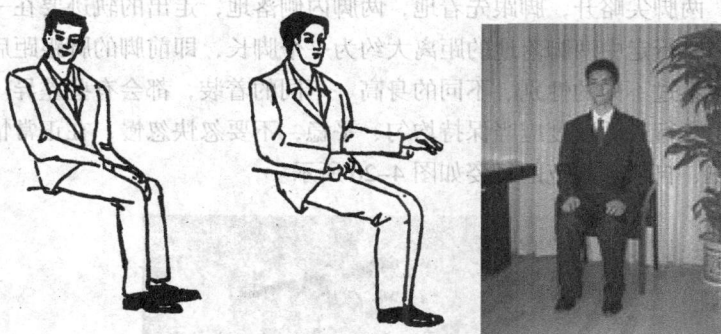

图 4-14 标准式

图 4-15 前伸式

图 4-16 前交叉式

图 4-17 屈直式

图 4-18 斜身交叉式

图 4-19 重叠式

三、行姿

行姿即走路时的姿态。行姿是一种动态美，每个人都是一个流动的造型体，优雅、稳健、敏捷的行姿，会给人以美的感受，产生感染力，反映出积极向上的精神状态。

1. 规范的行姿

（1）头正。双目平视，收颔，表情自然平和。

（2）肩平。两肩平稳，防止上下前后摇摆。双臂前后自然摆动，前后摆幅在30°～40°，两手自然弯曲，在摆动中离开双腿不超过一拳的距离。

（3）躯挺。上身挺直，收腹立腰，重心稍向前倾。

（4）步位直。两脚尖略开，脚跟先着地，两脚内侧落地，走出的轨迹要在一条直线上。

（5）步幅适当。行走中两脚落地的距离大约为一个脚长，即前脚的脚跟距后脚的脚尖相距一个脚的长度为宜，不过不同的性别、不同的身高、不同的着装，都会有些差异。

（6）步速平稳。行进的速度应当保持均匀、平稳，不要忽快忽慢，在正常情况下，步速应自然舒缓，显得成熟、自信。规范的行姿如图4-20所示。

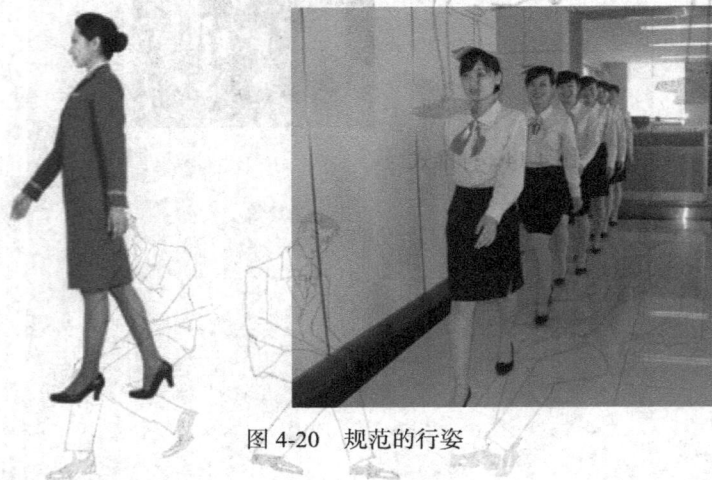

图4-20　规范的行姿

扫一扫

扫一扫学习
更多行姿

2. 变向行姿

变向行姿是指在行走中，需转身改变方向时，采用合理的方法，体现出规范和优美的步态。

（1）后退步。与人告别时，应当先后退两三步，再转身离去，退步时脚轻擦地面，步幅要小，先转身后转头。

（2）引导步。引导步是用于走在前边给宾客带路的步态。引导时要尽可能走在宾客左侧前方，整个身体半转向宾客方向，保持两步的距离，遇到上下楼梯、拐弯、进门时，要伸出左手示意，并提示请客人上楼、进门等。

（3）前行转身步。在前行中要拐弯时，要在距所转方向远侧的一脚落地后，立即以该脚掌为轴，转过全身，然后迈出另一只脚。向左拐，要右脚在前时转身；向右拐，要左脚在前时转身。

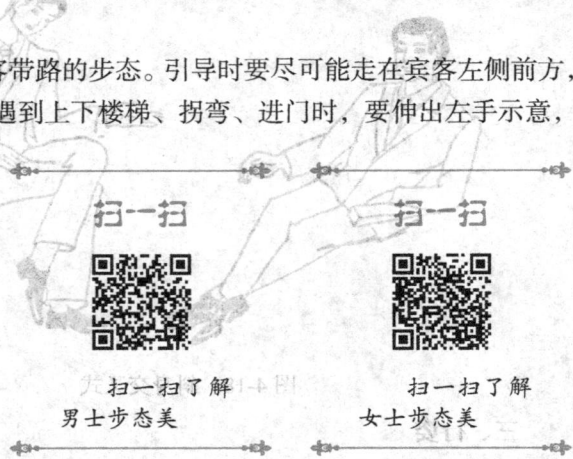

扫一扫

扫一扫了解
男士步态美

扫一扫

扫一扫了解
女士步态美

3. 不良行姿及纠正

行走最忌内八字或外八字；不可弯腰驼背、摇头晃肩、扭腰摆臀；不可膝盖弯曲或重心交替不协调，使得头先去而腰、臀后跟上来；不可走路时吸烟、双手插在裤兜；不可左顾右盼；不可无精打采，身体松垮；不可摆手过快，幅度过大或过小。

四、蹲姿

蹲姿不像站姿、行姿、坐姿那样使用频繁，因而往往被人所忽视。一件东西掉在地上，一般人都会很随便弯下腰，把东西捡起来。但这种姿势会使臀部后撅，上身前倒，显得非常不雅。讲究礼仪的人，也应当讲究蹲姿。

1. 蹲姿的基本要求

一脚在前，一脚在后，两腿向下蹲，前脚全部着地，小腿基本垂直于地面；后脚跟提起，脚掌着地，臀部向下（见图 4-21）。

扫一扫学习
更多蹲姿

图 4-21 规范的蹲姿

2. 不良蹲姿及纠正

不良蹲姿主要是指在人前突然蹲下；距人过近、方位失当；禁忌两腿叉开，臀部向后翘起；两腿展开平衡蹲下，其姿态也不雅；下蹲时不注意，背后的上衣自然上提，露出臀部或内衣。

扫一扫看有
哪些不规范蹲姿

扫一扫进行
蹲姿训练

思考与讨论

1. 正确的站姿、坐姿、行姿和蹲姿的注意要点有哪些？
2. 男士与女士的各种身姿有何区别？

实 训 题

拟定不同的场景，让学生模拟不同的角色演示站姿、坐姿、行姿等姿态。

　　风景秀丽的某海滨城市的朝阳大街，高耸着一座宏伟的楼房，楼顶上"远东贸易公司"六个大字格外醒目。某照明器材厂的业务员金先生按原计划，手拿企业新设计的照明器材样品，兴冲冲地登上六楼，脸上的汗珠未及擦一下，便直接走进了业务部张经理的办公室，正在处理业务的张经理被吓了一跳。"对不起，这是我们企业设计的新产品，请您过目。"金先生说。张经理停下手中的工作，接过金先生递过的照明器，随口赞道："好漂亮啊！"并请金先生坐下，倒上一杯茶递给他，然后拿起照明器仔细研究起来。金先生看到张经理对新产品如此感兴趣，如释重负，便往沙发上一靠，跷起二郎腿，一边吸烟一边悠闲地环视着张经理的办公室。当张经理问他电源开关为什么装在这个位置时，金先生习惯性地用手搔了搔头皮。好多年了，别人一问他问题，他就会不自觉地用手去搔头皮。虽然金先生作了较为详尽的解释，张经理还是有点半信半疑。谈到价格时，张经理强调："这个价格比我们预算高出较多，能否再降低一些？"金先生回答："我们经理说了，这是最低价格，一分也不能降了。"张经理沉默了半天没有开口。金先生却有点沉不住气，不由自主地拉松领带，眼睛盯着张经理，张经理皱了皱眉，"这种照明器的性能先进性表现在什么地方？"金先生又搔了搔头皮，反反复复地说："造型新、寿命长、节电。"张经理托辞离开了办公室，只剩下金先生一个人。金先生等了一会，感到无聊，便非常随便地抄起办公桌上的电话，同一个朋友闲谈起来。这时，门被推开，进来的却不是张经理，而是办公室秘书。

　　问题：请指出金先生的失礼之处。

任务二 | 手势

🌱 任务引入

　　在一次接待某省考察团到访的任务中，小王因与考察团团长熟识，因而作为主要迎宾人员陪同部门领导前往机场迎接贵宾。当考察团团长率领其他工作人员到达后，小王面带微笑热情地走向前，先于部门领导与团长握手致意，表示欢迎。小王旁边的领导已经面露不悦之色。

　　小王的领导为何面露不悦之色？

🌱 任务分析

　　握手时，要讲究先后顺序，有领导在场的情况下，下属需要等领导与客人握手后再与对方握手。小王先于自己的领导与客人握手，所以领导会面露不悦之色。

🌱 知识链接

　　人们在日常生活中常常借助于各种手势来表达自己的思想和愿望，久而久之，一些手势便形成一定的思想意义，为本国和本民族所熟悉，然而，有时在不同地区，同一种手势会表达截然相反的意思，对此，我们应略知一二，以便在国际交往中能恰当地使用各种手势，准确表达自己的内心情感，判断他人的态度情感，建立友好的人际关系。

一、握手

（一）握手的起源

关于握手的起源有两种说法。一种说法是起源于原始社会刀耕火种的时期。人们在狩猎和战争中，手中经常拿着石块、棍棒等武器以防不测，倘若氏族部落间陌生人相遇，如双方没有恶意，就要放下手中的东西，并伸出手掌，让对方摸摸手心，表示手中没拿任何武器。后来，以手掌心相贴，二手并一手，象征互相帮助、亲近问候。天长日久，这种习惯逐渐演变成今天的握手礼节。

握手起源的另外一种说法是源于欧洲中世纪。当时，打仗的骑士身着盔甲，只露出两只眼睛，以防备随时进攻的敌人。如果表示友好，双方接近时便脱去右手的甲胄，伸出右手表示没有武器，并互相握一下，即为和平友好的象征。发展到后来，交战双方的领导人如果有诚意坐到谈判桌上来，见面时握手就表示双方愿意或希望和平共处。一旦签订停战协议，互换文本时，双方代表握手就表示和好，并含有庆贺化干戈为玉帛的意思。

扫一扫

扫一扫学习
握手礼仪

（二）握手的礼仪规范

1. 握手的伸手顺序

一般是先上后下，先长后幼，先女后男。具体来说，在上下级之间，一般由上级先伸手，下级再相握；在长辈与晚辈之间，往往是长辈主动先伸手，晚辈立即反应；在男性与女性之间，女士先大大方方地伸手，男士不失礼貌地后握，以表达对先伸手者的尊重和礼貌。

但社交场合是千变万化的，交际对象也是千差万别的。如果一方为女士，但又是下级，另一方为男士，却是上级，遇到这种情况就要具体分析，灵活运用。一般是，若男士地位较高，年龄较大，则遵从"先上后下"的原则。如果男士官职不高，年龄较轻，可按照"先女后男"的准则行事。总之，面对错综复杂、瞬息万变的社会，切不可"以不变应万变"，因恪守某些教条而显得僵化和迂腐。

2. 握手标准姿势

双方相距约一步，上身稍前倾，伸出右手，四指并齐，拇指张开，两人的手掌与地面垂直相握，上下轻摇。握手时注视对方，微笑致意或简短地用言语致意、寒暄。

3. 双手握手

为了表示更亲切、更尊敬，我国在双方右手相握后，一般左手再搭在对方伸过来的右手上。手扣手式握手，是主动握手者伸出右手，与对方相握，然后再把左手搭在对方右手上面。这种握手是一种亲切友好、信任可靠的握手方式，在西方则被称为"政治家式的握手"。好朋友久别重逢、宾主依依惜别时可采用，以表达对对方感情依然如故或希望珍重平安的心情。另外，上级、长辈与下级、晚辈交谈时也可使用，以显示上级、长辈对下级、晚辈的信任、关怀和爱护之情。

（三）不当的握手

1．刺剑式握手

刺剑式握手是主动握手者伸出右手，像一把利剑刺向对方，动作突然，咄咄逼人，显得粗鲁无礼、缺少礼貌。

2．死鱼式握手

死鱼式握手是主动握手者伸出右手，像一条死鱼一样与对方相握。这种握手软弱无力，无情无意，是不友好的一种表示。

3．抓指尖式握手

这种握手是伸出右手，抓住对方几个指尖。很显然，这是一种冷淡有余、热情不足的握手。在波兰，一些男士为了表达对尊贵的女士的礼貌，常轻抓女士的几个指尖，然后再轻吻对方手背。如果在马路上行走或驾驶车辆的男性公民违章，被女警察发现，这时违章人必须向女警察行吻手礼，表示歉意。不过这种吻手礼在大多数国家已不流行。在社交场合中，仅仅轻碰对方几个指节，是缺少热情友好的感情的外露，因此握手时最好能给予适当的力度。即使男女之间也应如此，以传达对对方的友好感情。

4．攥握指节式握手

这种握手是伸出右手，握住对方几个指节。由于用力过度，控制失当，易给对方造成粗俗无礼的印象。男性之间常使用这种方式，说明双方关系的亲密无间、融洽和谐，以及不分彼此的真诚友好的感情。但男女之间不可采用此种握手方式，以免给女方带来不快。

（四）握手应注意的几个问题

（1）多人见面时应避免交叉握手。多人相会或道别时，不能交叉握手。另外，多人交叉握手也显得比较忙乱，显得不从容。

（2）跨门坎时不可握手。宾方告别时，要注意跨门坎（一只脚在门坎里边，另一只脚在门坎外面）时不可握手，这是一种不礼貌的握手。

（3）握手时应面带微笑，力度适中，目光专注。与对方握手时应注意面部表情、手的力度、眼光，以显示诚意和郑重，千万不可环顾左右而握之。

扫一扫

扫一扫了解更多握手礼仪案例

（4）握手要以右手相握，不得用左手，否则是严重的失礼行为。握手时不能戴手套，但女士戴薄纱手套是允许的。

（5）多人同时握手时，要照顾到场的每个人并注意让别人握完后再握。

（6）若男女初次见面，女方可不与男方握手，互致点头礼即可；若接待来宾，不分男女，女主人都要主动伸手表示欢迎。男士与女士握手，一般只轻握对方手指部分，不宜握得太久。

（7）如果一方忽略了握手的先后次序，先伸出了手，另一方应立即回应，以免发生尴尬局面。

（8）只有清洁的手才能与别人相握，如果手脏或有其他不便时，应当说明情况并致歉。此外，握手后切忌用手帕擦手。

（9）握手的时间，一般以3～5秒为宜，即使再熟的朋友，20秒也足够了。

二、拱手作揖

拱手和作揖是中国汉民族的一种传统交际礼节，是古人最常用的见面礼。施礼者右手在内，左手在外，两手合抱于胸前（见图 4-22）。拱手礼在周朝已很普遍。拱手无所谓高低贵贱，属日常礼节，用在亲友相见、迎送宾客、向人问询、谦让客气等场合。而作揖的礼节于先秦时代开始使用。方式一般是双手叠抱举前轻轻晃动，身略前倾，表示问候、致谢、邀请、讨教等，还常伴以谦词、敬词。当代中国人行此礼，多分不清"拱手""作揖"的区别，一般混为一礼，故称之为"拱手作揖"或"打拱作揖"。

图 4-22　拱手礼

目前，我国行拱手作揖礼的场合主要有以下 4 种。一是团拜。每逢佳节，机关团体成员相聚在一起互相祝贺时，常以拱手为礼。领导下基层拜年，也常一边说"恭贺新禧"，一边拱手作揖，表示拜年。一是团拜时，施礼者面向全体与会者，呈环状手作揖，向大家表示节日祝贺。二是开会时，在供销会、产品鉴定会或订货会上，施礼者也常采取一边向大家拱手致敬，一边说"请大家多多关照！"拱手礼比鞠躬礼要随便一些，较之握手礼又方便得多。三是过春节时，邻居、朋友、同事或亲戚之间，相见时拱手行礼，口道："恭喜发财""万事如意"，向对方表示祝愿和敬意。四是祝贺时，如向寿星祝贺，向同学祝贺高中，向同事祝贺取得成果，向邻居祝贺乔迁新居等，习惯上一般也可以拱手为礼。另外，当开会时，领导提前退席，也常使用拱手礼，以示歉意。

三、招手礼

行招手礼用右手，其功能的差别依招手的高度与方式的不同来表示。

（1）表示招呼对方，右手高举过顶，并以目光示意；被招呼一方也应还礼应答。

（2）表示告别时，右手高举过顶，掌心向前，左右不停摇动；另一方同礼应答。如果是送别客人，应该配以注目礼，直到对方从视线中消失为止。

（3）两人相隔一定距离相坐或行进中，右手举过肩但不过头，掌心向侧面，面带笑容，配以目光示意，表示"很高兴见到你，再会"。

四、手势

手势在人际交往中有着重要的作用，它可以加重语气，增强感染力。尤其是引导手势，大方、恰当的方式可以给人以肯定、明确的印象和优美文雅的美感。

（一）规范的手势

规范的手势应当是手掌自然伸直，掌心向内向上，手指并拢，拇指自然稍稍分开，手腕伸直，使手与小臂成一直线，肘关节自然弯曲，大小臂的弯曲以 140° 为宜。出手势时，要讲究柔美、流畅，做到欲上先下、欲左先右，避免僵硬死板的表情和其他姿态，使手势更显协调大方。

（二）常用引导手势

1. 横摆式

在表示"请进""请"时常用横摆式。手法是：五指并拢，手掌自然伸直，手心向上，肘微弯曲，腕低于肘。开始做手势应从腹部之前抬起，以肘为轴轻缓地向一旁摆出，到腰部并与身体正面成 45°时停止。头部和上身微向伸出手的一侧倾斜，另一手放在下面或背在背后，目视宾客，面带微笑，表现出对宾客的尊重、欢迎（见图 4-23）。

2．前摆式

如果右手拿着东西或扶着门时，这时要向宾客作向右"请"的手势时，可以用前摆式，五指并拢，手掌伸直，由身体一侧向下向上抬起，以肩关节为轴，手臂稍曲，到腰的高度再由身前右方摆去，摆到距身体 15 厘米，并不超过躯干的位置时停止。目视来宾，面带笑容，也可双手前摆（见图 4-24）。

图 4-23　横摆式　　　　　　　　　　　图 4-24　前摆式

3．双臂横摆式

当来宾较多时，表示"请"时，可以动作大一些，采用双臂横摆式。两臂从身体两侧向前上方抬起，两肘微曲，向两侧摆出。指向前进方向一侧的臂应抬高一些，伸直一些，另一手稍低一些、曲一些，也可以双臂向一个方向摆出（见图 4-25）。

4．斜摆式

请客人落座时，手势应摆向座位的地方。手要先从身体的一侧抬起，到高于腰部后，再向下摆去，使大小臂成一斜线（见图 4-26）。

扫一扫学
习更多斜摆式
引导手势

图 4-25　双臂横摆式　　　图 4-26　斜摆式

5．直臂式

需要给宾客指方向时，采用直臂式，手指并拢，掌伸直，屈肘从身前抬起，向抬到的方向摆去，摆到肩的高度时停止，肘关节基本伸直（见图 4-27）。注意指引方向，不可用一手指指出，这样显得不礼貌。

（三）其他手势

1. "O" 形手势

"O" 形手势就是圆圈手势，也被人称为 "OK" 手势。即用拇指和食指相碰，其他三个指头伸直，如图 4-28 所示。这个手势在中国，以往常被用来表示 "零" 或者说明 "小"。而在美国及讲英语的其他国家，"OK" 手势则表示 "好"。但在法国，"OK" 手势的意思是 "零" 或 "品质低劣"。在日本，这个手势还是 "钞票" 之意。

图 4-27　直臂式　　　　　　图 4-28　"O" 形手势

2. 翘大拇指手势

中国人对这个手势赋予积极的意义，用它来表示高度的称赞（见图 4-29）。但在英国、澳大利亚、新西兰等国，翘大拇指则是搭车惯用的手势，一些旅游者经常使用；而在希腊，翘起大拇指却是让对方 "滚蛋" 之意；在中国人与希腊人交往时，千万不要按着本国习惯使用这一手势去称赞对方，以免闹出笑话或产生不愉快的结局。

3. "V" 形手势

"V" 形手势是伸出食指和中指，其他三指相碰，同时手心向外，用来表示 "胜利" "成功"，如图 4-30 所示。但如果手心向内，在澳大利亚、新西兰和英国则带有侮辱对方的含义。

图 4-29　翘大拇指手势　　　　　图 4-30　"V" 形手势

4. 搓手掌

搓手掌，即两手相互摩擦搓动，冬天人们有时用它来增加手掌热量，以防冻手。在运动场上运动员搓手掌又表示对成功的一种期待心理。例如，推销员使用这一手势，则是告诉对方："我们又接到一笔好生意！"而在国外一些饭店，当顾客就餐结束前，服务员面对客人搓搓手掌，并问："先生，您还想喝点什么？"这时，搓手掌则暗示了期待小费或渴望赞扬的心理。

另外，与手势相关的一些动作，如点头，在大多数国家表示肯定、同意、赞成之意，而在保加利亚、希腊等国，点头表示不同意或不赞成。再如在剧院观看演员演出，中国、日本以及一些国家的人们用频频鼓掌表示对演员的欢迎和鼓励，英国人则用有节奏的拍掌，表示对演员演技的不满。在意大利、西班牙、葡萄牙、法国以及大部分拉丁美洲国家，人们把三个指头按在嘴上并发出亲吻声，表示对演出的赞许；但同一动作在部分巴西人中却是发泄对拙劣演技的不满。

还有一种用食指把自己眼睛往下扒一下的动作，也常在涉外交往中使用。这种动作在意大利、西班牙等国是在提醒某人有危险，在英国意味着自己所做的事被对方看穿。在拉丁美洲表示殷勤和客气，在澳大利亚则表示对某人的蔑视。

了解以上这些常见的手势语及相关的一些动作，并掌握其在不同国家、民族和地区的不同含义，可以避免可能发生的误会，或避免使自己陷入困境，从而减少阻力，提高交际效益。

思考与讨论

1. 商务场合规范的握手标准是什么？
2. 简述不同引导手势的要点。

实 训 题

分组模拟：两个学生一组，现场训练引导、请进、请坐等手势。

案 例 分 析

"OK" 手势

一位美国的工程师被公司派到他们在德国收购的分公司，和一位德国工程师在一部机器上并肩作战。当这个美国工程师提出建议改善新机器时，那位德国工程师表示同意并问美国工程师自己这样做是否正确。这个美国工程师用美国的"OK"手势给予回答。那位德国工程师放下工具就走开了，并拒绝和这位美国工程师进一步交流。后来这个美国人从他的一位主管那里了解到这个手势对德国人意味着"你一文不值"。

扫一扫

扫一扫学习
更多握手练习

问题：

1. "OK"手势具有什么含义？
2. 怎样避免案例中情况的发生？

任务三 | 面部表情

任务引入

一次，一个西欧旅游团深夜到达某酒店，由于旅行社事先联系不周，客房已满。酒店只好委屈他们睡大厅。全团人员顿时哗然，扬言要敲开每一个房间，吵醒所有宾客，看看是否真的无房。此时，客房部经理却向他们"微笑"着耸耸肩，表示无可奈何，爱莫能助。这使宾客更为不满，宾客认为经理的这种微笑是一种幸灾乐祸的"讥笑"，是对他们的污辱，便拍着桌子大声喝道："你再这样笑，我们就要揍你!"使这位经理十分尴尬。后来，在翻译人员的再三解释下，客人的愤怒才告平息。

任务：你如何看待上述微笑服务？

任务分析

微笑服务是酒店接待服务中永恒的主题，是酒店服务一刻不可放松的必修课，它包含着丰富的精神内涵和微妙的情感艺术：热忱、友谊、情义、信任、诚挚、体谅、慰藉、祝福……显然，上述案例中的"微笑"离开了优质服务，与微笑服务的本意南辕北辙。

知识链接

表情，是面部表情一词的简称。它所指的是，人在神经系统的控制之下，面部肌肉及各种器官所进行的运动、变化和调整，是面部在外观上所呈现出的某种特定的形态。人体的其他部分也有表情，但表情主要体现于人的面部，因此在一般情况下，人们所说的表情，往往就是指的面部表情。

与举止一样，表情也是人的无声语言。现代传播学认为，它属于人际交流中的"非语言信息传播系统"，并且是其核心组成部分。因为相对于举止而言，表情更为直观，更为形象，更为人们所易于觉察和理解。

在人际交往中，表情真实可信地反映着人们的思想、情感、反应，以及其他一切方面的心理活动与变化。传播学认为：在人们所接受的来自他人的信息之中，只有45%来自有声的语言，而55%以上来自无声的语言。而在后者之中，又有70%以上来自表情，由此可见其在人际交往中所处的重要位置。

法国生理学家科瑞尔说："脸反映出了人们的心理状态，脸就像一台展示我们人的感情、欲望、希望等一切内心活动的显示器。"伟大的启蒙思想家狄德罗则指出："一个人……他心灵的每一个活动都表现在他的脸上，刻画得很清晰，很明亮。"他们所谈论的，其实都是表情的重要性。

表情礼仪主要探讨的是眼神、笑容、面容3个方面的问题。其总的要求是，要理解表情，把握表情，在社交场合努力使自己的表情热情、友好、轻松、自然。

一、眼神

眼神，是对眼睛的总体活动的一种统称。眼睛是人类的心灵之窗。对自己而言，它能够最明显、最自然、最准确地展示自身的心理活动。对他人而言，与对方交往所得的信息87%来自视觉，而来自听觉的信息则仅为10%左右。所以孟子才说："存乎人者，莫良于眸子，眸子不能掩其恶。胸中正，则眸子瞭焉。胸中不正，则眸子眊焉。听其言，观其眸子，人焉廋哉。"

人们在日常生活之中借助于眼神所传递出的信息，可被称为眼语。在人类的5种感觉器官（眼、耳、鼻、舌、口）中，眼睛最为敏感，它通常占人类总体感觉的70%左右。因此，泰戈尔曾指出："一旦学会了眼睛的语言，表情的变化将是无穷无尽的。"

眼神的构成，一般涉及时间、角度、部位、方式、变化5个方面（见图4-31）。

图4-31　眼神

（一）时间

在人际交往中，尤其是熟人相处时，注视对方时间的长短，往往十分重要。在交谈中，听的一方通常应多注视说的一方。

1. 表示友好

若对对方表示友好，则注视对方的时间应占全部相处时间的1/3左右。

2. 表示重视

若对对方表示重视，比如听报告、请教问题时，则注视对方的时间应占全部相处时间的 2/3左右。若注视对方的时间不到全部相处时间的1/3，往往意味着对其瞧不起或没有兴趣。

3. 表示敌意

若注视对方的时间超过了全部相处时间的 2/3 以上，往往表示可能对对方抱有敌意或是为了寻衅滋事。

4. 表示兴趣

若注视对方的时间长于全部相处时间的 2/3，还有另一种情况，即对对方本人发生了兴趣。

（二）角度

在注视他人时，目光的角度即其发出的方向，是事关与交往对象亲疏远近的一大问题。注视他人的常规角度有平视、侧视、仰视和俯视。

1. 平视

平视，即视线成水平状态，也叫正视。一般适用于在普通场合与身份、地位平等之人进行交往。

2. 侧视

侧视是平视的特殊情况，即位居交往对象一侧，面向对方，平视对方。侧视的关键在于面向对方，否则即为斜视对方，那是很失礼的。

3. 仰视

仰视，即主动居于低处，抬眼向上注视他人。表示尊重、敬畏之意，适用于面对尊长之时。

4. 俯视

俯视，即抬眼向下注视他人，一般用于身居高处之时。俯视可表示长辈对晚辈的宽容、怜爱，也可表示俯视者对他人的轻慢、歧视。

（三）部位

在人际交往中目光所及之处，就是注视的部位。注视他人的部位不同，不仅说明自己的态度不同，也说明双方关系有所不同。

在一般情况下，与他人相处时，不宜注视其头顶、大腿、脚部与手部或是"目中无人"。对异性而言，通常不应注视其肩部以下，允许注视的常规部位有以下几处。

1. 双眼

注视对方双眼，表示自己聚精会神，一心一意，重视对方，但时间不宜过久。注视对方的双眼也称为关注型注视。

2. 额头

注视对方额头，表示严肃、认真、公事公办。这种注视称为公务型注视，也叫作社交型注视。

3. 眼部至胸部

注视这一区域，表示亲近、友善，多用于关系密切的男女，故称为近亲密型注视。

4. 眼部至裆部

注视这一区域表示亲近、友善，适用于注视相距较远的熟人，故称远亲密型注视。

5. 任意部位

对他人身上的某一部位随意一瞥，可表示注意，也可表示敌意。这种注视称为随意型注视，多用于在公共场合注视陌生人，但最好少用，因为有时可能被人误认为是瞥视。

（四）方式

注视他人，在社交场合可以有多种方式的选择。其中，最常见的有以下几种。

1. 直视

直视，即直接地注视交往对象，表示认真、尊重，适用于各种情况。若直视他人双眼，则称对视，对视表明自己大方、坦诚或是关注对方。

2. 凝视

凝视是直视的一种特殊情况，即全神贯注地进行注视。它多用以表示专注、恭敬。

3. 盯视

盯视，即目不转睛，长时间地凝视某人的某一部位。它表示出神或挑衅，故不宜多用。

4. 虚视

虚视是相对于凝视而言的一种直视，其特点是目光不聚焦于某处，眼神不集中。它多表示胆怯、疑虑、走神、疲乏或是失意、无聊。

5．扫视

扫视，即视线移来移去，注视时上下左右反复打量。它表示好奇、吃惊，因此也不可多用，对异性应尤其禁用。

6．睨视

睨视，即斜着眼睛注视。它多表示怀疑、轻视，一般应忌用。

7．眯视

眯视，即眯着眼睛注视。它表示惊奇、看不清楚，模样不大好看，故也不宜采用。

8．环视

环视，即有节奏地注视不同的人或事物。它表示认真、重视。适用于同时与多人打交道，表示自己"一视同仁"。

9．他视

他视，即与某人交往时不注视对方，反而望着别处。它表示胆怯、害羞、心虚、反感、心不在焉，是不宜采用的一种眼神。

10．无视

无视，即在人际交往中闭上双眼不看对方，故它又叫闭视，表示疲惫、反感、生气、无聊或没有兴趣。无视给人的感觉往往是不大友好的，甚至会被人理解为厌烦、拒绝。

（五）变化

在人际交往中，目光、视线、眼神都是时刻变化的，它主要表现为以下几种情况。

1．眼皮的开合

人的内心情感变化，会使其眼睛周围的肌肉发生运动，从而使其眼皮的开合也发生改变，如瞪眼、眯眼、闭眼等。瞪大双眼，表示愤怒、惊鄂；睁圆双眼，则表示疑惑、不满。眼皮眨动一般每分钟 5～8 次，若过快表示活跃、思索，过慢则表示轻蔑、厌恶。有时，眨眼还可表示调皮或不解。

2．瞳孔的变化

瞳孔的变化往往显而易见，但却不由自主地反映着人们的内心世界。平时，瞳孔的变化不大，若突然变大，发出光芒，目光炯炯时，则表示惊奇、喜悦和感兴趣；若突然缩小，双目黯然无光，即所谓双目无神时，表示伤感、厌恶、毫无兴趣。

3．眼球的转动

眼球的转动，不应表现得反常。眼球若反复转动，表示在动心思；若悄然挤动，则表示向人暗示。

4．视线的交流

在人际交往中，与他人的交流视线，常可表示特殊含义。其一，可表示爱憎。其二，可表示地位。其三，可表示补偿。其四，可表示威吓。其具体做法，应因人、因事而异。与他人交往，不交流视线不行，交流视线不当也不行。

二、笑容

笑容，即人们在笑的时候所呈现出的面部表情，它通常表现为脸上露出喜悦的表情，有时还会伴以口中所发出的欢喜的声音。

从广义上讲，笑容是一种令人感觉愉快的、既悦己又悦人的发挥正面作用的表情。它是人际交往的一种轻松剂和润滑剂。利用笑容，人与人之间可以缩短彼此的心理距离，打破交际障碍，为深入地沟通与交往创造和谐、温馨的良好气氛。古人曾经有言："笑一笑，十年少"，说明适时的笑，还可以健身养性（见图4–32）。

图4-32　笑容

（一）笑的种类

在日常生活之中，笑的种类很多。它们绝大多数都富于善意，但也有极少数人失礼、失仪。出于实际需要方面的考虑，在此重点讨论的是合乎礼仪的笑容的种类，这一类笑容，基本上可以分为6种。

1. 含笑

含笑，是一种程度最浅的笑，它不出声，不露齿，仅是面含笑意，意在表示接受对方，待人友善。其适用范围较为广泛。

2. 微笑

微笑，是一种程度较含笑更为深的笑。它的特点是面部已有明显变化，唇部向上移动，略呈弧形，但牙齿不向外露。它是一种典型的自得其乐、充实满足、知心会意、表示友好的笑。在人际交往中，其适用范围最广。

3. 轻笑

轻笑，在笑的程度上较微笑更为深。它的主要特点是面容进一步有所变化，嘴巴微微张开一些，上齿显露在外，不过仍然不发出声响。它表示欣喜、愉快，多用于会见亲友，向熟人打招呼或是遇上喜庆之事。

4. 浅笑

浅笑，是轻笑的一种特殊情况。与轻笑稍有不同的是，浅笑表现为笑时抿嘴，下唇大多被含于牙齿之中。它多见于年轻女性表示害羞之时，通常称为抿嘴而笑。

5. 大笑

大笑，是一种在笑的程度上与轻笑相比更为深的笑。其特点是：面容变化十分明显，嘴巴大张，呈现为弧形；上齿下齿都暴露在外，并且

扫一扫

扫一扫学习
更多笑的表情

扫一扫

扫一扫学习不
同场合下的笑容

张开；口中发出"哈哈哈"的笑声，但肢体动作不多。它多见于开心时刻，表示尽情欢乐或是高兴万分。

6. 狂笑

狂笑，是一种在程度上最高、最深的笑。它的特点是：面容变化甚大，嘴巴张大，牙齿全部露出，上下齿分开，笑声连续不断，肢体动作很大，往往笑得前仰后合，手舞足蹈，泪水直流，上气不接下气。狂笑通常出现在极度快乐、纵情大笑之时，一般不大多见。

（二）笑的本质

在以上6种常规的笑容之中，前4种比较常见，并以微笑最受欢迎。在所有种类的笑容里，微笑最自然、最大方，并且最为真诚友善，为世界各民族所认同。如果说笑的本质在于自信、热情、友好，那么微笑便充分而全面的体现了笑的本质。

在工作岗位上，微笑是礼貌待人的基本要求。在社交场合里，微笑可以使人自然放松，如沐春风。正因为如此，微笑被视为"参与社交的通行证"，又被称为基本笑容或常规表情。

进而言之，微笑至少发挥以下几个方面的作用。

1. 表现心情良好

只有心境平和，心情愉快，心理正常，善待人生，乐观面世的人，才会有真诚的微笑。

2. 表现充满自信

只有不卑不亢、充满自信的人，才会在人际交往中为他人所真正接受。而面带微笑者，往往说明对个人能力和魅力确信无疑。

3. 表现真诚友善

以微笑示人，反映自己心底善良，坦坦荡荡，真心待人友善，而非虚情假意，敷衍了事。

4. 表现乐业敬业

在工作岗位上微笑，说明热爱本职工作。笑的共性在于面露喜悦之色，表情轻松愉快。笑的个性则在于具体的眉部、唇部、牙部及声音彼此之间的运作、配合往往不尽相同。

以微笑为例，它的具体做法大致上可分为4点。

首先，额部肌肉进行收缩，使眉位提高，眉毛略为弯曲成弯月形。

其次，两侧面颊上的笑肌进行收缩，并稍为向下拉伸，使面部肌肤看上去出现笑意。

再次，唇部肌肉进行配合，唇形稍为弯曲，嘴角稍稍上提，双唇关闭，不露牙齿。

最后，自觉地控制发声系统，一般不应发出笑声。

总的来说，笑的时候应注意以下3个方面。

（1）声情并茂。笑的时候，应当做到表里如一，令笑容与自己的举止、谈吐相辅相成，锦上添花。切勿脸上挂笑，却出言不逊，举止粗鲁；或是语言高雅，举止得体，却面无笑意。这两种情况都会使自己的态度受到怀疑。

（2）气质优雅。会笑的人，不仅要讲究笑的适时、尽兴，而且更要讲究笑时要精神饱满，气质典雅，真正的笑应当发自内心，所以它非常自然地反映着人们的文化修养和精神追求。倘若笑的时候表现得粗俗、放肆，就会自毁个人形象。

（3）表现和谐。笑，从直观上看，实际上是人们的眉、眼、鼻、口、齿以及面部肌肉和声音的协调行动。因此，在笑的时候，要使各个部位运动到位，不温不火，合作成功，不至于顾此失彼，笑得勉强、做作、失真。

（三）笑的禁忌

在正式场合笑的时候，应力戒下述举止、表现。

1. 假笑

假笑，即笑得虚假，皮笑肉不笑。它有悖于笑的真实性原则，是毫无价值可言的。

2. 冷笑

冷笑，是含有怒意、讽刺、不满、无可奈何、不屑于、不以为然等意味的笑，这种笑，非常容易使人产生敌意。

3. 怪笑

怪笑，即笑得怪里怪气，令人心里发麻。它多含有恐吓、嘲讽之意，令人十分反感。

4. 媚笑

媚笑，即有意讨好别人的笑。它并非发自内心，而是来自一定的功利性目的的。

5. 怯笑

怯笑，即害羞或怯场的笑。例如，笑的时候，以手掌遮掩口部，不敢与他人交流视线，甚至还会面红耳赤，语无伦次。

6. 窃笑

窃笑，即偷偷地笑。多表示洋洋自得、幸灾乐祸或看他人的笑话。

7. 狞笑

狞笑，即笑时面容凶恶。多表示愤怒、惊恐、吓唬他人。此种笑容无丝毫的美感可言。

三、面容

面容，指的是人们面部所显示出的综合性表情。它既对眼神、笑容发挥辅助作用，又可以自成一体，表现自己的独特含义。

通过面容所显示的表情，具有两重性特征：其一，是变化迅速，很少凝固不变；其二，是彼此配合，时常合作。

根据一般规律，通过面容所显示的表情，既有面部各部分予以局部显示的，又有它们彼此合作，综合表示的。

（一）局部的显示

在人际交往中，人的眉毛、嘴巴、下巴、鼻子、耳朵都可以独立地显示其表情。

1. 眉毛的显示

以眉毛的形状变化所显示的表情，一般叫作眉语。除配合眼神外，眉语往往独自表意。常见的眉语有以下 5 种类型。

其一，皱眉型，多表示困窘或不赞成、不愉快。

其二，耸眉型，即努力使眉峰上耸，多表示恐惧、惊讶或欣喜。

其三，竖眉型，即将眉角下拉，多表示气恼、愤怒。

其四，挑眉型，即将单眉上挑，常用于表示询问。

其五，动眉型，即令眉毛上下迅速动作，一般用来表示愉快、同意或亲切。

2. 嘴巴的显示

除显示笑容外，嘴巴也可用以表示心理状态，它主要以嘴唇的闭合、嘴角的动向来体现。常见的嘴巴的显示有以下6种。

其一，张嘴，即嘴巴大开，它表示惊讶、恐惧。

其二，咬嘴，即咬紧嘴唇，它表示自省或自嘲。

其三，撅嘴，即撅起嘴巴，它表示生气或不满。

其四，撇嘴，即嘴角一撇，它表示鄙夷或轻视。

其五，呶嘴，即嘴巴呶向某方，它表示怂恿或支持。

其六，拉嘴，即拉着嘴角。上拉表示倾听，下拉则表示不满或固执。

3. 下巴的显示

常见的以下巴显示的表情有以下6种。

其一，收起下巴，它多表示隐忍。

其二，缩紧下巴，它多表示驯服。

其三，搭拉下巴，它多表示困乏。

其四，突出下巴，它多表示攻击。

其五，前伸下巴，它多表示自大。

其六，下巴指人，它多表示骄横。

4. 鼻子的显示

常见的以鼻子显示的表情有以下5种。

其一，挺鼻，它多表示倔强或自大。

其二，缩鼻，它多表示拒绝或厌弃。

其三，皱鼻，它多表示好奇或吃惊。

其四，抬鼻，它多表示轻视或歧视。

其五，摸鼻，它多表示亲切或重视。

5. 耳朵的显示

与鼻子一样，耳朵不可能有较大的动作变化。常见的以耳朵所显示的表情有以下4种。

其一，侧耳，它多表示关注。

其二，耸耳，它多表示吃惊。

其三，捂耳，它多表示拒绝。

其四，摸耳，它多表示亲密。

（二）综合的显示

在上述各个局部环节中，眉毛的表现力最强，嘴巴次之，下巴又次之。鼻子与耳朵的表现力较弱。有些时候，它们多组合在一起显示特定的表情，常见的有以下几种。

1. 表示快乐

眼会睁大，嘴巴会张开，眉毛常会上扬。

2. 表示兴奋

眼会睁大，眉毛上扬，嘴角微微上翘。

3. 表示兴趣

嘴角向上，鼻孔正常开合，眉毛上扬，眼睛轻轻一瞥。

4．表示爱慕

嘴角上扬，眉毛轻扬，瞳孔放大，注视对方时间较长。

5．表示敌意

嘴角拉平或向下，皱眉皱鼻，稍稍一瞥。

6．表示发怒

嘴角向两侧拉开，眉毛倒竖，双眼大睁。

7．表示观察

微笑，眉毛拉平，平视或视角向下。

8．表示严肃

嘴角抿紧或微笑向下拉，眉毛拉平，注视额头。

9．表示无所谓

微笑，平视，眉毛展平，整体面容平和。

10．表示安静

嘴角、眉毛、鼻子皆取平位，平视。此即所谓"喜怒不形于色"。

思考与讨论

1．你如何看待"微笑要发自内心"？
2．简述面容的局部显示和综合显示的细节要求。

实 训 题

分组训练： 假设场景，小组成员分配角色，根据角色特点，演练双方在交流过程中神态的变化，诸如其中一方表现出专注、无奈、烦躁、惊讶等表情。

案 例 分 析

微笑的魅力

飞机起飞前，一位乘客请空姐给他倒一杯水吃药，空姐很有礼貌地说："先生，为了您的安全，请稍等片刻，等飞机进入平衡飞行后，我会立刻把水给您送过来，好吗？"

15分钟后，飞机早已进入平衡飞行状态。突然，乘客服务铃急促地响了起来，空姐猛然意识到：糟了，由于太忙，她忘记给那位乘客倒水了。当空姐来到客舱，看见按响服务铃的果然是刚才那位乘客时，她小心翼翼地把水送到那位乘客眼前，微笑着说："先生，实在对不起，由于我的疏忽，延误了您吃药的时间，我感到非常抱歉。"这位乘客抬起左手，指着手表说道："怎么回事，有你这样服务的吗？你看看，都过了多久了？"空姐手里端着水，心里感到很委屈，但是，无论她怎么解释，这位挑剔的乘客都不肯原谅她的疏忽。

接下来的飞行途中，为了弥补自己的过失，每次去客舱给乘客服务时，空姐都会特意走到那位乘客面前，面带微笑地询问他是否需要水或者别的什么帮助，然而，那位乘客余怒未消，摆出不合作的样子，并不理会空姐。

临到目的地前，那位乘客要求空姐把留言本给他送过去，很显然，他要投诉这名空姐。此时，空姐心里很委屈，但是仍然不失职业道德，显得非常有礼貌，而且面带微笑地说道："先生，请允许我再次向您表示真诚的歉意，无论您提出什么意见，我都会欣然接受！"那位乘客脸色一紧，嘴巴准备说什么，可是没有开口，他接过留言本，开始在本子上写了起来。

等到飞机安全降落，乘客陆续地离开后，空姐本以为这下完了，没想到，等她打开留言本，却惊奇地发现，那位乘客在本子上写下的并不是投诉信，相反，这是一封热情洋溢的表扬信。

是什么使得这位挑剔的乘客最终放弃了投诉呢？在信中，空姐读到这样一句话："在整个过程中，你表现出了真诚的歉意，特别是你的十二次微笑深深打动了我，使我最终决定将投诉信写成表扬信！你的服务质量很高，下次如果有机会，我还将乘坐你们的航班。"

问题：

1. 微笑有何作用？
2. 微笑应注意什么？

扫一扫进行
更多练习

项目五
空间方位礼仪

学习目标

通过本项目的学习使学生理解和掌握什么是空间距离、界域姿势、方位座次。知道在什么场合面对不同的交往对象应该使用什么样的空间距离、界域姿势，知道古今中外方位礼仪、不同座次的含义和应用。

技能目标

掌握在什么场合、面对不同的交往对象应该使用什么样的空间距离、界域姿势以及不同场合的座次安排。

空间语言指的是人在心理限定上的空间感觉，其外化形式即与他人之间构成一种物理距离。它是人类利用空间来表达某种思想信息，属于无声语言的范畴。

空间语言根据其使用内容的不同，可分为三类，即空间距离、界域姿势和方位座次。空间语言是以空间作为其重要标志，不论是空间距离，还是界域姿势，抑或方位座次，都在空间位置上与人体语言和物体语言区分开来。尤其是界域姿势，更注重的是身体的一种延伸，即空间的拓展。

空间语言常不为一些现代人所注意，但在现代交际中却占有一定地位。

任务一 | 空间距离

任务引入

某天上午，大一学生小明到学校图书馆看书，由于外面天气炎热，走到图书馆已经大汗淋漓。走进阅览室小明满心欢喜地发现，阅览室刚开门除了值班老师还没有学生过来，他就走到离空调较近的书桌旁对着空调出风口的位置坐下，坐下后发现旁边位置上放着几本书和笔记本，小明心里暗笑"这也是位怕热又勤奋的同学呀"。一会儿，从外面走进来一位女生，径直走到小明旁边的座位，瞪了小明一眼，气呼呼地收起书换到了另外一张书桌旁边坐下。小明对这位女生的行为感到莫名其妙。

任务：你如何看待这位女生的行为？

任务分析

这位女生的行为从校园礼仪规范视角看似乎有点"霸道""不讲理"。但是充分印证了多年前关于个人空间距离的著名实验结果：人与人之间根据不同的时间、地点和环境，需要保持不同的空间距离。任何一个人，都需要在自己的周围有一个自己把握的自我空间，它就像一个无形的"气泡"一样为自己"割据"了一定的"领域"。而当这个自我空间被人触犯就会感到不舒服、不安全，甚至恼怒起来。

知识链接

一、交往的空间距离

在人们的交往中，互相间的空间距离要求与其对领域的守卫行为有着一套必须遵循的成文规定。对商务人员来讲，要获得成功的人际交往，懂得对方的空间距离是十分重要的。

商务人员与交往对象打交道时与对方保持的距离间隔往往是由双方的关系决定的。由于人与人之间的情感距离不是等同的，所以交往时的空间距离也不一样。

1. 亲密距离

这是人际交往中最小间隔或几无间隔的距离，即通常所说的亲密无间。这一距离主要适合于家庭成员、莫逆之交等最亲密的人彼此可以进入的区域。其中又有最密切和密切之分。最密切的距离在15厘米以内（见图5-1），彼此可能肌肤相触、耳鬓厮磨，以致相互能感受到对方的体温、气味和气息，这是具有排他性的，人们对这个区域像保卫私有财产一样。密切距离在15~46厘米，表现为挽臂执手，促膝谈心等。这一距离有非常特定的场境和对象，一般属于私下情境，说悄悄话或在贴心朋友、亲人之间的距离。在社交场合，大庭广众下或一般异性面前是绝对禁止的。否则不仅不雅观，还可能会因为无礼而引起另一方的反感甚至冲突。

图 5-1 小于 15 厘米的密切距离

2．个人距离

个人距离在人际交往时稍有分寸感，表现为较少的身体接触。一般近段在 0.46～0.76 米，正好能相互亲切握手，友好交谈（见图 5-2）。远段在 0.76～1.2 米，距离相当于一臂长，恰恰在可能的身体接触之外。个人距离多为私人远距离接触时所保持的间隔，如朋友、老同学聚会等，其交谈无机密性，具有较大的开放性，因此也是酒会、办公室集会、社交场所彼此应保持的距离。

图 5-2 个人距离

3．社交距离

社交距离已超出了亲密或熟悉的人际关系，而是体现出一种社交性或礼节性的较正式关系，又分为近社交距离和远社交距离。近社交距离在 1.2～2.1 米，这是人们在社交中近距离接触时所保持的距离间隔，比如在办公室内的同事之间工作交谈时所保持的就是这样的距离。进入这个区域的人彼此相识，但不一定熟悉，交谈内容多为事务性的，不含感情成分。远社交距离为 2.1～3.6 米（见图 5-3），比如与公共汽车司售人员、饭店服务员、商店营业员等的一般性交往均属此列，这种社交往往是暂时的，以事务性为内容。另一方面，远社交距离往往表现为更加正式交往的关系，如一些有较高身份或地位的人往往通过一个特大办公桌的相隔与下属交谈。这种距离大多是考虑到交谈的正式性或庄重性，如高级官员的会谈和较正式的谈判等。

图 5-3　社交距离

4. 公众距离

在这个空间里，人际间的沟通大大减少了。其近段在 3.6～7.6 米，远段在 7.6 米以外。这是一个几乎能容纳一切人的空间。这个空间的交往，适合于公开的正式讲话、演说、报告等活动中演讲者与听者所保持的距离（见图 5-4）。

图 5-4　公众距离

以上几种交往距离的划分，为商务人员寻求最为适合特定场景和对象的交往空间提供了大致的模式。

二、交往空间礼仪

任何一次交往、交谈活动，都是在一定的时间和空间进行的，在这种时空环境中，是讨人喜欢还是令人生厌，个人空间的使用是一个重要的非语言交流方式，它在一定程度上影响着交往的成败。

那么，与人交往时应采取怎样的距离才不引人反感，也就是怎样判断同他人之间所保持的交往距离呢？

（一）要了解交往对象的特点

空间距离的划分为商务人员的交往提供了大致的模式，但这一距离并不是一成不变的，它往往要受到文化背景、民族差异、性格、性别、年龄等多种因素的影响。因此，商务人员对自己的交往对象必须深入了解，才能把握好交往时应保持的距离。

1. 要了解交往对象的民族特点和文化背景

民族差异对空间距离有很大影响，一般地中海国家的人交往时允许有较多的身体接触，相互靠得较近；而北欧国家的人则相互离得较远，很少有肌肤相触。同是欧洲国家，法国人和英国人交谈时，法国人总是保持较近的距离，乃至呼出气会喷到对方脸上；对此英国人会感到很不习惯，步步退让，维持适合于自己的空间范围。同是美洲国家，对北美人来说，最适宜的交谈距离是一臂，而南美人交谈时喜欢近一些，以致北美人为了避免文化差异造成的个体空间不协调，常常以桌椅为隔开的屏障，以达到他感到舒服的交谈距离。东西方文化的差异对交往距离的影响就更大一些。例如，美国人喜欢与对方保持距离，日本人则喜欢与对方保持近距离的交往。因此，在对外交往中，一定要根据对方空间距离的大小需求不同而适其所需，不要使人感到威胁，更不要引起误会。

2. 要了解交往对象的社会地位、性格、性别、情绪等方面的特点

社会地位对交往距离的影响很大，一般情况下，地位尊贵的人较之地位低的人需要更大的个体空间，他们总是有意识地与下属或人群保持一定的距离，更不能容忍这些人紧靠着他说话，乃至抚肩拍背、气息喷到脸上。所以，在与地位比较高的人打交道时，最好坐其下方，以保持适当的交往距离。

性格开朗、喜欢交往的人一般乐意接近别人，和别人接近的个体空间相对较小；而性格内向的人却不愿主动接近别人，宁愿把自己孤立地封闭起来，当然对靠近他的人也就十分敏感，他们的个体空间一旦受到侵犯，最容易产生不舒服感和焦虑感。此外，具有主动性格的人，有时容易无意识地单方侵入对方的个体空间而客观上给对方造成威胁的压力或巴结的情势。在正式的社交场合，容易为对方侧目或看不起。了解了这些特点后，在交往中要注意既不要封闭自己，也不要无意识地侵犯对方。

谈到性别，一般情况下，女性相聚比男性相聚站得距离近。同时，性别不同对空间位置的安排也不一样。比如，女性往往靠在她喜欢的人旁边，而男性则选择在他喜欢的人对面坐着；女性最反感陌生人坐在她的旁边，通常将坐在身旁的"闯入者"视为有意识的侵犯，而男性最不喜欢陌生人占据他对面的位置，会把坐在对面的人视为竞争的威胁。

情绪状态和交往场景的差异也会对空间距离造成影响。比如，人在心情舒畅时，个体空间就会缩小，允许别人靠得很近；而若生气、闷闷不乐时，个体空间就会非理性地扩张，甚至连亲密朋友也可能被拒之于外。在拥挤的社交场合，如舞会、聚会等，人们因无法考虑满足自己的个体空间的需要而较容易容忍别人靠得很近，但会设法避免视线的接触。但是面对面时，眼睛会很自然地注意对方的头顶或空间的某个位置，若是在较为空旷的社交场合，人的个体空间就会自然扩大。当别人毫无理由地侵入时，便会引起怀疑和不自然的感觉。

在了解交往对象特点的同时，作为商务人员，对于空间距离也要遵守一定的社交常规。如乘公共汽车、火车、飞机、轮船及电梯时，不要长时间盯着他人，可以看手中的报纸杂志，或看车内、车外的任何一个物件，电梯内可看指示灯等；不要平视旁人等。人越多，允许的动作则越小。把握好空间距离，就可以消除他人的不安心理，避免不愉快发生，使交往或交谈顺利。

（二）要观察交往对象的态度

当与陌生人初次打交道且对他的空间距离需求不了解时，在交往或交谈过程中就要善于观察，观察对方的态度是冷还是热，他的情绪如何。如果他态度傲慢，切记要与他保持远距离接触。在交谈中，他的态度也许好转，可移动脚步以试探，假如对方不反感，可能情况会变好。倘若谈几句话，对方保持拒人千里之外的态度，此次交往即应结束。一般来讲，这种情况是对方根本不想交往而摆出的不礼貌姿势，或是那种不容易交往的人，所以要先察颜观色。

还有一种人，无论什么场合，不管别人态度如何，他都表现很亲热，对这种过分亲热的人也要多观察然后再决定对他的交往距离接受与否。一般来说此种人很容易侵犯他人空间，给人感觉轻浮不可信，不讨人喜欢。也许他的目的在于尽快缩短交往距离，却方法不当。如果他能灵活多变，调整其交往方式，会很快掌握他人的空间距离，从而打破交往僵局。

总之，要善于观察，学会在实践中摸索总结出既适合对方、又能适合场景、适合自己的交往空间的标准。只有这样，才能应酬于各种社交场合，在人际交往中达到沟通与行礼的最高统一。

思考与讨论

1. 什么是空间距离？人们在社交场合为什么要保持一定的空间距离？
2. 怎样应用空间距离？

实 训 题

观察生活中有哪些使用空间距离不当的情况。

案 例 分 析

国外"一米线"面面观

美国人讲究个人隐私，所以他们也尊重"一米线"，一个人永远离另一个人一米开外，仿佛那条线早就刻在了他们脑子里。买东西交款，你尽可以放心拿出你的钱包，不会有双好奇的眼睛在离你 20 厘米的地方虎视眈眈地看着你。就连去洗手间，排队也是在大门口，而不是在"小单间"门口。

保持适当距离是澳大利亚人社交场合、日常交谈和茶余饭后闲聊时非常注意的细节。在银行、飞机售票处和海关出入口等处排队时一定要站在"一米线"以外，否则会被他人认为缺少文明修养。一般来说，两个人站着谈话，相互之间要保持适当距离，否则双方都会感到不舒服。

丹麦的人口很少，除非在闹市区、大街上和公园里，几乎没有机会看到成群的人。在银行、邮局、面包店等地方，如果人多，彬彬有礼的丹麦人都自觉地排队，没有插队的人，排在第二位的站在一米线外等候，充分尊重别人的隐私权。

在英国，买票排队、参观排队、上公共汽车排队，即使排队人比较多，英国人的脾气也很温和，耐性非常好。尤其是在旅游观光的时候，不管游人多少，大家都主动排队。看室内展览比较花时间，前面参观的人步履缓慢，后面的人也会耐心地等前面的人让出位置后，再跟进去参观。

问题：

1. 你的头脑中刻有"一米线"吗？

2. "一米线"说明了什么？从中我们应该学习什么？

任务二 | 界域姿势

任务引入

小张大学毕业后初入职场，在公司的新进员工培训会上，他发现比自己高几届的一位师兄是本单位行政部门某科室的负责人，在不太适应的新单位的陌生环境中，让小张有了"他乡遇故知"的感觉。小张抑制不住内心的欣喜，培训会中场休息时，小张兴奋地走到师兄所坐的第一排座位，一跃坐到师兄面前的桌子上，高兴地介绍自己"师兄你好，我是……"

请分析小张的行为。

任务分析

小张不懂得人际交往过程中，人际关系有规范化的体现，尤其是在公共场合更应该注意个人的言行举止；显然，小张太过随意，给人留下鲁莽的印象。

知识链接

一、界域姿势的含义

界域姿势指的是借用某种姿势表明某个空间或领地归其所有，或显示双方关系的一种无声语言。

在现代生活中，无论地位高低，都享有一定范围的空间或领地。在这个领地内，每一个人享有安全感和一定范围的控制权。例如，实验室、资料室、手术室、驾驶室等，都可能形成个人领地。这个领地是由主人严格控制和管理的空间，无论亲朋好友，还是匆匆过客，一般都不得随意侵入。有时，为了维护个人领地或防止他人介入，人们会使用某些姿势来表明这个空间归己所有。也有些时候，人们出于某种需要，又会借助某些姿势显示双方的关系。这就是界域姿势所要解决的问题。

二、界域姿势的分类

界域姿势细分起来，可分为以下4种。

1. 占有姿势

以身体靠着某人某物，以显示该人、该物为己所有，称为占有姿势。

在人际交往中使用占有姿势，一般有两个目的：一是使用者想通过占有姿势向他人表明自己对某人或某物的拥有权，暗示他人不能侵入或擅用；二是出于对自己虚荣心的满足，使用者想通过占有姿势向他人暗示，自己占有了某物因此而感到骄傲。例如，踩在新买的自行车脚蹬上、腿跨在椅背上、脚翘在桌上、身体靠着门等，都意味着身体的延伸，向他人表示这些东西为己所有。如果某人想威胁对方，常常在未经许可的情况下，依靠或使用物主的所有物，使其产生一种"受威胁"的感觉。因此在交际中，无论迎宾待客，还是拜访他人，抑或出入公共场所，都注意不可随意使用占有姿势，以免引起对方反感。

2. 认同姿势

借用对方相同的姿势的动作，表明认同对方的意见的动作就叫作认同姿势。

比如双方交谈，一方使用一种坐姿，另一方也不由自主地采取同一姿势。这种模仿则表明后者对前者的亲切友好或赞同对方的感情，同时又显示出先做出某种姿势者的深刻影响力，就此便可判断前者为实力人物。

在现代交际中，交际双方是否使用认同姿势，取决于双方的关系和彼此的意愿。倘若一方想表达结交对方的感情，又羞于用有声语言说出，便可使用认同姿势，表明自己内心的思想。反之，则可做相反动作，表明对对方的冷淡和疏远。

3. 从属姿势

利用有限的空间将人的身体高度有意识地降低，以建立一种从属关系的姿势，称为从属姿势。像日常生活中的低头、哈腰、屈膝、鞠躬等，都表明使用者自谦、敬慕、认错或屈从对方的思想。有时候，主要负责人坐在主席台上，照像时地位最高者坐在前排正中的位置，也是通过空间来显示其地位的一种表示。

从属姿势在现代交际中使用相当普遍，如触犯刑法的犯人在法官面前低下头来，以示认罪；司机违反交通规则，向警察低头，以示认错；营业员向顾客低头，以示谦恭，如此等等。从行为学的角度讲，无论哪种低头，都表明低头处于从属地位。掌握从属姿势的使用，有助于缓解矛盾，和谐关系。例如，在公共场所，不小心冒犯他人，一方面可用有声语言加以道歉，另一方面可低下头来，以无声语言表明自己认错的诚意和态度。例如，当顾客买了伪劣商品要求退货时，营业员最好不要留在柜台里，而应迅速走出柜台，来到顾客身边，降低身体高度，以示歉意，平息顾客的愤怒。唯此，良好的人际关系氛围才能会通过恰当使用从属姿势而建立起来。

4. 指示姿势

用人的身体或通过外物来改变与对方的角度，以表明彼此关系或对对方的态度的姿势，称为指示姿势。

我们知道，在交际双方交谈中，人体之间相隔的间距，同他们的亲疏程度有关。有时，从人体与人体之间所形成的角度，也能传达出许多表明他们之间关系和所持态度的无声信号，从而带有一定的指示意味，具体分为以下几种角度。

第一，开放性角度。两个人的身体同时指向某一点而形成一个角，即为开放性角度，这种姿势暗示出对第三者的邀请。也就是说，第三者随时可以进入空出的一角。这种说话时所形成的站立角度，可以说明他们的谈话性质属于一般性社交谈话。社交活动中，相互交谈的两个人站立时，身体所形成的角多数为90°。

第二，封闭性角度。在社交活动中，如果交际双方身体的角度为零度，即一方身体全部正面朝向另一方，叫作封闭性角度。这种封闭性角度通常发生在恋爱中的男女之间，表明双方想保持亲密性的态度，暗示出他们之间的关系和谈话性质，同时表示排斥他人加入谈话。

值得注意的是，这种封闭性指示姿势有时也会出现在敌对的双方之间，用来表示敌意，向对方挑战。

在双方使用封闭角度时，如果第三者想介入双方谈话，只有在前二者的身体转向形成三角形时，才有可能被欢迎参加。如果二人不表示欢迎，就会一直保持封闭性角度，只是把头转向第三者，以表示认知他的存在，而身体方向是排斥他的。

第三，自由性角度。一方将身体与对方不形成任何角度的姿势，称为自由性角度。有时人们在交谈中难免遇到难以启齿的话题。此时，若想减轻对方思想负担，以便轻松地回答问题，可不必采用封闭性角度。相反，可将身体转向一边，使身体不与对方形成任何角度，以使对方毫无压力，使其自由自在地说话。

以上3种角度也适合于双方就座时使用。开放性三角形坐姿表示随和放松的气氛和彼此认同的态度，尤其便于进行规劝性的谈话；而将椅子直接转向对方，这种坐姿会对对方产生一种较强的压力，表示希望对方对自己的问题有直接明确的回答；当一方身体完全不与对方形成任何角度，则显示气氛轻松，适合用以探问微妙的或有些尴尬的问题，使对方能坦率自然地回答问题而不感到有压力。

思考与讨论

1. 什么是界域姿势？
2. 请举例说明生活中我们常用的界域姿势。

实　训　题

练习在商务交往中可以使用的界域姿势，并使之成为好习惯。克服不良的界域姿势。

案　例　分　析

Julie 刚送走某公司的销售，笑容立即从脸上消失，转身就对经理摇头道："这家公司的规模一定不大，一看都没有大公司的范儿。这销售一直把身体贴得很近地跟我说话，我都能闻到他的口气、看到他的头皮屑了。一开口就"咱们""咱们"的，还没谈正事就要请我们吃饭了，套近乎也不是这么个套法。经理对 Julie 会心一笑。那个销售估计还没意识到这次拜访客户的结果是把自己送上了黑名单。

问题：

结合上述案例，你认为商务场合在言行举止方面的规范是什么？

任务三 | 方位座次礼仪

任务引入

就座

某分公司要举办一次重要会议，请来了总公司总经理和董事会的部分董事，并邀请当地要员和同行业知名人士出席。由于出席的重要人物多，领导决定用 U 字形的桌子来布置会议桌。分公司领导坐在位于长 U 字横头处的下首。其他参加会议者坐在 U 字的两侧。在当天开会时，贵宾们都进入了会场，按安排好的座签找了自己的座位就座，当会议正式开始时，坐在横头桌子上的分公司领导宣布会议开始，这时发现会议气氛有些不对劲，有贵宾相互低语后借口有事站起来要走，分公司的领导人不知道发生什么事或出了什么差错，非常尴尬。

　　任务：请指出此案例中的失礼之处。

任务分析

　　在现代社会生活中，会场、办公室的布置，离不开对桌子和座位的安排。交际者通过对桌子的使用和座位的安排，能显示其对空间语言掌握的程度，并表现出对对方所持有的不同态度。注重方位座次的合理使用，就显得尤其重要。显然，上述案例分公司相关会场布置人员对U字形的桌子的位次排序不够熟悉，座位安排出了问题，导致与会贵宾不悦。

知识链接

一、方位礼仪

（一）古代方位观

在我国封建社会中，高低贵贱等级森严，不仅对人如此，就连方位也概莫能外。

我国古人尚南，把南向视为至尊，反过来面北则视为低下。古代宫殿、官府、庙宇都要面向正南，帝王的座也面向南。所谓"面南称王"，而臣民叩见皇帝自然要面向北方，叫"面北称臣"，后引伸为失败了叫"败北"。

古人在尚南的同时，还尚东，把东视为上、为主、为首。这大概与古人的阴阳和图腾有关。日升东方为阳、为青龙，日落西山为阴、为白虎。所以东为上、西为下。后妃的寝殿，正宫娘娘在东，叫东宫，东宫为正、为大；嫔妃住西宫，为偏、为次。

据此延伸，古代又有尚左之风。皇帝面南，东为左，西为右。由于古人尚东，所以左为上，右为下，所谓"文左武右""男左女右"。

我国古代还有"虚左"的讲究，即把左视为上。主人与客人并乘一车，主人要把客人让座在左边的位置，表示对客人的尊敬。据说这是因为古代车辆，座位在后，驭手在前。驭手左手勒缰，右手策鞭。由于驭手的右手要不时地挥动鞭子，其身后的车厢内，右侧座位上的人常常被鞭子打扰。所以，主人便把左侧让给客人表示自己的谦恭。

我国这种尚南、尚东、尚左之仪一直延续到解放初期。如贴对联、写信，左为上，右为下，横批4字从左往右写。这是以人的视觉为主观依据安排的。

（二）现代方位观

随着时间的推移，礼仪中的方位观发生了变化。现代礼仪中方位的上下、主次关系既继承了我国古代礼仪，也学习借鉴了世界大多数国家礼仪中的方位观。

1. 前后

行进时，前面为上，后边为下。晚辈、下级为了表示对长辈、上级的尊敬，一般不并肩而行，先请长辈、上级前行，自己后半步随行。即使主客之间，在进门、上车、上楼梯时也礼貌地请客人先行一步。

2. 左右

右为上，左为下。二人并行，主人为表示对客人的尊敬，应请客人走在自己的右侧，在就座时，也请客人坐在右侧。

比如，主人在大门迎接客人走进客厅时，应让客人走在右边，走到客厅内的沙发前时，要伸出左手，请客人从自己前边向左侧走过去，自己则朝右边走向右边沙发，双方都转过身来落座，客人便自然地坐在上座即右边了。

现代贴对联从门的主观位置来论，右为上，左为下，从人的视觉位置看，则左为上，右为下。由于目前有些写对联的人讲究传统性，横批的4个字，仍是从右向左写。这样贴对联时就应当颠倒过来了。那么，贴对联究竟如何贴上联下联呢？有个很简单的办法就是看横批是如何写的，横批是自右向左写，那么右边就贴上联；横批是自左向右写，那么左边就贴上联。

3．中间和两侧

中间为上，两侧为下；两侧又以右为上，左为下。三人行走或就座，都应该请长辈、上级在中间，晚辈、下级在两侧。

如果是二人行走、二人就座，为了表示对长辈、上级的尊敬和表示自己的谦恭，也不应并行和平坐，行走时应该尊长前行半步，就座应该请尊长坐在中间，自己陪坐一侧。

二、方位座次的分类

1．边角座次

边角座次的位置是交际双方各取一桌角，分别坐在两边。这种位置适合于和善轻松、诚挚友好的谈话。它的特点是目光投射自由，行动自如方便，便于使用手势，观察对方心理，消除彼此界限，显示双方平等，易于把握主动。

2．合作座次

合作座次是交际双方为达到一定的目的而采取的一种并肩而坐的座次。这种座次适合于双方交换意见、融洽感情时使用。特点是显示地位平等，表明目标一致，体现感情相投。除双方因工作的需求要加强协作，采取这种座次交谈外，夫妻、恋人、密友之间也常选择这种并肩位置使一方不知不觉进入另一方的"领地"之中。

这种座次也适合于介绍第三者加入会谈。

3．竞争防御座次

竞争防御座次是交际双方隔桌相望而坐。这种位置会造成一种防范的气氛，而且由于桌子本身形成的屏障，所以易使双方坚持各自的立场或观点。适合于双方发生竞争和产生对立情绪时使用。采取这种座次的谈话一般来说时间较短，专题性也较强，而且各自拥有自己的一半领地，不喜欢对方侵犯。所以一般友好洽谈和讨论商议性质的会晤中，应尽量避免这种竞争防御座次。

至于两国首脑会议会谈时的隔桌相对而坐，则是另外一种情况。因为谈判桌的宽度远远超出常用的办公桌宽度，双方人员的行动不会超过自己的领地范围，而且也决不会侵犯对方领地。加之长方形的谈判桌看起来是个整体，实际上等于两个独立的桌子的拼合。所以也就意味着每一方都拥有自己的空间领地，自然不会有"侵犯"一类事情的发生。

4．独立座次

独立座次是交际双方隔桌相望且各坐在桌子的一角，形成一种互不干扰的气氛，如图5-5所示。这种位置由于相距较远，因而显示出冷淡疏远的感情，不便于双方交谈。适用场合一般是在饭店、图书馆、阅览室、公园等处，此座次表示彼此不感兴趣，也暗示出"井水不犯河水"的心理。

图 5-5　独立座次

三、方位座次的其他使用方法

日常交际中使用的桌子并非只有一种规格的桌子。形状不一的方桌、圆桌、长桌，也是交际中常常使用的物品。况且，桌子的大小，座位的位置，以及面向的方法，同样对交际起着重要的影响。

一般来说，使用正方形桌子又相对而坐，易于产生对立情绪，制造主从关系气氛，适合简短谈话。如果目的一致，应在方桌一侧并肩而坐。当上级斥责下级时，可相对就座。倘若多人交谈，一般来说坐在身旁的人比较易于合作，而对抗力最强的则是正对面而坐的人。

圆桌适宜于非正式的场合。因为就座各方拥有相同的领地，显示地位平等，可以造成轻松自在的气氛，有利于合作和友好关系的建立，激发人的谈论的兴趣。目前，商业人士与他人会晤时，常使用圆桌进行和谐随意和规劝性的谈话，而用方桌来谈工作、生意，进行简短交谈和带有争论性的话题。另外，一些高档的饭店也使用圆桌，以便于顾客就餐和交谈。

使用长方形桌子，则带有地位的差别或权力的影响。一般面向门口的一人具有统观全局的势力，而背朝门口就坐的人则和对面的人形成竞争对手。长方形桌子一般适用于会议室和谈判场合。在使用长方形桌子与人交谈时，位置的选择应该根据在场人的身份、地位和职位的大小排列。此外，还要考虑会谈性质。

（一）宴会座次

宴会分为家宴、便宴和正式宴会。家宴餐桌的形状，也可以显示这个家庭中的权力分配情况、生活格调和家庭气氛。民主、自由开放性的家庭一般使用圆桌，封闭性保守的家庭大都趋向于使用方桌，而权威型、家长制较强的家庭则选用长方形桌。而长方形桌的座次在我国一般是：男主人坐在朝向门口的位置，女主人坐在男主人对面，两边用于子女就座。

下面是几种宴会方位座次的排列示范图。

1．圆桌桌次排法

这是适用于较大场合的，多张圆桌的排列方式。习惯上，以离主人桌次的远近而定席位的高低，右高左低。例如：

　　②①③　　　　　　④　⑤　　　　　　　①
　　⑦⑤④⑥⑧　　　②①③　　　　　②　③
　　⑩⑫⑨⑪⑩　　　⑥　⑦　　　　　④　⑤

2．长桌座次排法

长桌的排法有纵向和横向两种，分别如图 5-6 和图 5-7 所示。

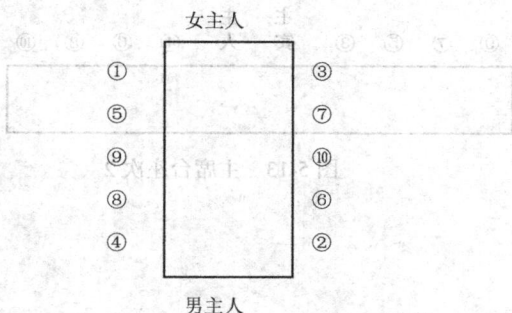

图 5-6　纵向排法

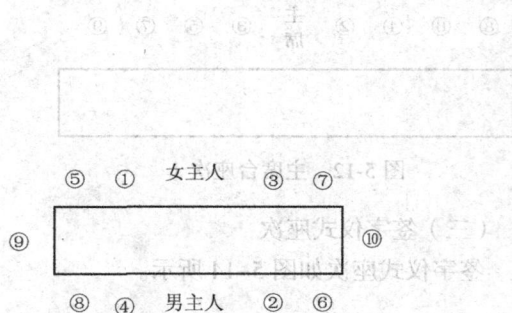

图 5-7　横向排法

3．圆桌座次排法

我国通常不分男女，按各人职务身份高低排列，如图 5-8 所示；如果有夫人出席，通常是将女方安排在一起，如图 5-9 所示；若是家宴，一般是男女主宾坐首位，男女主人并居末位，其他宾客男女成对自上而下，自右而左，如图 5-10 所示；西方习惯则是梅花间行般男女穿插而坐，男女主人分坐首末两座位，男主宾坐女主人右手方，女主宾坐男主人右手方，如图 5-11 所示。

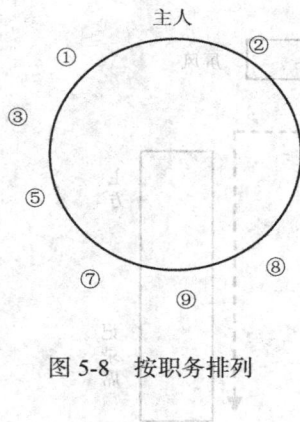

图 5-8　按职务排列

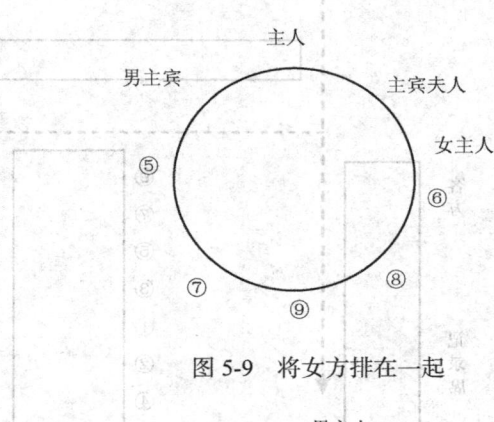

图 5-9　将女方排在一起

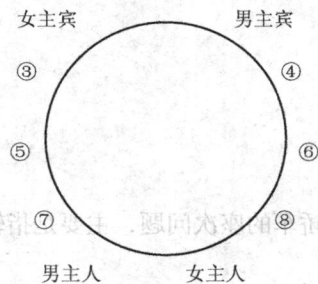

图 5-10　家宴的排法

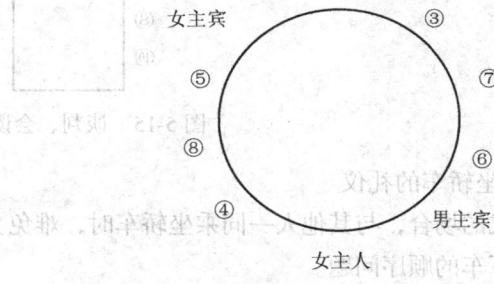

图 5-11　男女穿插而坐

（二）主席台座次

主席台座次如图5-12和图5-13所示。

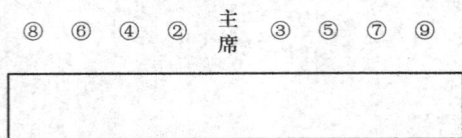

⑧ ⑥ ④ ② 主席 ③ ⑤ ⑦ ⑨　　　　　　　⑨ ⑦ ⑤ ③ 主宾 主人 ④ ⑥ ⑧ ⑩

图 5-12　主席台座次 1　　　　　　　图 5-13　主席台座次 2

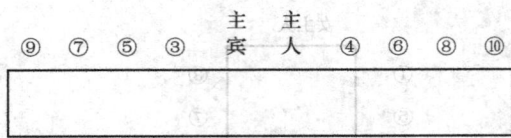

（三）签字仪式座次

签字仪式座次如图5-14所示。

客方　　　　　　　　主方

图 5-14　签字仪式座次

（四）谈判、会谈座次

谈判、会谈座次如图5-15所示。

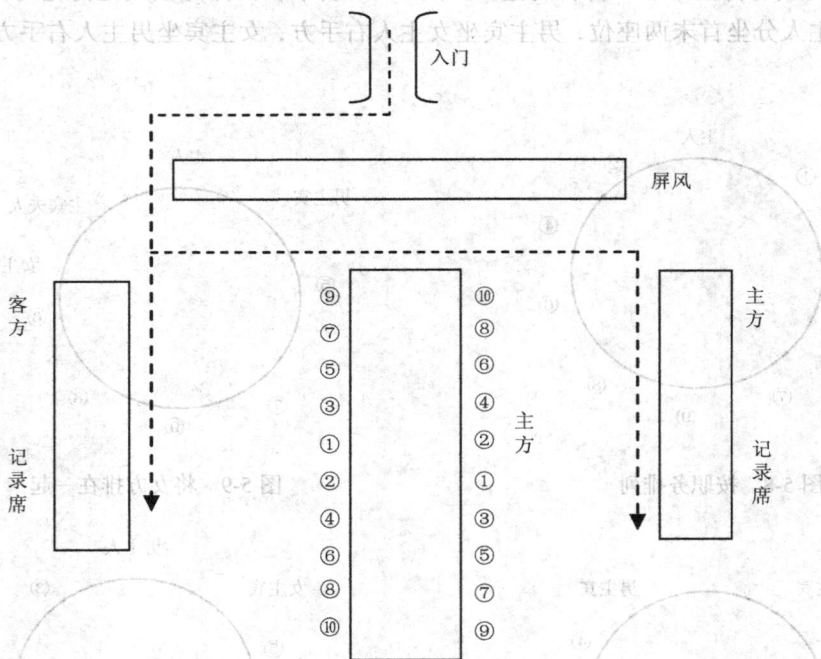

入门

屏风

客方　　　　　　　⑨ ⑩　　　　　　　主方
　　　　　　　　　⑦ ⑧
　　　　　　　　　⑤ ⑥
记录席　　　　　　③ ④　主方　　　　　记录席
　　　　　　　　　① ②
　　　　　　　　　② ①
　　　　　　　　　④ ③
　　　　　　　　　⑥ ⑤
　　　　　　　　　⑧ ⑦
　　　　　　　　　⑩ ⑨

图 5-15　谈判、会谈座次

（五）坐轿车的礼仪

在正式的场合，与其他人一同乘坐轿车时，难免会碰上轿车的座次问题，主要是指轿车上的位次与上下车的顺序问题。

排定轿车上的具体位次。其一，轿车上的位次。一般讲究不同数量座位的轿车，在排座时坐法各异。而在同一种轿车上，驾车者的实际身份也对排座构成明显影响。

一是双排五座轿车。当主人驾驶此种轿车时，其排座自高而低依次应为：副驾驶座、后排右座、后排左座、后排中座。当专职司机驾驶此种轿车时，其排座自高而低依次应为：后排右座、后排左座、后排中座、副驾驶座。

二是三排七座轿车。当主人驾驶此种轿车时，其排座自高而低依次应为：副驾驶座、中排右座、中排左座、后排右座、后排左座、后排中座。当专职司机驾驶此种轿车时，其排座自高而低则依次应为：中排右座、中排左座、后排右座、后排左座、后排中座、副驾驶座。

三是多排座轿车。多排座轿车，在此是指四排座或者四排以上座位的轿车。不论由何人驾车，多排座轿车的排座皆须由前而后、自右向左，依照距离前门的远近排列。

应予强调的是，在日常工作中，尤其是在正式场合，出行人员大都乘坐双排五座由专职司机驾驶的轿车。

在此情况下，若需要排定座次，通常若同为自己人时，讲究以职务高低为序，或照顾妇女、长辈。若有客人时，则应将上座让给客人。

在正式场合，双排五座轿车的副驾驶座一般称为"随员座"。其就座之人多为秘书、翻译、助理、陪同或卫士等身份者。让客人或领导就座于此是失礼的。

在正式场合与他人同时乘坐一辆轿车时，上下轿车的先后顺序，具体上有一定的讲究。有关这一方面的基本要求主要有以下两点。

一是尊长应当先上后下。上下轿车时，倘若具体条件允许，一般均应请与自己乘坐同一辆轿车的尊长首先上车，最后下车。请对方首先上车，是为了请其优先选择自己所钟意的座位。请其最后下车，则主要是为了在下车之际，有可能得到已先下车者的适当的照料。

有时，尊长首先下车，亦是许可的。

当尊长首先上车后，自己在随后登上同一辆轿车时，宜从车后绕行至另外一侧的车门上车。下车时，亦须如此。不要在上下车时，有意无意妨碍对方。

二是应兼顾当时的条件。在与尊长同乘一辆轿车时，遵守符合礼仪的先后顺序自然理所应当。不过在具体执行这一规则时，切勿不顾当时的实际条件。在任何时候，讲究上下轿车时先后顺序，都不宜忽略上下车时的方便与否的问题。

例如，轿车停在马路旁，左侧车门循例不准开启，坐在后排左座的人若要先于坐在后排右座的人首先下车，不仅无形之中增添了麻烦，给对方帮了倒忙，而且还有做作之嫌。

思考与讨论

1. 当安排座位时有两个身份相同的人该怎样安排他们的座次？
2. 如果嘉宾已经坐到下座，你该怎么办？
3. 在商务活动中到底是以右为上还是以左为上？

实 训 题

大业集团向某高校捐赠 50 万元人民币作为奖励基金。在捐赠仪式上，主席台上就座的有：主管教育的副省长、省政协副主席（女）、省教育厅厅长、省商务厅厅长、大业集团总经理、大业集团常务副总经理、该高校的校党委书记、校长。仪式结束后，设宴招待领导和客人。请同学们安排主席台座次和宴会座次。

案例分析

在一个秋高气爽的日子里，迎宾人员小贺，着一身剪裁得体的新制服，第一次独立地走上了迎宾员的岗位。一辆白色高级轿车向饭店驶来，小贺业务熟练且开车姿势标准，目视客人，礼貌亲切地问候，动作麻利而规范、一气呵成。准确地将车停靠在饭店豪华大转门的雨棚下。

小贺看到后排坐着两位男士、前排副驾驶座上坐着一位身材较高的外国女宾。小贺一步上前，以优雅姿态和职业性动作，先为后排客人打开车门，做好护顶关好车门后，小贺迅速走向前门，准备以同样的礼仪迎接那位女宾下车，但那位女宾满脸不悦，使小贺茫然不知所措。通常后排座为上座，一般凡有身份者皆在此就座。优先为重要客人提供服务是饭店服务程序的常规。

问题：

1. 这位女宾为什么不悦？

2. 小贺错在哪里？

扫一扫

扫一扫查看
更多案例

扫一扫

扫一扫进行
更多练习

项目六
校园礼仪

学习目标

通过本章节的学习，要求学生掌握在校园中与教师之间、同学之间，以及在宿舍里、校园集会和公共场合必须要遵守的基本行为守则，这对培养大学生的基本文明素养非常重要。

技能目标

教师之间、同学之间，在宿舍里、校园集会和公共场合的礼仪文明要求和规范。

任务一 | 师生之间的交往礼仪

任务引入

唐太宗李世民是唐朝开国皇帝，是我国历史上少有的明君，他懂得国家要兴旺发达，长治久安，子女的教育非常重要。他给几个儿子选择的老师都是德高望重、学问渊博的人，而且一再告诫子女要尊重老师。当时，在后宫除了皇帝和他的后妃、子女可以坐轿之外，其他任何人不要说坐轿，就连出入皇宫也是诚惶诚恐。但太子的老师李纲因患脚疾，不能走路。李世民知道这件事后，特许李纲坐轿进宫教学，并叫子女亲自迎接老师。有一次，李世民听说他的四子魏王对老师不尊敬，十分生气，他当着魏王老师王圭的面批评儿子："以后你见到老师王圭，如同见到我一样，应该尊重老师，不能有半点松懈。"从此，魏王见到老师王圭，总是好好恭迎，听课也十分认真。

由于唐太宗家教很严，他的几个儿子对老师都非常尊重，从不失礼，唐太宗教子尊师也被后人传为佳话。

任务分析

与老师的交往是大学生人际交往的重要内容。老师是大学生感悟人生、获得知识、学有所成的引路人。古语云："师同父母"，"滴水之恩必当涌泉相报"。为此，作为深受老师教诲的大学生，在与老师交往的过程中应热爱与尊重老师，尊重老师的劳动，虚心接受老师的批评教育，严格遵循有关的礼仪规范。

知识链接

一、师生的仪表礼仪

1. 老师的仪表要求

老师是学校教学工作的主体，不仅是科学文化知识的传播者，也是学生思想道德的教育者。老师在传播知识的同时，要以自己的言行举止、礼仪礼貌对学生进行潜移默化的影响，从而对学生的言谈举止发挥作用。

对老师仪容的基本要求是整洁。老师要有良好的卫生习惯，面要净、发要理、牙要洁。一般来说，男老师不宜留胡须，满脸不加修饰的络腮胡子容易给人懒散邋遢的感觉。对女老师来说，不宜浓妆艳抹，应以淡雅妆容为宜。在发型上要注意端庄大方，最好体现为人师表的庄重特点。老师着装应以文雅、朴素为主，既不呆板，又不矫揉造作。不穿奇装异服和过分紧小、暴露的衣服。不佩戴与老师身份不符的饰物。

2. 学生的仪表要求

学生仪表应该符合学生的身份，使自己的外在形象整洁、大方。男学生不蓄长发长须，不染彩色发质，不戴耳环；女生不化浓妆，不留怪异发型并尽量束发，刘海不过眉，不宜染发、烫发，不留长指甲，不绘彩指甲。

学生不得穿拖鞋、吊带背心、短裤进入校园。

二、课堂礼仪

1．课前

为老师做好课前准备，如擦干净黑板、讲台、教学仪器等。

2．上课

上课的铃声一响，学生应端坐在教室里恭候老师来上课。老师宣布上课，班长喊"起立"，同学起立站好对老师行注目礼。上课迟到的同学应先在教室门外喊"报告"，待老师允许后再进入教室，未经允许不得擅自进入。

同学起立向老师问候时姿态要端正，具体要求如下。

① 头正，双目平视，嘴角微张，下颌微收，面容平和自然。

② 双肩放松，稍向下沉，人体有向上的感觉。

③ 躯干挺直，做到挺胸、收腹、立腰。

④ 双肩自然下垂于身体两侧，手指贴拢裤缝。

⑤ 双腿直立、并拢，脚跟相靠，脚尖分开成60°。

⑥ 班长喊"起立"的声音要洪亮有力，同学们向老师问候时要大声清楚，充满对老师尊重的真感情。

3．听讲

为了上好每堂课，老师要花费很多的心思。因此，学生应以饱满的精神，集中精力，积极思考，听好每一堂课。老师提问，学生应该站起来回答，答不上来的问题应该说："对不起，我还没考虑好。"有疑问要提问时，应先举手，经老师允许后发言，不应边举手边说问题。

对老师讲述的内容有异议时，最好下课后单独找老师交换意见，共同探讨。若非提不可也要注意场合和方式，态度要诚恳，谦虚恭维，不可扰乱课堂秩序，影响授课计划。

虚心接受老师的批评教育，认真地改正自己的缺点错误。若老师的批评与事实有出入，要在老师批评过后平心静气地加以解释，或在事后寻找适当的场合、时机进行说明。若与老师发生矛盾，不要顶撞老师，更不要在课下散布对老师不满的情绪，发泄无理言辞。对老师的相貌和衣着不要指指点点，品头论足，要尊重老师的人格和习惯。

4．下课

听到下课铃响时，若老师还未宣布下课，学生应当安心听讲，不要忙着收拾书本或把桌子弄得乒乓作响。下课时，全体同学应起立，与老师互道："再见"。待老师离开教室后，学生方可离开。

三、在校园内外应注意的礼仪

1．进入老师办公室需注意的礼仪

学生进入老师的办公室时，应先敲门，经老师允许后方可进入。在老师的工作、生活场所，不能随便翻动老师的物品。

老师请学生坐下，学生方能坐下，并致谢。如果老师站着，学生则应跟老师一起站着说话，不可自顾自地坐下。

和老师说话时，无论坐着还是站着，都应姿势端正，目光凝视老师，不可东张西望，抓耳挠腮，坐着时不可翘起二郎腿或是不停地抖动双腿。

学会礼貌用语，即会用合乎某种礼节、礼貌规范的用语。例如，敬语："请！""谢谢！"欢迎语："您好！""欢迎您再来！"祝贺语："祝您身体健康！""祝您生日快乐！"问候语："早上好！""晚安！"应答语："请您吩咐！""不用谢！""没关系！"谦语："很抱歉！""真对不起！""打扰了。"

在老师办公室不宜停留时间过长。

离开时要礼貌告辞，随手关门。

2. 在校园内遇到老师需注意的礼仪

学生在校园见到老师，学生应该首先主动向老师问候，道："老师好。"老师随之面带微笑回答："你好。"

学生在校园内进出或上下楼梯与老师相遇时，应主动向老师行礼问好。侧身停留片刻，请老师先行。

青年老师和学生年纪相差不大，容易与学生相处。但是作为学生，也应该尊重青年老师，虽然关系很好，也不能直呼老师的名字，这是不礼貌的。

毕业后，遇到老师，仍应该热情主动地向老师问好，并向老师汇报自己的情况，不应该假装不认识。

思考与讨论

1. 师生的仪表礼仪都有哪些？
2. 课堂礼仪应该如何遵守？
3. 校园内外应遵守的师生礼仪有哪些？

实 训 题

请同学们讨论师生之间应注意的问题以及平时自己是如何做的。

案 例 分 析

2008年，5月12日午后，四川省汶川县发生了8.0级地震，当汶川县映秀镇的群众徒手搬开垮塌的镇小学教学楼的一角时，被眼前的一幕惊呆了：一名男子跪仆在废墟上，双臂紧紧搂着两个孩子，像一只展翅欲飞的雄鹰。两个孩子还活着，而"雄鹰"已经气绝！由于紧抱孩子的手臂已经僵硬，救援人员只得含泪将之锯掉才把孩子救出。

这名男子是该校29岁的老师张米亚。"摘下我的翅膀，送给你飞翔。"喜爱唱歌的张米亚老师用生命诠释了这句歌词，用血肉之躯为他的学生牢牢把守住了生命之门。大震中，张老师的妻子、同是该校老师的邓霞和他们不满3岁的儿子也被垮塌的房屋深埋。

问题：

请谈一谈你听完这个故事的感受。

任务二 | 同学之间的交往礼仪

任务引入

　　小张是一个内向的姑娘，中学的时候就知道埋头苦读，很少参加集体活动，也没什么朋友，但是因为成绩好，时不时也会有人来请教她一些问题。到了外地上大学以后，小张还是沉浸在自己的世界里，从不积极参加班里的活动，从不主动去跟同学联络感情，对其他人一点儿不关心，每天就是专注自己的学习。渐渐地，小张觉得自己陷入了孤立无援的境地，她总是觉得她的同学们尤其是她同宿舍的同学们故意孤立、挤兑她。下了课没有人叫她一起回宿舍，周末大家出去玩也没有人叫她。后来小张甚至到了疑神疑鬼的地步，她总觉得其他同学在背后说她的坏话，她穿了漂亮的衣服，也遭到大家的非议。因为宿舍的其他同学发出的声响太大，她晚上也睡不好觉。小张多次跟父母哭诉，父母联系到了老师，老师经过调查，发现事实并非如此，同学们觉得小张内向一些沉默一些，但是大家都没有刻意去孤立她，经常邀请她参加各种活动。后来在老师的建议下，父母带小张去找了心理医生做了疏导。

扫一扫

扫一扫学习更
多交往礼仪案例

任务分析

　　由于大学同学来自"五湖四海"，学生的"异质化"程度很高，地区的差异使他们在思想观念、价值标准、生活方式、生活习惯等方面存在着明显的差异，因此，在遇到实际问题时彼此之间往往容易发生冲突。那么在大学里学会与不同背景的同学相处，学会处理同学间的矛盾和冲突，无疑会有利于今后走入社会。如何在大学生时代处理好同学之间的关系，为日后的人生酿造一杯回味无穷的甘醇美酒呢？其中，最为关键的一点是，大家应该相互关心、相互帮助，以礼相待，让相互的关系简单又纯洁，这样的友谊才会长久。

知识链接

　　同学之间的深厚友谊是生活中团结友爱的力量。要学会跟同学之间相处，首先要学会尊重各人的生活习惯和价值体系。你与别人生活在一起，你就应该连同他们的生活方式一起接受。如果感觉别人的生活方式有碍于你，可以与其进行沟通，委婉地提出，并适当地进行自我调整。需要注意的一点是，给别人提意见一定不能当着众人的面，以免使对方难堪、丢面子。要想处理好同学之间的关系，还要做到对人宽，对己严，切忌以我为中心。在平时的生活中，做到三主动：即主动与同学打招呼，主动和同学讲话，主动帮助同学。在帮助别人的时候，不要过于计较别人是否会报答你。此外，要主动去做一些公共的工作，以增加同学们对你的好感，进而增进同学间的关系。

注意同学之间的礼仪礼貌，是你获得良好同学关系的基本要求。同学间可以彼此直呼其名，但不能用"喂""哎"等不礼貌用语称呼同学。在有求于同学时，须用"请""谢谢""麻烦你"等礼貌用语。

借用学习和生活用品时，应先征得同意后再拿，用后应及时归还，并要致谢。对于同学遭遇的不幸，偶尔的失败或学习上暂时的落后等，不应嘲笑、冷笑、歧视，而应该给予热情的帮助。对同学的相貌、体态、衣着不能评头论足，也不能给同学起带侮辱性的绰号，更不能嘲笑同学的生理缺陷。同学忌讳的话题不要去谈，不要随便议论同学的不是，在这些事关自尊的问题上一定要细心加尊重。

与异性之间的相处，应该以礼相待，做到彼此平等，互相尊重，互相帮助，像兄弟姐妹一样相互照顾。在公共场合，男女之间的接触要注意礼仪修养。不能讲粗话、脏话和庸俗的传闻，交往内容要健康。不宜凝视对方时间过久，不能打打闹闹，交往中身体的接触要有分寸。对异性同学的容貌、衣着、身材不评头论足。对异性同学的弱点、缺点和身体残疾不可进行嘲讽，应热心帮助。在体力劳动方面，男生要主动帮助、关心和照顾女同学。

在学习上，同学之间要互相帮助。学习好的同学在保持谦虚、戒骄戒躁的同时要主动真诚地帮助学习落后的同学；学习落后的同学应虚心求教，独立思考，不能抄作业或偷看答案。同学之间天天相处，难免会有一些磕磕碰碰的事或意见上的分歧。这时，要克制自己、尊重别人，要破除身上的"骄""娇"二气，心平气和地讲道理，不能使气任性，也不能用不文明的语言辱骂同学，更不能粗暴地动手打架。对同学如果有意见，应以委婉的语气交流，不要随便在大庭广众之下议论同学的不是。

扫一扫

扫一扫了解
更多处理同学关
系要点

思考与讨论

1. 同学之间应该如何相处？
2. 同学之间的异性交往应该注意什么？

实 训 题

同学们分组讨论，谈一谈与同学之间交往的小故事。

案 例 分 析

做个有意思的小测试，想想你对待友谊的态度是怎么样的？
你想知道自己是友谊圈中的哪种动物吗？花上几分钟，做做下面的测试。

1. 你约朋友一般在：
   A. 随时想见谁就约谁　　　　　　　　B. 突然有了好的创意想与人分享时
   C. 有空闲的时候　　　　　　　　　　D. 能联络到他们共度周末的时候
2. 你最喜欢和朋友们：
   A. 去餐馆聚会　　　　　　　　　　　B. 尝试新鲜刺激的事
   C. 喝咖啡和饮料　　　　　　　　　　D. 去共同向往的地方畅游

3. 假如你开始谈恋爱，会在何时向好友坦白：

    A. 立刻——你渴望听到祝福的话

    B. 一个月之内——你希望对方提供爱情秘诀

    C. 暂时不会提及——你知道自己该如何面对

    D. 很快——你希望借助对方的眼力

4. 朋友给你发短信一般是：

    A. 生活中遇到小小烦心事时   B. 遇到没主意时

    C. 说不准，哪天想发就发了   D. 需要回复你的请教时

5. 生日那天，你最希望朋友们：

    A. 亲临生日聚会   B. 发贺电或送你奇异的礼物

    C. 你不是很在意生日，因为他们都很忙   D. 说一些温馨的话

6. 你是否经常收到朋友的 E-mail：

    A. 几乎每天都能收到   B. 经常收到

    C. 不确定   D. 不是经常收到

7. 在公园玩滑板时你突然被异性吸引，脚下滑板失去控制趴在地上，你这时最希望朋友们的
第一动作是：

    A. 立刻过来，大笑扶起你，并安慰你   B. 立刻告诉你正确的滑法

    C. 在原地鼓励你，直到你自己站立起来   D. 过来手把手教你

8. 和朋友走在街上，你经常：

    A. 沉浸在各种欢乐中

    B. 欣赏橱窗中的小玩意，指给他们看

    C. 想起你的个人计划，可能提前跟他们告别

    D. 理智地看着他们玩，然后发表个人意见

9. 看 DVD 时，朋友在一起吃爆米花饮料，你会坐在：

    A. 中间偏后，你要为朋友添饮料   B. 中间位置，大家都想听你的评论

    C. 边缘位置，你想听大家说   D. 不太清楚，没有注意这个问题

10. 朋友打来电话，你们交谈的内容一般是：

    A. 日常生活类

    B. 新闻类

    C. 关注类，如询问对方个人近况生活变化等

    D. 一问一答，经常对方请你帮忙解决问题

11. 生气或受伤害时，你希望朋友们：

    A. 寸步不离你，给你体贴和安抚   B. 帮你忘却烦恼

    C. 不打扰你，直至你自己走出烦恼   D. 提供很多建议

12. 朋友们一直评价你：

    A. 善于倾听   B. 充满活力

    C. 强者   D. 可靠

参 考 分 析

选 A 居多——善解人意的"猫"。

你很重感情，珍视友谊，将朋友放在重心的位置上，大家愿意跟你交朋友，由于你没有心机，不注意分辨友谊的真假，很容易被他人利用。

选 B 居多——热情活跃的"猴"。

你性情活泼，富有灵感，像一只讨人喜欢的"猴子"，大家愿意跟你交朋友，朋友太多，对你也是一种压力。

选 C 居多——特立独行的"狼"。

你坚持个性，也珍视友谊，是一个能思考，做事有主见的人。不过正是由于你的这种性格，朋友会觉得你有些冷漠。

选 D 居多——值得信赖的"狗"。

你智慧很高，又慷慨坦诚，就像一只忠诚的"狗"，一些富有哲理和建设性的忠告，会从你的嘴里传送给朋友。

任务三 ｜ 宿舍礼仪

任务引入

有位北京来的女同学，性格外向，家庭环境较好，能拉善唱，还是校排球队队员，可是和她分在一个宿舍同住的同学偏偏是几位来自边远地区比较内向的同学，她们的生活方式、穿衣风格都不同，因此产生了许多不大不小的摩擦。几个同学一起找到辅导员老师，强烈要求把北京的那位女同学调到别的宿舍，经辅导员老师的多次调解，才算把问题解决了。后来，四个人还成了好朋友。

任务分析

同一宿舍的同学分别来自不同的地域、不同的家庭，他们在许多方面都存在着明显的差异。首先是思想观念、价值标准的不同。有的人看重能力，有的人看重品行，有的人信奉人之初性本善，有的人相信在人的潜意识里总有恶的动机，有的人追求学业上的成就，有的人追求人际关系的和谐。这样，在遇到实际问题时因观点不同常常会发生冲突，大家要学会与同宿舍的同学相处，营造良好宿舍氛围。

知识链接

宿舍人际关系是大学生人际关系中一个最基本的环节。大家同窗共读、共宿，"低头不见抬头见"。由于距离过分接近，彼此优缺点暴露无遗，所以同室间相处，往往是在初进大学时非常友好。而随着时间的延续，"同室操戈"的情形时有发生，因此，不少同学说最难相处的是同宿舍的同学。

当出现了与宿舍同学关系不好时，应从认知方式、情绪反应、交往技能和技巧等方面进行分析，这样有助于改善和同宿舍同学的关系，从而营造良好的宿舍氛围。如何做才能营造良好的宿舍氛围呢？

（1）宿舍内的卫生。保持宿舍内外整洁，经常打扫寝室，包括地面、桌椅、橱柜和门窗等。被褥要折叠得整齐美观，并统一放在一定位置上，蚊帐钩挂好，床单不许露出床边，床上不许放置其他物品，床上用品要保持干净、整洁。衣服、水杯、饭盒、热水瓶等，要统一整齐地放在规定的地方。换下的脏衣服、脏鞋袜等必须及时洗干净，以免时间长了影响宿舍里的空气质量。自己重要的书、衣服、用品等，不要乱丢乱放，要放在自己的橱柜内。

（2）在宿舍里串门、接待亲友或外人来访，应在有同学相邀或在得到该室其他同学允许时，才可以。进门后，应主动向其他同学打招呼，并且只能坐在邀请你的同学的铺位上，不能随处乱坐。不能乱用别人的物品，不能翻动别人的东西。讲话声要轻，时间要短，不能坐得太久，以免影响其他同学的正常作息。到异性同学的宿舍去，除了注意上述要求外，还要注意进门前要打招呼，在得到该室同学允许后方可进去。要选择好时间，不要选择在多数同学要处理生活问题的时候，更不要熄灯后过去。而且谈吐要文雅，逗留时间要更短暂。接待亲友或外人来访时，在进入前自己应先向室内的同学打招呼。进室后，自己应主动为同学作介绍，如果是异性亲友或外人来访，自己更要先打招呼，说明情况，要在同室人有所准备之后再进入。同室同学也要礼貌待人，这样既尊重了访客，也尊重了同学。不要随便留人住宿，更不要留不明底细的人住宿，以免出现问题。

（3）既要相互关心，又要不干预别人的私事。关心也应有个限度，如果过分热心于别人的私事，也可能会导致侵犯他人的个人权利。假如有意或无意地干预别人的私事，也可能会造成难堪的后果。正确的做法是：不可以私翻私看别人的日记。有的学生没养成随时收捡东西的习惯，连日记本也随便丢在枕边或课桌上，甚至翻开放在那里。即使碰到这种情况，别的同学也不应以任何借口去私自翻阅。集体宿舍人多，信件也多，不可以私拆、私藏别人的信件。不可以打探同学的隐私。有的学生对自己的某种情况或家中的某件事，不愿告诉别人，也不愿细谈。这是属于个人隐私，他有权保密，并应受到尊重。在集体生活中，每位同学都要尊重别人的隐私权、人格尊严，凡是别人不愿谈的事，不要去打听。同学当有亲友来访，谈一些私事时，其他同学要适当回避。决不要在一旁偷听，更不要插嘴、询问。有同学离校去处理个人私事，也没必要去打听、追根寻源，只要知道同学向班主任或学校请了假就行。

大学对人改变最大、影响最深的，就是和你朝夕相处的室友了。寝室人际关系难相处，说来说去还是一个"人"的因素。如何保持一种融洽的寝室氛围，解决彼此之间的矛盾，营造一个文明、健康、温馨的生活环境，是每个处于其中的人都想处理好的一个问题。而事实上，它也不仅仅是寝室文明的问题，没有一个好的生活环境，还会影响同学学习和工作的心情，造成更大的心理压力，甚至会形成不健康的心理。寝室关系并不难相处，关键还在于每个人要拥有一个开放的胸怀，有容人之量，互助友爱，和睦相处，己所不欲，勿施于人。

思考与讨论

1. 标准的宿舍要求有哪些？
2. 在宿舍相互之间拜访应注意哪些问题？
3. 如何尊重同宿舍同学之间的隐私？

大家可以讨论一下你们宿舍都有哪些故事。

陈某是学校大三的学生，他从上学期开始就利用放学后的时间去勤工俭学，常常很晚才回来，小陈回来后又是换衣服又是洗漱，或是接打电话，弄得桌椅乱响，把已经进入梦乡的同学惊醒。为此，同学们都很不满，几次跟小陈提出意见，小陈不但不改正，还认为是同学们没事找事，最后大家都向辅导员提意见，不愿意同小陈住在一个宿舍。

问题：

请大家一起分析一下小陈的做法。

任务四 | 校园集会的礼仪

任务引入

两人学校坚持唱国歌升国旗

9月10日，是第29个教师节。在甘肃榆中博达希望小学，杜老师和自己唯一的学生两人升起国旗。今年8岁的刘海龙站在旗杆下，敬少先队队礼并唱国歌，杜老师一边唱国歌一边升国旗。

这个学校位于兰州市榆中县，该校有三排平房，总共10多间教室和一个操场，教室的门大多被锁起。自从2011年博达希望小学撤为教学点，这所学校就只有两个人，一名学生，一位老师，这是一所只有两个人的小学。有38年教龄的杜老师称，只要学校在，我们就每天唱国歌升国旗。

任务分析

同学们，我们会做得更好！不管参加多少次升旗仪式，我们都必须认真严肃，一丝不苟——这是维护祖国的尊严！

知识链接

学校经常举行集体活动，集会是其中一种。一般在操场或礼堂举行，由于参加者人数众多，又是正规场合，因此要格外注意集会中的礼仪。

一、升国旗仪式礼仪

国旗是一个国家的象征，升国旗是对青少年爱国主义教育的一种方式。无论中小学还是大学，都要定期举行升国旗的仪式。升旗时，全体学生应列队整齐排列，面向国旗，肃立致敬。当升国旗、奏国歌时，要立正、脱帽，行注目礼，直至升旗完毕。升旗是一种严肃、庄重的活动，一定要保持安静，切忌自由活动，嘻嘻哈哈或东张西望。神态要庄严，当五星红旗冉冉升起时，所有在场的人都应抬头注视。

二、大型会议礼仪

1．会议发言人的礼仪

会议发言有正式发言和自由发言两种，前者一般是领导报告，后者一般是讨论发言。正式发言者，应衣冠整齐，走上主席台应步态自然，刚劲有力，体现一种成竹在胸、自信自强的风度与气质。发言时应口齿清晰，讲究逻辑，简明扼要。如果是书面发言，要时常抬头扫视一下会场，不能低头读稿，旁若无人。发言完毕，应对听众的倾听表示谢意。自由发言则较随意，但要注意，发言应讲究顺序和秩序，不能争抢发言；发言应简短，观点应明确；与他人有分歧时，应以理服人，态度平和，听从主持人的指挥，不能只顾自己。如果有会议参加者对发言人提问，发言人应礼貌作答，对不能回答的问题，应机智而礼貌地说明理由，对提问人的批评和意见应认真听取，即使提问者的批评是错误的，也不应失态。

2．会议参加者礼仪

参加会议、听报告要按规定的时间提前到达，会议参加者应衣着整洁，仪表大方，准时入场，进出有序，依照会议安排落座，保持安静，会议中途不早退，不随意进出，当报告人（或宾客）到来时应报以热烈的掌声。开会时应认真听讲，不要私下小声说话或交头接耳，发言人发言结束时，应鼓掌致意，中途退场应轻手轻脚，不要影响他人。会议结束后应让嘉宾（领导）先退场，并起立致以掌声欢送，然后有序退场。

在报告过程中，应关闭通信工具，端坐静听，并做好会议记录，不交头接耳，不窃窃私语，不打瞌睡。不在会场吃食品，不乱丢废弃物。

3．主持人的礼仪

各种会议的主持人，一般由具有一定职位的人来担任，其礼仪表现对会议能否圆满成功有着重要的影响。

主持人应衣着整洁，大方庄重，精神饱满，切忌不修边幅，邋里邋遢。

入席后，如果是站立主持，应双腿并拢，腰背挺直。持稿时，右手持稿的底中部，左手五指并拢自然下垂。双手持稿时，应与胸齐高。采用坐姿进行主持时，应身体挺直，双臂前伸。两手轻按于桌沿，主持过程中，切忌出现搔头、揉眼等不雅动作。

主持人言谈应口齿清楚，思维敏捷，简明扼要。

主持人对会场上的熟人不能打招呼，更不能寒暄闲谈，会议开始前，可点头、微笑致意。

三、运动礼仪

（1）积极参加各项体育活动，爱护运动设施。

（2）运动中相互发生碰撞应相互谅解。

（3）观看比赛应尊重运动员、裁判员、工作人员，做到热情鼓励，不喝倒彩，不准乱丢、乱扔物品，保持卫生。

（4）比赛中遵守比赛规则，尊重对手，服从裁判。

思考与练习

1．升国旗时应注意的礼仪有哪些？

2．参加大型会议需要注意的问题有哪些？

3．参加运动会的礼仪有哪些？

请大家讨论在出席大型会议时需要注意的问题。

一次学校的大会上，主持人在讲台上讲话时，台下的听众们却表现出了不同的样子，有的在低头玩弄手机，不时还传出短信的铃声；有的在交头接耳，窃窃私语；有的则闭目睡觉；还有的不时地离场，进进出出。为此，主持人不得不停下来好几次维持秩序。

问题：

请你谈一谈如果你是主持人，你的感受会是怎么样的。参加大会应该注意什么问题？

任务五 | 校内公共场所的礼仪

任务引入

社交公共场合礼仪规则如下：

- 遇有叉路口或者进门时，要让长者和女士先行；
- 窄路相遇要给长者和女士侧身让路；
- 窄路行走，要超过别人时，事先要道"劳驾"，不可硬挤；
- 进电梯要先进入按住开门钮，再让长者和女士登梯，出电梯时，要先让长者和女士出梯，先入电梯者按住开门钮；
- 登上升滚梯要让长者和女士先行，下降滚梯则相反；
- 进出大门要帮后面的人拉住门扇或轻送门归位，不可随手一摔；
- 不要紧贴别人面前横过或者抢行，不要从交谈者中间穿过；
- 长者、女士和客人未落座之前，自己不可先入座；
- 和别人交谈时眼睛一定要注视对方，不可东张西望，因为这样极不礼貌；
- 受到别人帮助或收到礼物，下次见面一定要主动提及此事表示感谢，让人觉得你是懂得感恩之人；
- 不要言而无信，要言出必行；
- 初相识不要乱开玩笑，不要追问别人的隐私，不要随便给人起外号；
- 高兴时勿得意忘形，恼怒时不要口出恶言；
- 多人会面，勿厚此薄彼；
- 不要对别人说三道四；
- 交友勿曲高和寡，说话莫过重。

任务分析

其实，每个人内心都有向善、向美的天性，只是日复一日，因自我约束的态度、力度不同，才有了区别。这一渐变，既与思想认识有关，更是一个行为习惯的养成过程。在公共场合的表现将直接影响旁人对自己素质教养的印象，作为一名大学生更应该注意在公共场合的表现，这不仅表现了自我的素质，更表现了对别人的尊重。

知识链接

一、校园内

应该自觉保持校园整洁，不在教室、楼道、操场乱扔纸屑、果皮，不随地吐痰，不乱倒垃圾。不在黑板、墙壁和课桌椅上乱涂、乱画、乱抹、乱刻，爱护学校公共财物、花草树木，节约用水用电。

自觉将自行车存放在指定的车棚或地点，不乱停乱放，不在校内堵车。在食堂用餐时要排队礼让，不要拥挤，要爱惜粮食，不乱倒剩菜剩饭。

二、图书馆内

（1）无论书中的资料对你多么重要，都不得擅自撕下，更不能不经允许就私下把图书馆的图书带出馆外，因为这不仅是礼仪问题，还是道德品质问题。

（2）要爱惜图书，不在书上乱涂乱画。

（3）借阅图书要及时归还。

（4）查阅图书，要轻拿、轻翻、轻放。阅读完的刊物要放回原处。

（5）进入图书馆要保持安静，不可高声谈笑，不可大声吵闹喧哗。

（6）在图书馆与人打交道时，要注意对别人的称呼，说话应热情但不大声叫嚷，有礼而不粗鲁。

（7）保持室内卫生，不乱扔纸屑，不随地吐痰。

（8）警惕书刊上的病菌，不要把食品放在书上，更不要用手蘸唾沫去翻书。如自己生病，请暂时不要借阅书刊。

（9）进入图书馆要注意美化自身、美化环境，衣着整齐干净，不穿拖鞋、背心。

三、自习室内

自习课是指教师在不加讲述的情况下，学生依靠自己的能力去获取新的知识，寻求解决问题的方法的一种学习方式。自习课要保持良好的环境，才能提高学习效率。学校对自习课的礼仪要求如下。

（1）按时进入教室，动作要轻，与同学对视时可点头示意，切忌用语言问候交流。

（2）自习课是课堂教学的延续，任何与学习内容不相干的事情都不要在自习课中进行。

（3）说话、下座、打闹、搞小动作都是与学习环境格格不入的失礼行为。

（4）自习课内尽量不要走动，如有特殊情况要走出教室，需要坐在外边的同学起立让座时，应向其表示歉意并致谢。

（5）有问题需要问别人时，交谈一定要压低声音，不要影响别人。

（6）下自习课时，不要大声喧哗，出教室门时，更不要拥挤。

四、食堂内

在食堂内也要注意自己的言行，遵守以下礼仪。

（1）节约粮食，文明就餐，不互相喂食。

（2）维护食堂秩序，排队买饭（菜）互相谦让。

（3）维护食堂卫生，不随地吐痰，不乱扔杂物。

（4）尊重食堂工作人员的劳动，不与工作人员争吵。

（5）拾到他人的就餐饭卡，应及时归还到存款处，不得随意挥霍他人的钱财。

思考与讨论

1. 在校园应注意哪些礼仪？

2. 在图书馆、阅览室、自习室应注意哪些礼仪？

3. 在食堂就餐需要注意哪些礼仪？

实 训 题

请同学们说一说发生在校园里的不文明、不符合礼仪的行为。面对这些不文明行为我们应该怎么做？

案 例 分 析

记者走进学校图书馆，可以发现，许多人正在自习。而在无人自习的桌子上同样摆满了各种各样的书籍，有的座位上放着一本孤零零的教材，上面沾着些灰尘；而有的座位上，一副书立把一大堆书叠在了一起。门口的电子屏幕上几个"避免占座占柜"的红色字体显得十分醒目。

走进图书馆自习的人越来越多，但始终没有人走向那些已经被占的座位。"我们不好意思去坐别人已经占了的位置。"学生小林十分不赞成占座行为。据她介绍，教学楼教室少排课多，学生往往很难在那里找到自习室，并且夏天楼内十分闷热，凉爽的图书馆是自习的最佳场所。于是这里的座位变得十分抢手。

图书馆办公室的员工告诉记者，在考研后期和期末前夕，图书馆座位十分紧张，占座常常引起争端，而馆内的自习区域没有安装视频监控，财物也很容易丢失，希望大家能够在自习后把书籍带走。

问题：

看完这个报道，你有何感想？

项目七
日常交往礼仪

学习目标

通过本项目的学习，掌握日常商务交往中名片的使用
礼仪要求，并能恰当运用；了解书信的书写格式规范要求；
掌握拜访和舞会的礼仪要点，进一步增强在社交场合的交
往经验。

技能目标

通过本项目的学习，要求学生能够掌握名片的使用技
巧，提升个人交往形象；学会日常人际交往中书信的撰写；
能进行一般的商务拜访；能掌握舞会礼仪，对舞会的组织
及过程有一定的了解。

任务一 | 名片礼仪

任务引入

2016年4月，新城举行春季商品交易会，各方厂家云集，企业家们济济一堂，华新公司的徐经理在交易会上听说衡诚集团的崔董事长也来了，想利用这个机会认识这位素未谋面又久仰大名的商界名人。午餐会上他们终于见面了，徐经理彬彬有礼地走上前去，说到："崔董事长，您好，我是华新公司的总经理，我叫徐刚，这是我的名片。"说着，便从随身携带的公文包里拿出名片，递给了对方。崔董事长显然还沉浸在之前与他人的谈话中，顺手接过徐刚的名片，说到："你好"，草草地看过，便放在了一边的桌子上。徐经理在一旁等了一会儿，并未见这位崔董有交换名片的意思，便失望地走开了……

任务：结合名片礼仪知识谈谈这位崔董事长的失礼之处。

任务分析

上述崔董事长的失礼之处主要有三：其一，崔董事长接到名片后应该认真看看，并且还应该有必要用语言进行交流；其二，崔董事长应该把名片收存在符合名片礼仪规范的妥当的位置；其三，崔董事长收到名片后，应该交换自己的名片。

知识链接

名片，是现代社会生活中一种雅致而实用的交际工具和手段，是一种最为经济实用的介绍性媒介。它源于中国，使用已长达2000多年，最初是写在竹片上，以后才写在纸上。汉初称其为"谒"，元朝时称为"名"，唐朝时称为"状"，到明清，使用名片之风更盛，称为"门状""名刺"或"名帖"，一直延用到近代。

现代生活中，由于名片印制规范，文字简洁，使用方便，且易于保存，因此其用途广泛，各行各业都有使用，一张印制精美、独特的名片一经递出，会给对方留下深刻印象。

有人说名片是社交场所的介绍信，这句话十分贴切。尤其是在拜访和接待中会经常用到名片，掌握名片的使用礼仪显得尤为重要。小小的一张名片，上面大都有姓名、工作单位、职务、通信地址、电话等内容，使交往双方对对方情况在很短时间内一目了然，便于双方紧接其后的交往。对现代人而言，在人际交往中，名片不是幌子，而是一种实用型的交际工具。

一、名片的分类

因为内容、用途各有不同，日常生活中所使用的名片分为应酬名片、社交名片、公务名片、单位名片4类。前3类统称为个人名片，下面对这4类名片分别简单介绍。

1. 应酬名片

应酬名片又称本名式名片，内容通常只有个人姓名一项，最多加上本人的籍贯和字号。

应酬名片主要适合在社交场合应付泛泛之交。

扫一扫

扫一扫了解更多名片使用案例

2. 社交式名片

社交式名片上写个人姓名，以大号字体印于名片中央，在名片右下方以较小字体印制自己的联络方式，主要有家庭住址、邮编，必要时可加印住宅电话。但一般不印办公地址，以示"公私分明"。

社交式名片主要用于社交场合，用作自我介绍和保持联络。

3. 公务式名片

公务式名片，是指在政务、商务、学术、服务等正式的业务交往中所使用的个人名片。它是目前最常见的一种个人名片。

一般标准的公务式名片由工作单位、本人称呼、联络方式3项内容构成。

通常本人称呼以大号字体印在名片正中央，工作单位与联络方式分别以小号字体印在名片的左上角或右下角。若有必要，可在名片的另一面印上本单位的经营范围或所在方位图。

4. 单位式名片

此种名片多为公司企业所用，故又称为企业名片。它主要用于单位对外宣传、推广活动。内容分为两项，一是单位全称及标识，二是单位的联络方式。

名片的格式如图7-1所示。

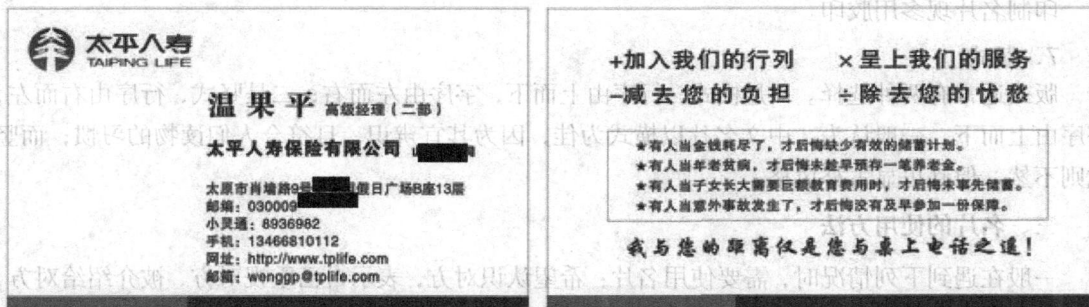

图7-1 名片格式

二、名片的制作

印制名片，一般委托名片制作商承办。为了使自己的名片规范实用，且独具特色，达到人一名（片）的一致，有时可自行设计。

1. 规格

国内通用的名片规格为9厘米×5.5厘米，这是制作名片时的首选规格。另外，名片还有两种常见的规格：10厘米×6厘米和8厘米×4.5厘米。前者多是国外人士使用，后者则是女士专用。

如无特殊作用，不应将名片制作过大，或有意折叠，这样难免给人留下华而不实、浮躁虚华之感。

2. 质材

印制名片所选用的质材有多种，但正式社交场合宜用纸张，并以耐折耐磨的白卡纸、再生纸、布纹纸、麻点纸、香片纸为佳；至于高贵典雅、纸质挺括的刚古纸、皮纹纸，则宜量力而行，酌情使用；而塑料制作的名片往往给人以粗陋之感；也有选用钢材、木材、黄金、白银等其他质材制作的名片，但由于其价格昂贵，不甚实用而使用者寥寥。

3. 色彩

印制名片，宜选庄重朴素的白色、米色、淡蓝色、淡黄色、淡灰色为宜，且一张名片使用色彩不宜过多，一色最佳。

4. 图案

在名片上，除名片使用纸张自身的纹路外，也可有所在企业标识、企业蓝图、企业方位、企业主导产品等，但以少为佳。不提倡在名片上印人像、漫画、花卉、宠物、卡通等图案，否则会给人以华而不实的印象。

5. 文字

在国内使用的名片，宜用汉语简体字，而在外资企业或少数民族区域经常使用的名片，可酌情使用外文或少数民族文字。

最佳的做法，是在一枚名片的两面，分别以中文简体和外文或少数民族文字印制相同内容。若在一枚名片上将两种文字交错印在同一面上是不可取的。

文字所采用的字体以清晰、标准、易识为宜，尽量不要采用行书、草书、篆书或花体字，最好不要用手写。只有别人看懂了自己的名片，名片才能发挥"识别"的作用。

6. 印法

印制名片现多用胶印。

7. 版式

版式通常有两种选择。一是横式，行序由上而下，字序由左而右；二是竖式，行序由右而左，字序由上而下。一般认为，中文名片以横式为佳，因为其宜辨识，且符合人们读物的习惯；而竖式则不然，但其更显古朴风格。

三、名片的使用方法

一般在遇到下列情况时，需要使用名片：希望认识对方，表示自己重视对方，被介绍给对方，对方提议交换名片，对方向自己索要名片，初次登门拜访对方，通知对方自己的变更情况等。名片的使用，主要分为以下几个环节。

1. 名片递交

在被介绍认识对方后，可将自己的名片递给对方。最好是起身站立，走上前去，握手问候之后，用双手或使用右手，将名片正面对对方，交给对方，如图7-2所示。切勿以左手递交名片；也不要将名片背面面对对方或颠倒着递给对方，这样不便对方查看；也不宜用手指夹着名片递给对方。

将名片递给对方的同时，口头也应有所表示，可以说"请多关照""请多指教"等话语。与人交换名片时的顺序也有讲究。一般地位较低的或来访的人要先递出名片；或由近而远，由尊而卑依次进行。如果对方有很多人，要先与主人或地位较高的人交换；如果自己这边的人较多，就由地位较高的人先向对方递出名片。切勿递交时挑三拣四，采用"跳跃式"。当然，也没有必要广为滥发自己的名片，要注意掌握递交名片的时机。

扫一扫

扫一扫查看名片使用礼仪图片

2. 接受名片

当他人表示要递名片或交换名片时，应立即停止手中所做的事情，起身站立，面带微笑，目视对方，双手接受对方的名片，如图 7-3 所示。接过名片后，首先要看一下。也就是说，当即用半分钟左右时间，从头至尾，从正面到反面认真默读一遍。若有疑问，可当场请教对方。切忌接过对方名片后看也不看，或在手头把玩，或随意弃之一旁，或装入衣袋等。

图 7-2　名片的递交

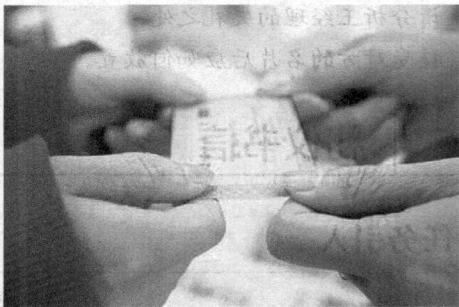

图 7-3　接受名片

接受时应口头道谢，或重复对方使用的谦词敬语，不可一言不发。需要当场将自己名片递过去，最好在收好对方名片后再拿出自己名片递交对方，否则会手忙脚乱，有失风度。

3. 交换名片

接受对方名片，若愿意与对方进一步交往，可交换递上自己的名片，具体细节如递交环节。

4. 注意事项

外出时必须准备一些名片。名片应从名片夹中抽出，名片夹最好放在上衣胸口的衣袋里，而不宜放在长裤口袋中，更不宜放在臀部口袋中。抽取名片时，动作应利索轻松。而当对方向自己索要名片时，手忙脚乱地从包中翻找出名片是失礼行为。

扫一扫

扫一扫学习
如何交换名片

交换名片无论是处在哪个环节，都宜双手或右手递给或接过名片，目视对方。收到对方名片后，若是站着讲话，应将名片拿在齐胸高度或阅后放在自己的名片夹中；若是坐着，应放在视线所及之处；若收到好多张名片，应按顺序依次放在桌上。

若不想给对方自己的名片，宜以委婉方式表达此意。如接受对方名片后说"抱歉，我的名片用完了。"若主动交往一方想索取对方名片，不宜强取，宜委婉地提出自己的想法。如暗示地问一下："以后我该如何与你联系？"或说："若没有什么不便，可以给我一张你的名片吗？"

思考与讨论

1. 简述名片制作时应注意的规范。
2. 简述名片使用时的礼仪要求。

实 训 题

给自己设计一张名片，并练习与其他同学交换名片。

　　某公司王经理约见一个重要的客户方经理。见面之后，客户就将名片递上。王经理看完名片后就将名片放到了桌子上，两人继续谈事。过了一会儿，服务人员将咖啡端上桌，请两位经理慢用。王经理喝了一口，将咖啡杯子放在了名片上，自己没有感觉，客户方经理皱了皱眉头，没有说什么。

　　问题：

1. 请分析王经理的失礼之处。
2. 接受对方的名片后应如何放置。

任务二 | 礼仪书信

任务引入

慰问信

亲爱的顺达发全体女同胞们：

　　春意融融，百草吐芳，伴着烂漫的春花，我们迎来了 2017 年的"三八"国际劳动妇女节。值此节日来临之际，顺达发快递向辛勤耕耘、默默奉献在各个工作岗位上的全体女同胞们致以节日诚挚的祝福！衷心祝愿您们健康、美丽、幸福、快乐，并感谢您们的家人对您们辛勤工作的理解与支持！

　　挥别的 2016 年，是顺达发快递发展取得历史性突破、实现跨越式发展的一年。这一年里，全体顺达发女同胞们肩负公司改革发展的重大使命，经受住了各种考验，在调整产品结构、规范经营管理、推广信息化应用、提升服务水平等各项工作中均取得了可喜的成绩。这些成绩都凝结着您们的心血和汗水，镌刻着您们的奋斗和奉献。您们用细致、严谨、耐心和坚持，在各自的工作岗位上团结拼搏、开拓进取、甘于奉献，充分发挥了"半边天"的聪明才智。

　　亲爱的女同胞们，您们柔弱的肩上担负着家庭和工作的双重压力。您们或许远离乡土，心里装着对家人的缕缕愧疚；您们或许夜以继日，在岗位上兢兢业业、全心付出；您们牺牲个人和小家利益，为公司的健康发展做出了重要贡献！感谢您们，您们永远是快递行业里最美丽的风景！

　　目前，顺达发快递已步入高速发展的快车道。公司将持续改革创新、转型升级，从做大规模向做强实力转变，提升服务质量，努力打造网络核心竞争力。机遇和挑战并存，作为公司的一支重要生力军，希望广大女同胞们不断地丰富自我、超越自我，以饱满的热情、执着的追求、昂扬的斗志为**事业的建设和发展再立新功、再创辉煌！

　　冰心老人曾说，世界上若没有女人，这个世界至少要失去十分之五的"真"，十分之六的"善"，十分之七的"美"。在此，愿全体女同胞们都拥有"真"的本领，"善"的情怀，"美"的心灵，在顺达发的大舞台上，放飞梦想，演绎各自的精彩人生！再次祝福女同胞们节日快乐、身体健康、事业有成、家庭幸福！

顺达发物流有限公司

二〇一七年三月七日

　　任务：你认为这则慰问信写的怎么样？

任务分析

这是一篇写得很好的慰问信。正文包含三层意思，一是写慰问信的事由和诚挚的慰问；二是热情赞扬公司女同胞在各个岗位取得的成就；三是对公司女同胞的诚挚祝愿和期待。

知识链接

书信，是人际交往中迄今为止最古老，最实用的一种通联方式。个人与个人，个人与组织，组织与组织之间都可以利用书信来传递信息，尤其是其中的礼仪书信，更具交流思想、表达情感之功能。

书信由笺文和封文两部分构成。笺文即写在信笺（又叫信纸、信瓤）上的文字，也就是寄信人对收信人的称呼、问候、对话、祝颂等。封文即写在信封（又叫信皮）上的文字，也就是收信人的地址、姓名和寄信人的地址、姓名等。

一、书信的种类

信件的种类很多，按照用途可分为私人信件和工作信件。例如，家书、情书等属于私人信件，而介绍信、表扬信、辞职信、证明信等属于工作信件。

1. 家书

家书是最重要的一种书信，它是与自己父母、兄弟姐妹、子女、夫妻间通报近况，商谈事情的重要工具。它涉及的内容小到日常生活中的琐碎事务，大到自己的工作事业，都可在信中提及。

家书一般较随便，想说什么就说什么，读信时好像你正站在他们面前说话一样。

2. 情书

情书是恋人之间表达情感的一种常用而有效的方式。情书应具备独特的魅力，充分地表达出自己的情感，打动对方。

3. 介绍信

介绍信是用来介绍某人基本情况，接洽事务的一种专用书信，主要用于工作交往。

介绍信的内容一般包括：被介绍人的身份、性别、年龄，接洽的目的和事项，希望收信单位提供的方便等。

介 绍 信

兹介绍我公司××等×位同志前往您处联系元旦联欢事宜，请接洽。

此致

敬礼

××公司（盖章）
××××年×月×日

4. 证明信

证明信是机关、企事业单位或以个人名义出具的证明某人身份、经历或者有关事件的专用书信。

证 明 信

宇通公司负责同志：

王红原为我校文传系二零一一级学生，曾担任前学生会主席职务，在校期间该生遵守学校各项规章制度，没有参与任何不利于安定团结的活动。

特此证明。

证明人：李伟（盖章）

二零一三年十月九日

5．表扬信

表扬信是以集体或个人名义表彰某个团体或个人的一种公开信，可张贴，也可通过传媒发表。

6．慰问信

慰问信是以组织或个人名义表示慰问的书信。

在以下几种情况下可以发慰问信：一是向做出贡献的集体或个人表示慰问，鼓励他们戒骄戒躁；二是向由于某种原因而遇到重大损失或巨大困难的群众表示同情或安慰，鼓励他们战胜困难；三是因重大节日表示慰问。

7．贺信

贺信是表示庆贺的书信总称。贺信主要用于单位和个人。单位的贺信包括上级对下级单位，同级单位之间，下级对上级单位，个人或团体对重要领导人、艺术家等知名人士寿辰的贺信。个人之间的贺信主要是祝贺亲朋好友的喜庆之事，如开学、乔迁、长辈寿诞等。

二、书信的格式与写法

（一）封文的格式

我国目前通用的信封有两种款式：一种是竖式，另一种是横式，如图7-4所示。

目前中文书写的信封多为横式。横式信封的封文，大致上由3部分组成。

1．收信人地址

收信人的地址，应书写在横式信封的左上方。如有必要，可分作两行。在其上面，按规定还要写明收信人所在地的邮政编码。

2．收信人称谓

收信人称谓通常写在信封的正中央。通常，它

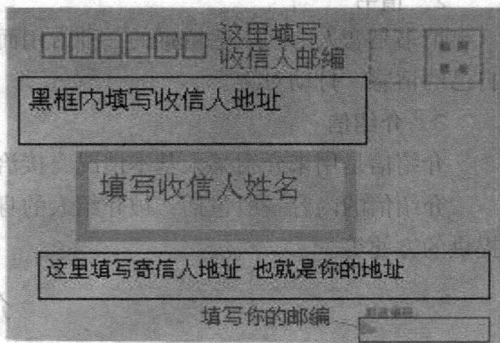

图 7-4　封文格式

又分成3部分：其一是收信人姓名；其二是供传递信件者对收信人所用的称呼；其三是专用的启封词，如"收""启"等。后两个部分的内容，有时可略去。

3．发信人落款

该部分一般位于信封的右下方，由4组成部分：一是发信人地址；二是发信人姓名；三是用来表示敬意的缄封词，如"缄"等；四是发信人所在地的邮政编码。

（二）笺文的基本结构

笺文的基本结构一般分为抬头、启辞、正文、敬辞、署名、日期等部分。

1. 抬头

抬头就是对收信人的称呼，要单独成行，顶格书写，按平时对收信人的称谓写下即可。抬头的后面加上"："，以领起正文。

2. 启辞

启辞一般用于开场后的寒暄或客套，如果是复信，也用来说明来函已收到。过去对启辞是十分讲究的，并形成一些常用的套话，比较通用的有：

久未通问，别来无恙？

多时不见，甚念。

来函收悉，略知近况。

近日繁忙，未及时复函，乞谅。

睽连日久，时在念中。

3. 正文

正文是书信的主体部分。按照常规，正文应紧接着启辞后面，并要另起一段书写。头一行要空出两格，以后则顶格书写。

在一般情况下，于正文中每讲一件事情，原则上都应另起一段，以便层次清楚，使收信人一目了然。

如果在写完信后，发现中间对某事说明不够或未提及，可在后面用"补""又及""另"等字样开头，独立成段，书写在信尾的最后。

4. 敬辞

在正文结尾写的一句表祝愿、祝福或敬意的短语称为敬辞，如"即颂近安""此致敬礼"等。敬辞在格式上有两种习惯性写法：①在正文结尾处另起一行写"此致"（或即颂），再转一行顶格或空两格写"敬礼"（或近安）。②正文结尾后另起一行空两格写"安好""平安"之类，不分两行，一行即可。

5. 署名

署名要求把自己名字写在正文结尾的右方空半行的地方。在名字的后面，也可加上启禀词，以示对对方的尊重。启禀词与名字之间空一格。常用的启禀词如下。

对长辈：叩、叩上、拜上、叩禀、禀告。

对平辈：谨启、顿首、鞠启、亲笔。

对晚辈：字、示、谕、手、白。

6. 日期

在署名的下方写上年月日，利于收信人揣摩写信人的一些与时间有关的想法。在日期后面，还可加上写信时所处的地点、氛围等，如"于途中""深夜""于清华园"。

三、书信常用语

掌握书信的一些常用语可以有效地表情达意，增进交际双方的感情。

（一）自称和尊称

1. 称自己要称的人

称平辈、晚辈的，为了礼貌可加"贤"字，如"贤兄""贤妹""贤侄""贤婿"。

若有姻亲关系的平辈加"姻"字，如"姻兄""姻妹"。

有世交关系的加"世"字，"世兄""世伯""世弟"。

一般关系的加"仁"字或"老"字，如"仁兄""老伯"。

对晚辈加"吾"字，如"吾儿""吾侄"。

2. 自己称自己

对平辈自称加"愚"字，如"愚兄""愚弟"。

对长辈自称加"小"字，如"小儿""小婿""小侄"。

3. 对别人称自己的亲人

对别人称自己的亲人可加"家""舍"等字，如"家父""家母""舍弟""舍侄"。

4. 称他人的亲人

称他人的亲人可加"令"字，如"令尊""令堂""令兄""令郎""令爱"。

（二）常用祝颂语

1. 对长辈

敬祝健康，敬祝安好，敬祝全家平安，敬祝近安，恭请金安，敬祝新禧（元旦），敬祝春禧（春节），敬祝痊安（病、病愈后）等。

2. 对同志或平辈

此致敬礼，祝你工作顺利，祝你进步，祝你安好，祝你健康，祝你愉快，祝你成功，即颂安，此颂近祺，即颂著安（搞写作的），即颂教祺（做教师的），即颂近佳，谨祝俪安（夫妇二人），颂近好，并颂春禧（春节），即颂暑安（夏天），即颂秋安，即颂冬安，祝新年快乐，祝早日恢复健康（病中）等。

3. 对组织或领导

妥否请批复，并请函复，请批示，请指教，请指正，请教正，此致敬礼等。

4. 对晚辈

望努力学习，祝你进步，祝工作好，祝愉快，祝幸福，祝近安，祝健康等。

思考与练习

1. 信笺的基本格式有哪些？

2. 书信的常用语有哪些？

实 训 题

假如你是 A 公司行政部的一名员工，公司日前成功举办的一次业务洽谈会，根据本次洽谈会的举办情况给参会的业务合作伙伴单位发感谢函，你认为应该如何写这封感谢函？

案 例 分 析

证明信

河海大学：

李博同志 2000 年 3 月至 2009 年 9 月在我院工作，曾任基础部主任。该同志工作认真负责，能以身作则，团结同志，成绩突出，在 2005 年和 2007 年两次被评为我院先进工作者。

特此证明。

江淮学院（盖章）

2009 年 12 月 10 日

问题：

你认为上面的这则证明信的内容和格式是否合乎书信的礼仪规范？

任务三 | 拜访礼仪

任务引入

无心之失

某公司新建的办公大楼需要添置一系列的办公家具，价值数百万元。公司的总经理已经做了决定，向 A 公司购买这批办公家具。

这天，A 公司销售部负责人打电话来，说要上门拜访这位总经理。总经理打算，等对方来了，就在订单上盖章，定下这笔生意。

不料对方比预定的时间提前了 2 个小时，原来 A 公司听说这家公司的员工宿舍也要在近期内落成，希望员工宿舍需要的家具也能向他们购买。为了谈成这件事，销售部负责人因此提前到达，还带来了一大堆的资料，摆满了台面。总经理没料到对方会提前到访，刚好手边又有事，便请秘书让对方等一会。没想到这位销售负责人等了不到半小时，就开始不耐烦了，一边收拾起资料一边说："我还是改天再来拜访吧。"

这时，总经理发现对方在收拾资料准备离开时，将自己刚才递上的名片掉在了地上，对方没有发觉，走时还无意从名片上踩了过去。但这个不小心的失误，却令总经理改变了初衷，A 公司不仅没有机会与对方商谈员工宿舍的设备购买，连几乎已经到手的数百万元办公家具的生意也告吹了。

任务：请问 A 公司销售部的人员在拜访客户的过程中为什么丢掉了这么大一单生意？

任务分析

A 公司销售部负责人的失误，看似很小，其实是重大且不可原谅的失误。名片在商业交际中是一个人的化身，是名片主人"自我的延伸"。弄丢了对方的名片已经是对他人的不尊重，更何况还踩上一脚，让这位总经理顿时产生反感。再加上对方没有按预约的时间到访，却不曾提前通知，在等待时没有耐心和诚意，丢失了这笔生意也就不是偶然的了。

知识链接

拜访是日常人际交往中常见的活动形式。拜访活动对于建立联系、交流信息、沟通情感、发展友情等有着其他活动不可替代的作用。在商务拜访中应注意以下礼仪。

一、了解交往对象

由于每个人的成长条件、发展环境不同，客观上塑造了千差万别的人生观、价值观、人际交往观。如果我们能在交际活动之前或交际过程中，了解掌握我们交往对象的一般情况、性格特点，那么对于礼仪活动的开展，无疑有着重要的价值。

任何访问性活动都是一种有目的性的行为，或建立联系、或交流信息、或沟通关系、或同时追求两个以上的目的。无论是拜访还是待客，都是一件劳神费时的事情，弄得不好还往往事与愿违。造成访问活动失败的原因很多，其中之一就是没搞清访问对象的交往类型。如果我们对交往对象的交往类型有了一定的了解之后，再"投其所好"地开展活动，我们的目的就容易达到。掌握交往对象的交往类型，有助于适当调整自己的交际方式，避免在访问过程中出现"一厢情愿""一意孤行"的局面，做到逢什么人说什么话，到什么山唱什么歌。这种根据对象的风格特点，调整自己交往行为的能力，是每个社交者应有的基本素质。在人际访问活动的礼仪方面，既要一视同仁，又要因人施礼；既要避免一叶障目，不见泰山，又要根据交往对象的性别、特点，调整我们的礼仪行为，防止先入为主的偏见。

二、拜访流程中的礼仪

1. 事先约定拜访时间

无论是公事还是私事，无论是大事还是小事，无论是有事还是无事，人际之间、社会组织之间，总少不了相互拜访，没有拜访的人际关系是不幸的。通过拜访，人们可以交流信息，沟通思想，统一意见，发展友情。因此，任何一个社会组织和个人，都不应当忽视拜访这种社交活动形式，而应适时地考虑安排必要的拜访活动。不能只在"有求于人"的时候才想到拜访，而应当多站在交际的角度考虑一些问题，使拜访经常化。那种"有事常登门，无事不见影"的做法是不受欢迎的，结果是不太好的。

拜访应选择在比较恰当的时间，不能搞"突然袭击"。在具体拜访时间的选择上，最好是利用对方比较空闲的时间。到写字楼拜访，最好不要选择星期一，因为新一周开始的时候，往往也是大家最忙的时候。如果是到家拜访，最好选择在节假日前夕。中国人有午休的习惯，登门时间最好不要安排在中午。拜访的时间无论如何应尽量避免午休时间、用餐时间，如果不是对方请你赴宴的话。

拜访之前应写信、打电话或捎口信预约，并把访问的目的告诉对方，这样既可避免吃闭门羹，又可以让对方有所安排和思想准备。"不速之客"在绝大多数普通关系的社交场合都是不受欢迎的。预约的语言、口气应该是友好、请求、商量式的，而不能是强求命令式的。如果因事情紧急，或无法预约而做了"不速之客"，则应在相见时及时详细地道出事情的原委，表示自己的歉意，求得对方的谅解。按约定进行的访问必须守时，如因故不能及时到达，应尽早通知对方，并讲明原因，无故迟到或失约都是不礼貌的。

2. 注重进门前后的礼仪

出门拜访之前，衣帽应整洁，蓬头垢面、衣冠不整的形象，不但给别人不愉快的感觉，而且是不尊重主人的表现。

进门访问前，应先轻声敲门或按门铃。不能不停地转动门的把手，或使劲地敲门。如果主人问："谁呀？"除了天天见面的熟人，主人能辨别你的声音外，应通报自己的姓名，或姓名加单位，而不能只是回答"我"。进屋以后，应主动向所有相识的人打招呼、问好，或适当寒暄；对陌生人也应点头致意，若主人不主动介绍，则不应询问他们与主人的关系以及来访的原因等。

当主人上茶水时，应欠身双手相接，并致谢。如茶水太烫，应等其自然凉了再喝；必要时也可将杯盖揭开；放置杯盖时，盖口一定要朝上。切忌将茶水用嘴边吹边喝，喝茶时应慢慢品饮，不要一饮而尽，也不要啜出声响。

无论是到办公室还是到家中拜访，一定要"客听主安排"，主人没有邀请你参观他们的其他房间或设施时，不应主动提出参观；更不能未经主人许可到处乱窜。有的人到别人家就像在自己家一样随意翻动，这也是对主人不尊重的表现。当然更不可随意拉开主人的抽屉、衣柜，不要轻易打听主人的东西值多少钱，在哪里买的等。

如果是第一次登门拜访或主人的会客厅、门面等刚经过装修，就应对主人的办公室或客厅等有一个概括性的夸赞。若能对主人的陈设中独具特色的安排、饰物等有比较准确的发现和评价，那一定会引起主人的特殊好感与兴奋。即使是"常客"，也要善于及时发现在自己上次拜访之后主人家所发生的一些细小的变化，再予以真诚恰当的"捧场"，主人一定会因为你对他的生活和情趣的细致的关心与尊重，对你产生进一步的好感。若接待你的是女主人，不要忘了对女主人的勤劳、贤惠、持家、审美力、雅兴等方面给予适当的崇高的评价。无论是对主人还是对主人陈设的赞美，应当尽可能具体一些；特别是对熟人的访问，更应该注意不要每次赞赏同一样东西，同一样事情，也不要每次都是"你们的房间布置得真漂亮"这样过于抽象的话，因为这样主人很可能以为你是在说客套话，或者以为你是没话找话。

3. 把握拜访时间的长短

拜访的时间不宜过长，当宾主双方都已谈完该谈的事情，叙完该叙的情谊之后，就应及时起身告辞。此外，当遇到以下这几种情况时，也应及时告辞：一是话不投机，或当你谈话时，主人反应冷淡，甚至不愿答理时；二是主人虽显"认真"，但反复看手表或看墙上的挂钟时；三是主人将双肘抬起，双手支于椅子的扶手时。

4. 讲究告辞用语

告别前，应向主人的友好、热情等给予适当的肯定，并说一些客套话，如"打扰了""添麻烦了""谢谢了"。如果是家访，还应向主人家里的其他成员说再见。起身告退时，如主人处还有其他客人，即使你不熟悉这些客人，也应遵守"前客让后客"的原则，礼貌地向他们打招呼。主人送你出门时，应劝主人留步，并主动伸手握别，然后看好门外第一个拐弯处，当走到该处时，一定要再回头看看主人是不是还在目送。如果主人还未返回，应挥手向主人示意，以示最后的谢意，并请主人快回去。

思考与讨论

1. 在拜访前，拜访者与受访者应该事先约定哪些内容？
2. 与客户见面的应酬礼仪有哪些？

实 训 题

请同学们分组讨论商务拜访中应注意的问题，并模拟拜访场景。

案 例 分 析

郑伟是一家大型国有企业的总经理。有一次，他获悉有一家著名的德国企业的董事长正在本市进行访问，并有寻求合作伙伴的意向。他于是想尽办法，与对方进行联系。让郑总欣喜若狂的是，对方也有兴趣同他的企业进行合作，而且希望尽快与他见面。到了双方会面的那一天，郑总对自己的形象刻意地进行了一番修饰。他根据自己对时尚的理解，上穿夹克衫，下穿牛仔裤，头戴棒球帽，足蹬旅游鞋。无疑，他希望自己能给对方留下精明强干、时尚新潮的印象。

然而事与愿违，郑总的这身"行头"却坏了他的大事。

问题：

郑总的错误在哪儿？

任务四 舞会礼仪

任务引入

小莉是一名舞蹈初学者，她和闺蜜林芳一起参加交谊舞会。舞会开始后有位男士上前邀请小莉的闺蜜共舞，小莉一个人坐着觉得没意思，就观察舞池中跳舞的人们，在一群舞者中她突然发现了一位好久不见的朋友，尽管舞曲还没结束，她就抑制不住内心的欣喜，朝舞池中走去和那位朋友打招呼……

任务：请你分析小莉的行为合适么？

任务分析

在舞会进行中，其他人应安静地待在舞区休息，不能无故穿越舞池，若有事需要绕道舞池。上述案例中小莉为了跟朋友打招呼，在舞曲还没结束就直冲舞池打扰正在跳舞的人是极其失礼的行为。

知识链接

舞会是人们喜爱的社交活动，它既可以增进交往，加强友谊，又可以丰富人们的业余生活。

一、舞会的组织

舞会可以由单位组织，也可以由家庭组织，时间选择在周末、节假日等较为适宜。舞会要精心安排，力求使现场气氛活跃、热烈而又不失典雅。

1. 邀请参加人员

比较正式的舞会或家庭舞会首先应该确定舞会的参加人员，人员确定下来之后，为每个被邀请者发请帖。在请帖上应注明舞会开始的时间、地点和受邀人员，最好简要说明舞会的事由或者目的，以便被邀请者做相应的准备。

2. 布置舞场

在选择舞场的时候，首先应考虑到客人的多少，根据受邀客人的情况选择合适的舞场。舞场过大或过小都不好，舞场过小会让客人有拥挤感，反之，舞场过大会让客人觉得空荡且又显得舞会气氛不够热烈。布置舞场有两个必备条件：一是灯光，普通照明的灯光缺少喜庆气氛，因而必须配备两三组闪烁的彩灯；若能装上一个转头灯，吊上一个雪花球则效果更好；二是地面，舞厅的地面讲究平整、光滑，一般的水泥，涂料、塑料地板、木质地板等质料的地面，只要不是坑洼不平，就都可以使用。临开舞会之前，给地板打打蜡效果则更理想一些。精心布置的舞厅还表现在室内装饰上。简单地配合彩灯挂上几路彩纸花环，稍为雅致的再选择合适的位置（以不妨碍跳舞为宜）点缀几盆花木。更细微的还可以在正面墙上装饰会标，如招待来宾，用小彩灯装饰出花环或和平鸽的图案；元旦、春节联欢晚会，可装饰象征春天的图案或按照当年的属相，装饰出各种生肖图案，例如龙年的"龙凤呈祥""金龙狂舞"，马年的"骏马奔腾"等图案。这样不但突出了舞会的主体，同时还增添了舞会的隆重、喜庆气氛，表达了举办人的真挚情意。

扫一扫

扫一扫了解更
多舞会礼仪知识

3. 选择合适的舞曲

伴奏舞曲的选择，应根据舞会的性质而定。无论哪一类招待或联欢舞会，必须将快慢节奏的舞曲穿插安排，搭配合适，使得舞会激越与舒缓交相更替，起伏有致。舞曲的选择，可视来宾情况选择一些有针对意义的舞曲。青年人居多的舞会，更多地选一些快节奏的舞曲；老年人居多的舞会，多选择一些慢节奏的舞曲。

正式舞会的举办必须配有伴奏的乐队，同时乐手的水平还不能太差，如果调子都把握不准，那舞会就没法进行了。最简单的乐队必须有六样乐器，即七鼓（俗称架子鼓）、电子琴、电贝斯、电吉它、萨克斯管、小号。如有条件，再加上大、中、小提琴等弦乐更为理想。同时，歌手伴唱能更加活跃舞场气氛。

4. 安排舞伴

舞会一般是男女相伴起舞，因此舞会支持方应考虑舞客的性别比例及年龄层次。在舞会主办之前，做到心中有数。如果被招待者男性居多时，必须预先请好适当的女伴；女性居多时，应预先请好男伴，免得舞伴男女比例失调，影响舞会的情绪，使参加舞会的人大为扫兴。

5. 做好安全保卫工作

舞会从开始到结束，安全保卫工作都要十分重视。衣冠不整者谢绝入场，舞场的气氛要尽量热烈，但舞风必须端正，当发现个别舞客举止不轨时，舞会安保人员应劝阻或劝其退场。另外，因宾客众多且身份复杂，所以要有专人保管舞客的衣服、财物，严防发生舞客财物丢失等不愉快的事件。在舞会进行过程中应尽量避免发生打架斗殴、盗窃等事件，确保舞会的正常进行，防止因一点小事情而引起舞会不欢而散。

二、舞场表现

（一）个人物饰

参加舞会服装要整洁、大方，仪表要修饰。具体来说要注意以下3个方面。

1. 容貌整洁

在仪容方面，舞会的参加者均应沐浴，并梳理适当的发型。男士务必要剃须，女士在穿短袖或无袖装时须剃去腋毛。特别需要强调的有两点：其一，务必注意个人口腔卫生，认真清除口臭，并禁食刺激气味的食物；其二，外伤患者、感冒患者以及其他传染病患者，应自觉地不要参加舞会，否则不仅有可能传染他人，而且还会影响大家的情绪。

扫一扫了解
更多舞会知识

2. 适度化妆

参加舞会前，有条件的人都要根据个人的情况，进行适度的化妆。男士化妆的重点，通常是美发、护肤、祛味。女士化妆的重点，则主要是美容和美发。与家居妆、上班妆相比，因舞会大都举行于晚间，舞者肯定难脱灯光的照耀，故舞会妆允许相对化得浓一些。但若非参加化妆舞会，化舞会妆时仍须讲究美观、自然，切勿搞得怪诞神秘，令人咋舌。

3. 服饰得体

在正常情况下，舞会的着装必须干净、整齐、美观、大方。有条件的话，可以穿格调高雅的礼服、时装、民族服装。若举办者对此有特殊要求，则须认真遵循。在舞会上，通常不允许戴帽子、墨镜或者穿拖鞋、凉鞋、旅游鞋。在较为正式的民间舞会上，一般不允许穿外套、军装、工作服。穿的服装过露、过透、过短、过紧，既不庄重，也不合适。

（二）邀请舞伴

男士要主动邀请女士。根据惯例，在舞会上邀请舞伴时，男士应当主动邀请女士。舞曲响起后，男士可行至拟邀跳舞的女士面前，先跟与她一起在座的男士或其他人点头示意，然后向邀舞女士点一下头，或者欠身施礼，目视对方轻声说："请您赏光"或"可以请您跳舞吗？"

女士也可以主动邀请男士跳舞。具体作法与男士邀请女士相类似。但是不同的是，一般情况下女士可以拒绝男士的邀请，而男士一般不宜谢绝女士。

（三）舞场表现

跳舞时，身体要端正。通常为男士领舞，领舞与伴舞者之间不宜相距过近，双方胸部应有30厘米左右间隔。跳舞时，男女双方都不要目不转睛地凝望对方，也不要表情不自然。一般男舞伴的右手搭在女舞伴脊椎的位置，不要揽过脊椎，高低可以根据双方身材而定。男子高的，可以揽得高一些，注意这时女子要把左手搭得低一些，甚至搭在大臂中下部。千万不要把女舞伴右臂架起来，这样既不雅观也不舒适。男子右手不要揽得过紧，应以力量大小变化来领舞，切莫按得太紧太死，甚至把女方的衣服揪起，很不雅观。跳舞中间，若踩住对方的脚，要说一声："对不起，踩着你了。"旋转的方向应是逆时针行进，这才不致碰着别人。碰着了别人，要道歉，或微微点一下头致歉。

（四）谢绝邀请

拒绝邀请应该得体。在舞会上，一般不宜对邀请表示拒绝。如果出于某种原因，不想接受他人的邀请，只要做得得体，也不算失礼。最佳的拒绝语言是"我想暂时休息一下"或"这首舞曲我不大会跳"，以便给邀请者一个台阶下，此时女士也不要马上接受其他人的邀请。

三、参加舞会时的细节处理

1. 同性不宜共舞

根据国际惯例，两位男士共舞等于宣告他们不愿意邀请在场的任何一位女性。两位女士也应尽量不共舞，尤其是在有外宾的情况下以及在国外的舞会上，一定要注意这一点。

2. 两位男士同时发出邀请时

从国际礼仪的角度考虑不难解决，女士面对两位或者两位以上的邀请者，最能顾全他们面子的做法，是全部委婉地谢绝。要是两位男士一前一后走过来邀请，则可以"先来后到"为顺序，接受先到者的邀请，同时诚恳地对后面的人说："很抱歉，下一次吧。"并要尽量兑现自己的承诺。

3. 不要轻易拒绝邀请

舞会是通过跳舞交友、会友的场合，所以在舞会上女士不能轻易地拒绝他人的邀请。女士可以拒绝个别"感觉不佳"的男士的邀请，但要注意分寸和礼貌用语，要委婉地表达。

4. 男士的绅士风度

舞会上最能体现一个人的绅士风度。例如，跳舞中要保持一定的距离，左手轻扶舞伴的后腰（略高于腰部），右手轻托舞伴的右掌，尤其在旋转的时候，男士一定要舞步稳健，动作协调，同舞伴一起享受华尔兹的优美。万一发现女士晕眩，男士一定要做好"护花使者"，将女士护送回原位。在一支曲子结束后，男士要礼貌地将女士送回原座位，道谢后，再去邀请另一位女士。

5. 何时离开舞会

无论是参加朋友的私人舞会，还是正式的大型舞会，遵守时间是首要的礼仪，要准时到达。至于什么时间离开舞会较为合适，朋友的私人舞会最好要坚持到舞会结束后再离去，这也是对朋友的支持。至于其他的舞会，只要不是只跳了一支曲子显得应酬的色彩过浓就可以了。

思考与讨论

1. 假如学校组织一场比较正式的舞会，你若去参加应该如何着装呢？
2. 假如你是女生，有男生邀请你跳舞，你却不太喜欢这个人，你该怎么做呢？

实 训 题

实训目的：通过演练和情景模拟，让学生了解一些舞会中需要掌握的礼仪规范。
实训方法：跳舞的标准姿势、如何邀请舞伴、婉拒邀请的语言和表情。

案 例 分 析

王红去参加舞会，舞会一开始，就有一位男士来到王红面前邀舞，王红一看这位其貌不扬的男士身高和自己差不多，便面无表情地以"这首曲子我不太熟"给拒绝了。可这位男士刚离开一会儿，另外一位高大帅气的男士又到王红面前邀舞，王红却愉悦地接受了邀请。

问题：

请评价上述案例中王红的行为是否规范？

扫一扫

扫一扫进行
更多练习

项目八
商务职场礼仪

学习目标

通过本项目的学习，使学生了解商务人员在商务职场中的接待、拜访、商务洽谈方面的基本礼仪规范和技巧。

技能目标

商务接待的注意事项和方法、商务拜访的相关准备、商务洽谈技巧的基本要求。

在商务活动中，虽然企业之间有激烈的竞争，但也存在着密切的合作，业务往来十分频繁。在职场交往中，是否重视礼仪对每一个职场人员来说至关重要，因为这不仅表现了个人的素养，也代表了公司的形象。所以每一位商务人员都应该了解基本的职场礼仪，做到待人以诚，待人以礼。

任务一 | 商务接待礼仪

任务引入

小郑刚参加工作不久，公司举办了一次大型的产品发布会，邀请了国内很多知名企业人士参加。小郑被安排在接待的工作岗位上。接待当天，小郑早早来到机场，当参加发布会的人员到场时，他便开口说："您好！是来参加发布会的吗？您的单位及姓名，以便我们安排好就餐与住宿问题。"小郑有条不紊地做好了记录。后来在会场，小郑帮客人引路，他一直小心翼翼，虽然自己一向走路很快，但是他尽量放慢步伐，很注意与客人的距离，一路带着客人，上下电梯，小郑也是走在前面，力争做好带路工作。原以为很简单的事情，却几次被上司批评。

任务分析

在迎接工作中，小郑在接到客人后要主动打招呼，握手表示欢迎，同时说些寒暄话语、礼貌用语等，而小张没有事先了解客人的相关信息，张口就问，十分不礼貌。在引导客人时，应主动配合客人步伐，保持一定距离。在出电梯时，应改为客人先走出电梯，自己在后面，以保证客人安全，而小张出电梯时，自己走在前面也是不恰当的。小张既破坏了客人的心情，也被上级批评了，因此是失败的社交事件。

知识链接

随着经济体制改革的深入和市场经济的不断发展，企业的业务往来日益频繁，对内对外业务交往的涉及面越来越广，商业企业的接待工作也越来越频繁，并且也越来越重要。

一、接待工作的内容

企业的接待工作大体可分为业务往来接待、顾客投诉接待、视察指导接待、检查和考察团组接待、参观学习接待等。从接待客人的性质来看，有生产厂家、供货单位的客人，有本企业的顾客，也有相关领域的企业客户；从隶属关系看，有行业领导；地方领导等；就客人身份而言，有领导者和一般工作人员之分。

1. 业务往来接待

业务往来主要是指与本企业有购销业务关系的单位之间的往来。其中有外地和本地的生产厂家，批发单位等，还有本地和外地的商业企业的交流、沟通，这些人到企业或买或卖，直接关系到企业的购销业务和盈亏情况。在接待前，一定要与有关部门沟通情况，了解市场行情，提前做好准备，以争得洽谈的主动。

2. 顾客投诉接待

这项工作是商业企业特别是零售企业经常遇到的问题。一般说来投诉的主要原因是商品质量问题，其次是服务态度问题。投诉有书信形式，也有直接找企业管理人员当面申诉的。

3. 视察指导接待

上级机关和领导为了有效地指导工作，经常深入基层单位，了解情况，听取汇报，掌握第一手材料。领导同志视察指导工作，时间有长有短，短则几个小时，长则四五天，视察的内容和方式差异较大。

4. 检查和考查团组的接待

上级机关有关部门，为了督促检查基层单位对国家政策法令的落实情况，时常派一些检查团组深入基层工作。接待人员要围绕检查团组的工作内容，通知有关部门准备好文件和材料，认真地、实事求是地做好汇报的准备工作，尽力提供各种工作之便。

考察人员多是由有关部门负责同志组成团组，人数多少不一，规格高低各异。他们在考察学习的过程中，除听取情况介绍外，还要边看边问。因此，负责介绍情况和接待的同志要熟知本单位的情况，要做到能随时随地地介绍情况和回答问题。

二、接待工作的程序

接待工作是一项繁杂、琐碎、影响很大的工作，稍有疏漏就会带来不良影响，甚至造成巨大损失。接待工作程序化，可以避免"忙中出错"的现象发生。

经过不断总结，现已形成了一整套的接待工作程序，按照这个程序进行工作，可避免忙乱，防止漏洞，做到礼节周到，细致入微。

（一）准备阶段

接待工作是从接到来客通知后，就开始进入准备的阶级。这是整个接待工作的重要环节，一般应从以下几个方面着手。

1. 了解客人的基本情况

接到来客通知时，首先要了解客人的单位、姓名、性别、职业、级别、人数等。其次，要掌握客人来访的意图，了解客人的目的和要求及在食宿和日程安排上的打算。再次要了解客人到达日期，所乘车次、航班和到达时间。最后将上述情况及时向主管领导汇报，并通知有关部门和人员做好接待准备。

2.制定接待方案

接待一般的客人，可根据惯例直接提出具体接待意见。接待重要客人或高级团体，应根据客人的来访意图、要求和本企业负责人的意见，制定接待方案。具体方案应包括客人的基本情况，接待工作的组织分工，陪同人员和迎送人员名单，食宿地点及房间安排，伙食标准及用餐形式，交通工具，费用支出意见，活动方式及日程安排，汇报内容的准备及参加人员等。接待方案要报送企业领导批准。上述内容要视接待客人的规格而定，可以根据实际需要，灵活从事。

（二）正式接待阶段

客人抵达后，进入正式接待阶段。这个阶段，除接待方案逐项落实外，还要根据情况的变化，随时采取应变措施。

1.迎接客人

一般客人可由业务部门或经理办公室人员到车站（机场、码头）迎接，重要客人应安排有关领导前往迎接。负责迎接的人员应在客人（乘船、飞机）到达之前到场等候。对重要客人（如主要供货单位的领导），企业经理应到客人驻地迎候，对一般客人应安排有关领导前往驻地看望。

2.安排生活

客人到达后，应把客人引进事先安排好的客房。如客人较多，应先将客人请到客厅休息，再与客人中负责生活的人联系，由他协助分配房间。客人住下后，应把就餐的地点、时间告诉来宾。对重要客人，应安排专人送（或陪）客人到餐厅就餐。

3.协商日程

客人食宿安排就绪后，对一般客人，可由接待人员出面与其商议活动日程。重要客人要由领导出面，进一步了解客人的意图和要求，共同商议活动的日程。最后根据确定的活动时间、内容、方式等重新修订并印发活动日程，并把变动情况迅速通知有关方面，以便进行工作。

4.组织活动

按照日程安排，精心组织好各项活动。如客人洽谈供货合同，可提前做好准备；如客人下去参观游览，应安排好交通工具和陪同人员。

5.听取意见

在客人活动全部结束之后，要单独安排时间，请单位领导和客人会面，听取意见，交换看法，特别是对上级派来的视察团、检查团等，这项活动尤其应安排妥当。

6.安排返程

根据客人要求，订购返程车（机、船）票，并及时送到客人手中，同时商议离开驻地的时间。安排好送行车辆和送行人员，协助客人结算各项费用，征求客人对接待工作的意见，以便改进工作，送客人到车站（机场、码头）作最后告别。

7.总结收尾阶段

将客人送走后，接待工作基本结束，但仍应善始善终，做好收尾工作。要及时将客人所乘车（机、船）班次通知客人所在单位以便接站。

三、接待工作的注意事项

1.行进中的礼节

接待人员在陪同客人走路时，一般应在客人的左侧，以示尊重。如果主人陪客人时，要并排与客人同行。如随行人员，应走在客人和主陪人员的后边。负责引导时，应走在客人左前方数步远的位置，遇到上下楼或转弯处应用手示意方向并加以指示。乘电梯时，如有专人服务，应请客人先进，如无专人服务，接待人员应先进去，到达时请客人先走。进房间时，如门朝外开，应请客人先进，如门往里开，接待人员应先进去，扶住门，然后再请客人进入。

2. 乘车时的礼节

乘车时，接待人员要先打开车门，请客人上车，要以手示意车门上框，提醒客人避免磕碰，待客人坐稳后，再关门起车。车停后接待人员要先下车打开车门，再请客人下车。

思考与讨论

1. 接待工作的具体内容有哪些？
2. 接待工作需要注意的事项有哪些？

实 训 题

请同学们讨论接待工作需要准备的内容，并做出一份接待的流程计划书。

案 例 分 析

泰国某政府机构为泰国一项庞大的建筑工程向美国工程公司招标，经过筛选，最后剩下4家候选公司。泰国派遣代表团到美国亲自去各家公司商谈，代表团到达芝加哥时，其中一家工程公司忙乱中出了差错，没有仔细复核飞机到达时间，未去机场迎接泰国客人，于是泰国代表团自己找到了芝加哥商业中心的一家旅馆。他们打电话给那位局促不安的美国经理，在听了他的道歉后，泰国人同意在第二天11时在经理办公室会面。第二天，美国经理按时到达办公室等候，直到下午三四点才接到客人的电话说："我们一直在旅馆等候，始终没有人前来接我们，我们对这样的接待实在不习惯，我们已经订了下午的机票飞赴下一目的地，再见吧！"

问题：

请评价一下美国这家公司在接待上的做法。

任务二 商务拜访礼仪

任务引入

有一位推销员，没有事先预约，一来就声称自己是经理的朋友，坚持要见经理。接待人员问他的大名，来的人却不愿意通报姓名，也不愿意说出求见的理由，还赖着不肯离去。请评价这位来访者的表现。

任务分析

拜访是现代商务交往最常见的礼仪活动，这位推销员去拜访竟然不了解拜访礼仪的基本要求，没有预约就冒然拜访非常失礼，还不诚实告知自我信息，这些行为显得非常无礼。

知识链接

随着市场竞争的日益激烈，企业对外联系越来越频繁，要想在竞争中立于不败之地，应当掌握一些拜访、交往的礼仪，以便做到礼貌周到，树立良好的企业形象。

一、拜访前的准备

为使拜访更顺利，拜访前在礼仪方面应做如下准备。

1. 预约

要拜访别人，就要事先与之取得联系，这样无论对于拜访者还是受拜访者都是有利的，双方都能够有效地控制和利用时间。作为拜访者，事先与受拜访者取得联系，约定时间地点就可以免吃闭门羹，预约对受拜访者尤其有利，他们可以事先做好充分的准备，指定专人会客，更好地安排会见的时间和地点。

扫一扫了解
商务拜访步骤

作为一个秘书，要给领导的出访作好预约工作，预约的方式有以下 3 种。

（1）当面向对方提出要求约会。

（2）用电话向对方提出约会。

（3）用书信提出约会。

预约时语言要准确、肯定，语气要礼貌、婉转，应注意倾听和尊重对方的意见。

约会时间一经确定下来，双方都要遵守。不能随便失约，或随便更改时间，如果因特殊情况不能赴约时，应客气地向对方说明情况并另行约定时间。

2. 注意仪表服饰

拜访前要对自己的仪表服饰做精心地准备。衣服要端庄、整洁。男士穿西服，女士穿套装，而且穿着要规范，要干净整齐，以端庄、文雅、美观的外表，给拜访者留下良好的印象。

3. 准备好名片

名片可以有多种形式，切忌满纸都是头衔。不妨将头衔和职务按以下原则分类，然后再分别印制名片：

（1）适用于对学术界的；

（2）适用于业务的；

扫一扫了解
更多拜访知识

（3）适用于一般社交的。

名片要放在容易拿出来的地方，男士可以放在西装口袋里，也可放在名片夹里或放在提包中；女士则可将名片放在提包中容易掏出来的地方。

二、与客户见面应酬礼仪

每至年底、年初，到客户家中拜年，对于巩固友谊，加强联系，具有重要的意义。正常性的促销拜访，开发新产品市场的拜访都是一种重要的感情投入，对于沟通情况、广交朋友和增强企业活力有着至关重要的作用。

1．了解客户的概况

主管人员亲自访问客户，要对客户的情况、特点、销售量，以及客户的信用，在商界的地位、口碑都有所了解。这样在双方谈话时，才能做到有的放矢，不会因为缺乏了解，而话不投机，使双方感到困窘。

2．会晤礼节

（1）进入客户的办公场所，应主动向接待人员介绍自己公司的名称和自己的姓名、职务等，同时说明访问对象的姓名和工作部门，如果是事先约定好的，也要说清楚。

（2）被引到会客室时，向引路者致谢。

（3）向访问对象致意，感谢平日的爱护惠顾。

（4）向访问对象介绍公司的负责人。

介绍过后，上司与对方寒暄并交换名片。

3．随从人员应注意的事项

随从人员在会晤时不要担任主角，应由上司负责主要的交涉，自己作为两者之间的桥梁，发挥沟通作用。

如果上司早已认识客户，属下却是初见客户，就应该由上司先将属下介绍给对方，再把对方介绍给属下。

如果是上司与属下都是初次访问客户，应该先进行询问，例如："您就是公司的张经理吧？您好。"然后彼此交换名片。接着介绍一起来访的属下。需要注意的是，在拜访时，除了要注意介绍的方法、递名片、接名片的方法，还要注意坐姿、站姿、握手等礼节。

思考与讨论

1．拜访前都需要做哪些准备工作？

2．与客户会面需要注意哪些礼节？

实 训 题

请同学们分组模拟商务拜访的情景，并相互做出评价。

案 例 分 析

王女士随团出访，前去欧洲开展招商引资工作，因为出国之前她忙着做准备，忘记重新印制一套名片，所以每到送名片的时候，为了让对方能找到自己最新的电话和住址，她在名片上临时用钢笔加注了最新的电话号码和地址。半个月跑下来，王女士累得筋疲力尽，却未见有外商与其有过实质性接触。后来经人指点，才明白问题出在哪儿，原来是她自己送给外商的名片不合规范。王女士临时用钢笔在自己的名片上加注电话号码，本以为这样联系起来更方便和更有效，可是在外商看来，名片犹如一个人的"脸面"，对其进行任意涂涂改改、加加减减，只能表明她的为人处世敷衍了事，马马虎虎。

扫一扫查看
更多案例

问题：

结合王女士的错误谈一谈名片在商业交往和商务拜访中的作用。

任务三 | 商务洽谈礼仪

任务引入

某个国家的电子销售企业想成为日本一家著名电子公司的地方销售代理商，双方几次磋商均未达成协议。在最后一次谈判刚开始时，电子销售企业的代表突然发现日方代表喝茶及取放茶杯的姿势十分特别，于是他说："从您喝茶的姿势来看，您十分精通茶道，能否为我们介绍一下呢？"这句话正好点中了日方代表的兴趣点，于是他滔滔不绝地讲了起来。之后的正式洽谈进行得十分顺利，最终那家销售企业如愿以偿地取得了销售代理权。

任务分析

在商务谈判中应注意语言的表达技巧。礼节性的交际语言可以很好地增进谈判双方的了解、沟通感情、融洽友好气氛。不同的气氛，对商务洽谈的影响是显而易见的，不同的气氛影响着洽谈的发展方向。商务洽谈的开始要放在满足双方愿望、需求及利益上，良好的气氛有助于商务洽谈协议的达成。

知识链接

一、洽谈人员应有的礼仪

参加商务洽谈的人员，应当注意以下礼仪。

（1）自我介绍要得体。在介绍时，不必过于拘泥礼节。若是同行，就更应该表现得自然和轻松，介绍时应姓、名并提，还可以简短说明自己的单位、职务等。问及对方姓名时，要注意礼貌用语，比如："请问尊姓大名"或"对不起，不知该怎么称呼您？"

（2）提问要注意方式。在业务洽谈中，提问是难免的，但提问一定要讲究礼仪。一是要注意内容，不要一直追问对方难于应付的问题。二是发问方式要委婉，不要像"查户口"式的盘问。三是如果提出的问题对方一时答不上，或不愿回答就不宜生硬地追问，而要善于调换话题。

（3）要用心听对方讲话。一个成功的健谈者，同时也应是一个好的聆听者。他能从对方的谈话中发现问题，从而可以有的放矢地打动对方。口若悬河，滔滔不绝，往往会使对方产生反感。

（4）要重视洽谈对手。自信是谈判成功必备的心理素质。然而自信绝不等于狂妄以至轻视谈判对手。相反，在洽谈之前，应当想方设法了解对方的动机、态度、目标、长处和弱点，乃至为人处事的态度。只有知己知彼，才能百战不殆。

（5）要具备"大将风度"。商务洽谈在一定意义上来说是一种心理上、智力上的较量。因此，作为洽谈人员，要时时保持头脑冷静，从容不迫，沉着应战，以智取胜。

（6）要以情感人。在商务洽谈中，要坚持平等互利，重视礼节。

企业有大小之别，实力有雄厚薄弱之分，但在洽谈的"天平"上，身份是平等的，利益是互补的，双方应当相互尊重，以礼相待，切不可以大压小，以强凌弱。在整个洽谈过程中，要仪表整洁，行为端正，态度诚恳，语言随和。出言吐语，均应当以事实为依据，以理服人，以情感人。

（7）要略施计谋来达到洽谈目的。洽谈的目的，是寻找对方真正的需求欲望。高明的洽谈者，往往会及时地发现和抓住这种需求，用示范说服对方，或用自己的建议使对方感到满意。

（8）要掌握好洽谈的时间。洽谈时间的长短要视具体情况而定。一般来说，洽谈不应超过三四十分钟。因此，对洽谈的内容应先做妥善准备，以便在最短的时间以最有效的方式来进行。

（9）要掌握好洽谈的步骤。洽谈人员要通过适当的产品自我介绍，想方设法使对方提高对自己产品及服务的兴趣，并拿出数字（实例）来说明产品可能给予对方的利益，从而使对方采取行动以达成交易。

（10）要有契而不舍的韧劲。急于求成，往往欲速则不达。洽谈人员切忌存在火急火燎的心理，这种心理一旦被对方察觉，对方就会利用你的这个弱点，甚至提出苛刻的条件，逼你就范。当洽谈出现曲折时，聪明的洽谈人员会冷静地分析洽谈所得到的进展与共识，希望求同存异，寻找"柳暗花明"的途径，避免洽谈陷入僵局以致破裂。

二、商务洽谈语言礼仪

洽谈是人们在商务活动中交换意见，为了取得一致，相互磋商的一种行为。

在商务洽谈过程中，双方所做的意见交换、看法的磋商是一个"短兵相接"的过程。在此期间，信息不断地输出与接收，信息内容和信息量在不断地调整，信息承载体即语言形式的变换也都急剧而迅速。洽谈既是一个紧张思维的过程，又是一个具有高度语言运用艺术的过程。在这一过程中，语言的叙述、辩驳、论证、说服等功能被加以综合运用，并得到最大限度的发挥。洽谈的成败，以及如何在最有利的条件下达成协议，取得圆满的结果，在很大程度上取决于洽谈中语言技巧和语言表达的礼仪。

1．创造融洽友好的气氛

在商务洽谈中，融洽友好的气氛是谈判得以顺利进行的重要条件。洽谈者必须使自己的语言表达文明礼貌，分寸得当，使洽谈双方始终处于一种尽可能友善的气氛之中。出言不逊，会引起对方的反感和不满，会给谈判造成障碍甚至导致洽谈的破裂。

洽谈中的语言既要文明礼貌，又不能放弃一定的原则，怎样才能处理好这两者的关系呢？最有效的办法就是充分利用语言的表达手段。有经验的洽谈者常会借助于高超的技巧，富有文采的语言，既创造出和谐、礼貌的气氛，又明确地表达自己的观点和主张，从而维护自己的立场。

洽谈语言文明礼貌，还表现在语言表达要紧扣洽谈主题，尽可能做到就事论事，不要无故岔开话题，打断别人的话头。

有时在洽谈过程中，常会因各执己见而出现僵局。即便如此，也仍要努力使语言表现得文明、得体，以理服人。

有时，为了顾全整体利益，需要作些必要的让步，但这并不意味着放弃原则，一味退让，损害自己的利益。不妨用意义含蓄、语气婉转的话，如："这件事让我考虑一下"或"这件事我们另外请示商量一下"等。这些委婉的措辞都能为你赢得调整思维、部署新方案的机会。

商务洽谈中，洽谈者所代表的是一定的社会组织或团体，他的语言表达是否得体，有理有节，不仅关系到洽谈最终的成败，还会影响其所代表的组织的形象乃至声誉。

2. 巧妙地了解对方

在商务洽谈中，除了仔细倾听对方的发言，注意观察对方的举止、神情、仪态以捕捉对方的思想脉络，追踪对方动机之外，通过适当的语言表达，投石问路，是探视对方的想法、目的，获取必要信息更为直接有效的方式。

（1）彬彬有礼的漫谈。洽谈在触及正题之前，可先谈些与正题无关的话，如形势、经济、文化、爱好、家庭等。通过礼貌的漫谈，可以了解对方的习惯、爱好、能力、水平等情况。这些情况也许正式洽谈中会给你某种启示和帮助。

（2）合乎礼仪的"吊胃口"。在洽谈过程中，可利用一些对对方具有吸引力或对方很敏感的话题去进行交谈，借此琢磨、判断对方的种种变化及心理活动的蛛丝马迹。在商务谈判中提要求时，要提得比预期达成的目标稍高一点，如果你是卖主，叫价不妨高些；如果你是买主，出价则应低些，对对方提的要求，不能很快答复，因为对方等得越久，越会珍惜它，不过这种等待，要让对方感到是有希望的，还要使对方感觉到你的每一次让步都尽了很大努力，是愿意给对方好处的，是因为种种原因而无能为力，现在争取到手已来之不易，而实质上你并没有任何损失。

3. 礼貌而又巧妙地提问

礼貌而又巧妙地提问犹如一颗颗问路石子。切中时机、恰到好处的提问，往往能帮助洽谈人员把握住对方的思想脉络。比如："先生，刚才我介绍了产品的情况，也许您有什么问题要提吧？"促使对方做出反应，以便把握对方的思想动态。还可用设问句的形式，比如"假如我们减少订货的数量呢？"这种突然发问的假设句，常使对方措手不及，无意之中流露出真情。

无论采用什么形式提问，提问必须适当而不失礼，需要注意以下几点。

（1）提问题的内容要适当。也就是说，提的问题要得体，既有针对性又不使对方为难，而对提问题的内容、角度需要慎重地加以选择。

（2）提问题的时间要适当。问题即使提得好，但不合时机，也同样起不到作用。如在商务谈判中，还未了解产品的性能、质量，就迫不及待地问："你们打算以多少钱出手？"这显然是不合适的，只会使自己造成被动挨打的局面。

（3）提问题的方式要适当。同样的意思，问话的表达形式不同，往往会取得不同的效果。有这么一个小故事，一个传教士问他的上司："我在祈祷时可以抽烟吗？"这个请求遭到了断然的拒绝。另一个教士也去问这位上司："我在吸烟的时候可以祈祷吗？"请求得到了允许。两位传教士提问的内容、目的是一样的，但由于提问的形式不同，得到的结果却完全不同。由此可见，提问的技巧是很重要的。

4. 弹性表达礼仪

洽谈的过程是智力、技能、竞争的过程。商务洽谈往往受到人的思想情绪、洽谈内容、周围环境等多种因素的制约。洽谈的过程一般说来总是复杂多变的，出现节外生枝等始料未及的情况是经常的事。因此，洽谈中特别是开始时，说话一定要注意分寸，留有余地，不能说"口满话"，要使说话具有一定的弹性，给自己留下可进可退的余地。

在商务洽谈中，说话留有余地，往往可使企业进退自如，获取更大的利益。对某些很难一下子做出回答的要求和问题，可以说："我们将尽快给你们答复。""我们再考虑一下。""最近几天给你们回音。"这里的"尽快""一下""最近几天"都具有灵活性，留有余地，可使自己避免因盲目做出反应而陷入被动局面。某公司新设计的服装款式新颖别致，一上市就十分抢手，因此公司准备购进一大批面料组织大批生产。消息一传出，很快就有好几家毛纺厂的推销员来厂洽谈生意。该公司也有意先派人员与之接触。在洽谈过程中，该公司了解了各厂的情况，却都不拍板，而以"贵方的意思我一定转告主管领导，只要质量可靠，价格合理，我想是会被考虑的"这类的话来做答。在反复权衡的基础上，该公司确定了其中的一家厂商，这家面料质高价廉，使公司获得了较好的效益。

洽谈是一个复杂的过程。如果把洽谈称作一种艺术，那么它是一种综合性的艺术。洽谈语言的表达及适当的礼仪只是洽谈整体艺术中的一个重要组成部分，一项洽谈要获得成功，还必须有赖于洽谈者本人的渊博知识，灵活清醒的头脑，惊人的洞察能力，处事果断等因素。

三、商务洽谈礼仪

1. 平等地商讨

商讨，在商务活动中是必不可少的。没有商讨，商务活动就无法进行。商务关系越密切，商讨就会显得越重要。如果在商务活动中出现了难题而加以回避的话，不但矛盾解决不了，而且存在的问题会随着时间的推移，变得更为复杂。

商讨在商务洽谈中经常碰到，在礼仪上要注意以下几点。

（1）先找出洽谈双方矛盾的焦点。有些由于误会而引起的矛盾，可以通过交换意见加以消除。有些矛盾涉及业务上的是非问题，对此，在洽谈时要公开而有礼貌地阐明自己的观点，让对方能充分了解自己，进而理解或谅解自己。

（2）明确商讨的对象是"事"而不是"人"。在商务洽谈中，事和人一般是联系在一起的，因为事终究是通过人来具体做的。但是，在商讨中随便地把事和人交织在一起，常常会使对方感到你对某人有成见，从而会影响商讨的实际效果，客观上对人也不礼貌。

（3）要有目的地商讨。每一次商讨，都应当有一个目标，并争取解决某些特定的问题，而且一切都应围绕着这一目标进行。在商讨中，即使达不到统一，也一定要阐明各自的观点。这样，就能为各自审度和理解对方的观点，创造较有利的条件，同时，能给对方留下诚心诚意的良好感觉。

（4）商讨的态度要诚恳和现实。诚恳，就是要与人为善；现实，则是指不要去翻陈年老账。必须明确，商讨的直接起因，就是为了解决现实的问题。

2. 友好地辩论

辩，即辩解或辩明；论，即议论或讲述。在商务洽谈中，如当事人之间产生了分歧，为达到一定的目的，互相间进行争论或反驳，这是屡见不鲜的。辩论也得有风度，不失礼仪。

（1）"辩"前设题，有备无患。辩论的双方，在参加辩论之前，应在思想上、材料上和表达上做一定的准备。老资格的商务洽谈者，一般信守这样的一句常语："九备一说。"也就是说，花九分力气去准备，而桌面上的直接口语表达仅仅需要一分精力而已。辩论的哪一方，若毫无准备地参加辩论，是决不会取胜的，而谁准备的充分，谁取胜的把握就大。

（2）事理交融，举证有力。在商务辩论中，必须条理清楚，表达严密，言简意骇，摆事实讲道理。要突出主题，不要东拉西扯，分散注意力；要抓住关键问题，不要纠缠于无关紧要的细枝末节。

（3）态度端正，语言文明。商务辩论时，要注意八忌：一忌鼓动性和煽动性；二忌无理纠缠；三忌抓辫子、戴帽子和打棍子；四忌讽刺挖苦；五忌已知的不说，新知的穷谈，不知的瞎说；六忌手舞足蹈；七忌尖嗓子叫或者像蚊子似的嗡嗡；八忌不顾事实的狡辩或诡辩。

3. 礼貌地查问

在商务洽谈中，洽谈一方为了了解某一方面的事实，向另一方进行查问，是常有的事。如何注意查问的效果和礼貌呢？

（1）查问前要列好提纲，而且越细越好。如果不做准备，无的放矢，便贸然查问，这是不尊重对方的表现。

（2）查问时要注意现场的气氛。如果双方的注意力都集中在另一个问题上，撇开主题强行查问，只会干扰洽谈活动的正常进行。

（3）查问要注意语气的平和亲切，不能把查问变成审问或责问，引起对方反感。用词要斟酌，以免引起对方误解。

（4）当被查问人答话时，查问人应耐心倾听，不要因为对方的回答还不能使自己满意，便随意打断对方的话，这是很不礼貌的。

（5）查问结束时，应对对方所作的解答表示感谢。

4. 打破冷场的礼仪

在商务洽谈会上，有时会碰到冷场，与会者一言不发。在这种情况下，需要加温，变冷场为"热场"。在这当中，也不能忽视礼仪要求。

（1）应迅速找出冷场的原因。一般来说，冷场的出现，有的是因为与会者无话可说了，便用冷场来等待会议主持者的裁决。在这种情况下，会议主持者要当机立断，宣布休会。如果是商务洽谈中碰到了难堪或棘手的问题，而与会者很难再进行讨论。在这种情况下，会议主持者要随机应变，引出话题，激起与会者的兴趣。

（2）应尽量缩短冷场时间。在商务洽谈中，冷场的时间不宜超过三五分钟。否则，会影响洽谈气氛，也会使与会者对洽谈的准备工作产生疑虑。这时，会议主持者要主动发言或者调换话题。等到现场气氛活跃起来以后，再把话题转入正轨。

（3）会议主持者要即兴发挥。当遇到洽谈冷场时，会议主持者要善于借题发挥，谈谈自己的感想，但这种话不能是结论性的，因为会议主持者一旦做出结论，往往不是开拓"话源"，反而堵塞了"言路"。高明的办法是，把一些有争议的问题摆出来，然后围绕这些问题往更深层的方向有的放矢地进行洽谈。通过恰当的调节，可使洽谈气氛升温，在合情合理的氛围中达到洽谈的目的。

1. 商务洽谈都有哪些语言技巧？
2. 商务洽谈的语言礼仪都有哪些？

同学们分组扮演商务洽谈的双方，并对洽谈的整个流程做出准备和模拟演练。

某天下午，××公司要与外地某企业进行洽谈会，并准备就双方技术合作事项达成协议。张可作为该公司的秘书，事前进行了大量的准备工作。但就在当天临近中午时，张可发现有关质检管理方面的资料没有准备。他立刻通过各种方式查找资料。但资料没找到，会议也已经开始了，张可提心吊胆地等待谈判结果。洽谈会开始后，双方就事前准备的协议草案展开了充分的讨论。最后外地某企业代表提出了质检管理方面的问题，因为这对于合作项目的成功具有重大作用。然而张可所在的公司代表手中缺少这方面的资料，无法给予对方满意的答复，会议没有做出任何决定，只得暂时休会。

扫一扫进行
更多练习

问题：

1. 谈判为什么没有结果？
2. 张可及其所在的公司还有哪些补救的方法？

项目九
公共场所礼仪

学习目标

① 掌握行路、乘坐公共交通工具等基本公共生活场所的具体礼仪规范。

② 掌握一些特殊公共场所的行为规范。

技能目标

在掌握公共场所礼仪规范知识的基础上，每位同学能认识到公共场所是最能体现自身文明素质的场合，进而有意识地做到约束、规范自身行为，最终促使自身文明素质的提高。

任务一 | 行路

任务引入

一天，一位客人准备乘坐酒店观光电梯下到大堂。当电梯行至酒店行政办公楼层时，走进两位穿着酒店制服，正准备去参加每月生日会的员工。两位员工边聊边随手按了一下电梯按钮。但员工随即发现错按了五楼，而员工生日会通常在三楼或二楼举办，于是员工改按了三楼的按钮。当到达三楼，电梯门打开后，员工发现三楼好像没有来参加生日会的人，那生日会应该是在二楼举办，于是员工又按了二楼。员工的行为引起一同乘坐电梯的客人的不快，当电梯到达大堂后，客人向大堂副理投诉，认为酒店员工不应该乘坐客用电梯，且员工乱按电梯完全不考虑客人的感受。

任务分析

上述案例中，由于员工在乘坐客用电梯时，忽视客人的存在，不注意自己的行为规范和必要的电梯礼仪，以致引起客人的不快。为此，我们对使用客用电梯的事项和有关礼仪应加以注意和遵守，因为员工按错楼层，客人可以理解，但忽视或不礼貌对待客人，必定会引起客人不满。

知识链接

公共礼仪，指的是人们置身于公共场所时，应该遵守的礼仪规范。它是社交礼仪的重要组成部分之一，也是人们在交际应酬中应具备的基本素养。

公共场所，它所指的是可供全体社会成员进行各种活动的社会公用的公共活动空间。例如，街头巷尾、楼梯、火车飞机、走廊、公园车站、卫生间、商厦、娱乐场所、公共交通工具等。它最显著的特点是它的功用性和共享性，它为全体社会成员所服务，是全体社会成员进行社会活动的处所。

人是社会人，除了个人生活、家庭生活之外，人们还必不可少地要置身于公共场合，参与社会生活。在这种情况下，与他人共处，彼此礼让、包容、理解、互助，也是做人的根本。公共礼仪的基本内容，就是人们在公共场合与他人共处时和睦相处、礼让包容的有关行为规范。

学习、应用公共礼仪，应当掌握好3条基本原则。

原则之一，遵守社会公德。社会公德，又叫社会公共道德或公德，它是人们在长期的社会生活中，根据客观需要形成的，用以维持公共生活秩序，调解人们在公共生活中相互关系的一种约定俗成的行为规范。它以种种秩序、规则维护着社会的稳定和公共场合的良好秩序。公共礼仪从属于社会公德，并且以更为具体的形式和要求对其进行贯彻落实。遵守社会公德，就是要求人们在公共场合活动时，要有公德意识，要自觉、自愿地遵守、履行社会公德。不讲社会公德，遵守公共礼仪将无从谈起。

原则之二，不妨碍他人。与私人交际有所不同，人们置身于公共场合时，或为过客，或为休闲，或为生活需求，不一定非要与其他人打交道不可。而在实际上，人们在公共场合所面对的，往往也多半是一些自始至终不会与自己发生正面接触的人。不妨碍他人的原则，就是对人们在公共场合面对他人时的行为的具体规范。它的基本含义是：在公共场合，每个人都应当有意识地检点、约束自己的个人行为，并尽一切可能，自觉防止自己的行为影响、打扰、妨碍到其他任何人。

原则之三，以右为尊。在公共场合，有时有必要排定位置的主次尊卑，以示礼待他人。在排位时，尤其是在排定并排位置的主次尊卑时，以右为尊的原则是普遍使用的。它的含义是：在并排排列的位置上，右侧为尊，左侧为卑；右为上位，左为下位。在多人并排共处时，其位置的尊卑则往往是由右而左，依次递降的。因此，当需要表示对他人的敬意时，应请其居右。当需要表示自谦时，则应主动居左。

遵守公共礼仪，应从基本的行路做起。行路，又叫步行，它指的是人们举步行走。根据交往礼仪，行路亦需自尊自爱，以礼待人。行路不但有普遍通行的礼仪守则，而且在不同的行路条件下还有各自不同的具体要求。

一、基本要求

行路，不管是一个人独行，还是多人同行；不管是行走于偏僻之地，还是奔走于闹市街头，都有一些基本的礼仪要求应当遵守。这方面的基本要求有以下几方面。

（一）始终自律

行路，对一般人而言，多数情况下是一种个人在室外进行的活动，并无熟人在场。在这种缺少他人监督的时刻，讲究礼仪的人尤其需要慎独。即在这种一人独处之时，行事要处处谨慎，好自为之，一如既往。切不可人前一个样，人后一个样。在家中和单位里处处恪守礼仪，而在街头巷尾行路之时却面目全非，肆意妄为，将礼仪与社会公德置诸脑后。

遵守社交礼仪，在行路时要始终对自己自律，严格约束个人行为。具体而言，特别是要做好以下几点。

1．不吃零食

在行路时吃东西，不仅吃相不雅，不够卫生，不利于身体健康，更重要的是还有可能给其他的行人造成不便，妨碍他人。

扫一扫

扫一扫查看
要遵守的公共场
所礼仪

2．不吸烟

香烟是一种有害个人健康的"类毒品"。在行路时吸烟，会污染空气，甚至还有可能烧坏别人的衣物。

3．不乱扔废弃物

在行路时，若有必要处理个人的废弃物品，应将其投入专用的垃圾箱。不要"天女散花"，随手乱丢，破坏公共场所的环境卫生。

4．不过分亲密

恋人或夫妻一起行路时，不应勾肩搭背，又抱又搂，表现得过分亲密。将这类个人隐私当众"公演"，不仅极不自重，而且也会令旁人感觉不舒服，不自在。

5．不随地吐痰

行路时，若需要清嗓子、吐痰，应于旁边无人时，将痰吐在纸巾里包好，然后投入垃圾箱。不要将其"自行消化"，更不能随地乱吐。直接吐入垃圾箱，也不大卫生。

6．不尾随围观

发现街头有冲突时，应予以劝阻，切莫围观、起哄、煽风点火。对于不相识的异性，不应浅薄轻浮，频频回首顾盼，更不许尾随其后，充当"马路求爱者"，对其进行骚扰。

7．不毁坏公物

对于公共场所的各种设施、物品，要自觉爱护。不要攀折树木、采摘花卉、践踏草坪，不要在墙壁上信手涂鸦、划痕。爱护公物，应当成为每个人主动自觉的行动。

8．不窥视私宅

对于与自己毫不相干的私人居所，不要贸然上前打扰，更不要趴在其门口、窗口、墙头偷偷观望，窥视他人的活动。

9．不违反交通规则

行路时务必要遵守交通规则，过马路要走人行横道、天桥或地下通道，必要时要看红绿灯或听从交警指挥。不要乱闯红灯，翻越隔离栏或是在马路上随意穿行。

（二）相互体谅

在行路时要注意以下几个问题。

1．热情问候

路遇熟人，通常应当问候一下对方，至少也要以适当的方式向其打声招呼，不应当对其视若不见。

对于其他不相识者，如正面发生接触时，也有必要先向对方问好，然后再谈论其他。

2．答复问路

有人向自己问路时，应尽力相助，有可能时还可为之带路，不要不耐烦或不予理睬。向他人问路，则是先要用尊称，事后勿忘道谢。

3．帮助老幼

遇到老弱病残者，或是盲人、孩子有困难时，应主动上前加以关心、帮助，不要视若不见，甚至对其讥讽或呵斥。

4．扶正斗邪

碰上打架、斗殴、偷窃、抢劫或其他破坏公物、破坏公共秩序的行为，应挺身而出，见义勇为，与坏人坏事大胆斗争，不要事不关己，走为上策。

5．彼此谦让

通过狭窄路段时，应请他人先行，不要只顾自己抢路。在拥挤之处不小心碰到别人，立即要说"对不起"，对方则应答以"没关系"。不要若无其事，或是借题发挥，寻衅滋事。

（三）保持距离

行路多在公共场合进行，故而应当注意随时与其他人保持适当的距离。社交礼仪认为：人际距离在某种情况下也是一种无声的语言。它不仅反映着人们彼此之间关系的现状，而且也体现了其中某一方，尤其是保持某一距离的主动者对另一方的态度、看法，因此，对此不可马虎大意。

二、具体情况

人们在步行时，往往会置身于不同的处所，面临着不同的情况。在这种情况下，既要遵守上述基本要求，又要根据具体情况具体对待。

行路时遇到的具体情况，大体上包括漫步、道路上行走、上下楼梯、进出电梯、出入房间、通过走廊或拥挤之处、排队等。以下将对此分别加以介绍。

1．漫步

漫步，又叫散步。它是指以随意行走为表现形式的一种休息方法。它一般不受时间、地点、速度等方面的限制。

漫步通常可分为两种情况：其一，是个人漫步。在个人漫步时，无需顾忌太多，只要注意安全即可；其二，是多人漫步。多人一起漫步，尤其是与尊长、异性一起在较为正式的场合漫步时，重要的是要注意在位置的具体排列上符合礼仪。多人并排行走时，一般以右为尊，以内侧为尊；以左为卑，以外侧为卑。若并行者多于3人，则以居中者为尊。多人单行行走时，则大都以前为尊，以后为卑。

2．道路上行走

在道路上行走，尤其是在街头巷尾行走，讲究要比漫步时多得多。首先，行走在道路上时，要自觉地走人行道，不要走行车道，并自觉地让出专用的盲道。无人行道时，应尽量选走路边。

其次，在道路上行走时，按惯例应自觉走在右侧一方，不可为图省力，而逆行于左侧一方。偶遇无路之时，仍应行走于右方。

再次，在道路上行走时，宜单行行进，不宜并排行走，更不允许多人携手并肩而行，否则会人为地制造路障。

最后，在道路上行走时应保持一定的速度，不要行动过于迟缓，阻挡身后之人。尽量不要在道路上停留、休息或是与亲朋好友进行长谈。

3．上下楼梯

上下楼梯时，需要注意6点：一是上下楼梯均应单行行走，不宜多人并排行走；二是无论上楼还是下楼，都应身靠右侧而行，即应当右上右下，将自己的左侧空出来，这是为了方便有紧急事务者快速通过；三是上下楼梯时，若为人带路，应走在前头，而不应位居被引导者之后；四是在上下楼梯时，因为大家都要留心脚下，故不应进行交谈，也不应站在楼梯上或楼梯转角处进行深谈，因有有碍他人通过，因此也是不允许的；五是与尊者、异性一起

下楼梯时，若楼梯过陡，应主动行走在前，以防身后之人或有闪失；六是上下楼时既要多注意楼梯，又要注意与身前、身后之人保持一定距离，以防碰撞。

除此之外，还有注意上下楼梯时的姿势、速度。不管自己事情多么紧急，都不应在上下楼梯时推挤他人，或是坐在楼梯扶手上快速下滑。上下楼梯时快速奔跑，也不甚适当。

4. 进出电梯

进出电梯要注意两大问题。第一，要注意安全。当电梯关门时，不要扒门，或是强行进入。在电梯人数超载时，不要心存侥幸，非进去不可。当电梯在升降途中因故暂停时，要耐心等候，不要冒险攀援而出。第二，要注意出入顺序。与不相识者同乘电梯，进入时要讲先来后到，出来时则应由外而里依次而出，不可争先恐后。与熟人同乘电梯，尤其是与尊长、女士、客人同乘电梯时，则应视电梯类别而定：进入有人管理的电梯，应主动后进后出；进入无人管理的电梯，则应当先进去，后出来。先进去是为了控制电梯，后出来也是为了控制电梯。

5. 出入房间

个人出入房间，若无人在场，自然不宜过分拘束。若有他人在场，尤其是遇上比较正式的情况时，则应在以下几点上多加留意：

一是要注意房门的开关。无论是否出入房门，都应以手轻推、轻拉、轻关，绝不可以以身体的其他部位"代劳"。例如，不能以肘推门，以脚踢门，以臀拱门，以膝顶门，也不能听任房门自由开关。

二是要注意面向。进门时，如果有人在房门，则始终应面向对方，尤其是切勿反身关门，背向对方。出门时，若房内依旧有人，则在行至房门、关门的过程中，都应尽量面向房内之人，不要以背示之。

三是要注意顺序。在一般情况下，应请尊长、女士、来宾率先进入房门，率先走出房门，必要时应主动替对方开门或关门。若出入房间时恰逢他人与自己方向相反，也要出入房间，则应礼让对方。一般来讲就是房内之人先出，房外之人后入。倘若对方为尊长、女士、来宾，亦可不遵守此例，而优先对方。

6. 通过走廊

许多房间往往由长度、宽度不等的走廊连接在一起。走廊有室内走廊和露天走廊之分，但讲究的行路礼仪却基本相近。首先，通过走廊，一般应当单排行进，至多允许两人并排走在一起。若多人一起并行，对并不大宽敞的走廊来说显然不适宜，因为有可能阻挡别人。

其次，通过走廊，一般应当主动走在右侧，这样即使有人从对面走来，也会两不相扰。不过若是在仅容一人通过的走廊里遇上了这种情况，则应面向墙壁，侧身相让，请对方先通过。若对方先这样做了，则勿忘向其道谢。

再次，通过走廊，一般应当缓步而行，悄然无声。因为走廊多连接房间，若快步奔走，大声喧哗，制造噪声，难免会干扰别人。

最后，通过走廊，一般应当循序而行。不要为了走捷径、图省事、找刺激，而去跨越某些室外走廊的栏杆，或是行走于其上。

7．拥挤之处

在商厦、机场、码头、邮局、农贸市场等处行走，难免会碰上行人如织、摩肩接踵、熙熙攘攘的情况，在相对较为拥挤之处行走时，应注意以下几点。

首先，不要在此逗留过久。在这类地方，将事情处理之后，即应马上离开。千万不要没事找事干，留在这里聊天、休息或看热闹。

其次，不要阻挡他人的通过。没有万分必要，不要在这种场合与人拉手、挽臂、勾肩、搂抱而行。携带东西时，最好抱在身前，或是一只手提拎。

再次，不要手舞足蹈。由于这类地方行人太多，因此最好不要做出毫无任何意义的动作，如猛然挥手、踢腿蹬脚等，以免生事端。

最后，不要高声谈笑。在此处与人交谈，切记压低声音，能让对方听清楚就行了，不要大喊大叫，大吵大笑。

8．排队

在公共场合，每逢许多人需要同时做某件事情，而又需要区分先后次序时，排队通常是解决问题的最好办法。排队，简单来说，就是人们按照先来后到的顺序，一个挨一个地排列成行，以便依次从事某事。在排队时，应当遵守的礼仪规范有以下几个。

首先，要养成排队的良好习惯。需要排队的时候，就要保持耐心，自觉地排队等候。不要起哄、拥挤、不排队或破坏排队。排队自觉与否虽系区区小节，但却能反映一个人的素质。

其次，要遵守排队的顺序。排队的基本顺序是：先来后到，依次而行。排队时，一定要遵守并维护这一秩序，不仅要自己做到不插队，而且好要做到不让自己的任何熟人插队。

最后，要保持排队时的适当间隔。在排队时，大家均应缓步而行，人与人之间最好要保持 0.5～1 米的间隔，否则会让人很不舒服，甚至会影响他人办事。比方说，在自动提款机上取钱时，后边的人要是与前边的人贴得过近，就有可能使前边的人感到很不舒服，或是心生戒备。

思考与练习

1．行路时应遵循的基本准则有哪些？
2．通过走廊或过道时需遵守的规范准则有哪些？

实 训 题

请你在道路上观察人们的行路，并指出其中存在的主要问题。

案例分析

2015年12月20日，扬州一小区内，下午2点多，一名夏姓老人去女儿家，准备乘电梯上楼，可电梯内有两名年轻人在打架，其中一人无意中将老人碰倒在地，老人当时就不能起来了。后来，老人的家人赶到现场并报了警。经检查老人的盆骨骨折，在市一院住院治疗。目前，警方已介入调查此事。

问题：

你是如何看待这件事情的？

任务二 | 乘车

任务引入

镜头一：一中年妇女提着带鱼把赵刚的衣服蹭脏了。中年妇女说："衣服脏了没关系，回家洗洗就行了。"赵刚笑了："我该说的都让你说了，我只能说对不起了。"中年妇女被这幽默的批评羞红了脸。

镜头二：乘客李某踩了陈伟的脚。李某急忙说："对不起。""对不起就行啦，说得轻巧。"陈伟得理不让人。"我不是故意的。""不是故意的，你也让我踩一下！"陈某说完重重踩了李某一脚，惊叫声、指责声顿时响成一团。

（1）赵刚和陈伟的处理方法有何不同？

（2）有人认为赵刚的做法正确，有人认为陈伟的做法正确，你认为呢？请从宽容的重要性角度谈谈为什么。

（3）赵刚、陈伟的做法对我们有什么启示？

任务分析

在公共场合中，如果他人无意中冒犯了你，得体的做法不是火冒三丈，也不是默默忍耐，而是用善意的语言或方式提醒对方，也给对方一个台阶下，让对方以及其他人舒服。

公共交通工具上，如果你的举止有可能影响到其他旅客，要首先道歉或致谢，显然赵刚的做法更合适，既提醒了对方，也不使对方过于难堪。

知识链接

在人们争分夺秒的现代都市生活中，往往需要乘坐各种车辆，尤其是各种机动车辆，以求方便。乘坐车辆，具有节省体力、方便舒适、较为安全等多种优点，因而在可能的情况下，是可以优先考虑的。

人们可以乘坐的车辆有多种类型，下面主要介绍有关乘坐轿车、公共汽车、火车等机动车辆的礼仪规范。

一、轿车的乘坐

乘坐轿车，通常是讲究快节奏、高速度的人士在"行"的问题上的首要选择。乘车之时虽然短暂，但仍有保持风度、以礼待人的必要。不要为了只求快速抵达目的地，而忘乎所以，不计其他。

乘坐轿车时，应当牢记的礼仪问题主要涉及座次、举止、上下车顺序3个方面。

（一）座次

在比较正规的场合，乘坐轿车时，一定要分清座次的尊卑，并在自己合适的位置就座。而在非正式场合，则不必过分拘礼。

轿车上座次的尊卑，在礼仪上来讲，主要取决于以下4个因素。

1．轿车的驾驶者

驾驶轿车的司机，一般可分为两种人：一是主人，即轿车的拥有者；二是专职司机。目前国内常见的轿车多为双排座与三排座，以下分述其驾驶者不同时，车上座次尊卑的差异。

由主人亲自驾驶轿车时，一般前排为上，后排座为下；以右为尊，以左为卑。

在双排5人座轿车上，座位由尊而卑应当依次是：副驾驶座、后排右座、后排左座、后排中座。

在三排7人座轿车上，座位由尊而卑应当依次是：副驾驶座、后排右座、后排左座、后排中座、中排右座、中排左座。

乘坐主人驾驶的轿车时，最重要的是不能令前排座空着。一定要有一个人坐在那里，以示相伴。由先生驾驶自己的轿车时，则其夫人一般应坐在副驾驶座上。由主人驾车送其友人夫妇回家时，其友人之中的男士，一定要坐在副驾驶座上，与主人相伴，而不宜让其与形影不离的夫人坐在后排，那将是失礼之至。

由专职司机驾驶轿车时，通常仍讲究右尊左卑，但座次同时变化为后排为上，前排为下。在双排5人座轿车上，座位由尊而卑应当依次为：后排右座、后排左座、后排中座、副驾驶座。

在三排7人座轿车上，座位由尊而卑应当依次为：后排右座、后排左座、后排中座、中排右座、中排左座、副驾驶座。

2．轿车的类型

上述方法主要适用于双排座、三排座轿车，对于其他一些特殊类型的轿车并不适用。

轿车，通常是指座位固定、车顶固定的各种专用客车。它在双排座、三排座车之外，还包括吉普车和其他多排座客车。它们座次的尊卑各有一些不同。

吉普车是一种轻型越野客车，大都是四座车。不管是由谁驾驶，吉普车座次由尊而卑均依次为：副驾驶座、后排右座、后排左座。

多排座轿车，指的是四排以及四排以上座位的大中型轿车。其不论由何人驾驶，均以前排为上，后排为下，以右为尊，以左为卑，并以距离前门的远近，来排定其具体座次的尊卑。

3．轿车上座次的安全系数

从某种意义上说，乘坐轿车应当优先考虑安全问题。从客观上讲，轿车后排座比前排座要安全得多，最不安全的座位，当数前排右座，最安全的座位，则当推后排左座（驾驶员之后），或是后排中座。

当主人亲自开车时，之所以以副驾驶座为上座，既是为了表示对主人的尊重，也是为了显示与之同舟共济。由专人驾车时，副驾驶座一般也叫随员座，通常坐于此处者多为随员、译员、警卫等。

有鉴于此，一般不应让女士坐于由专职司机驾驶的轿车的前排座，孩子与尊长也不宜在此座位就座。

4．轿车上嘉宾的本人意愿

通常，在正式场合乘坐轿车时，应请尊长、女士、来宾就座于上座，这是给予对方的一种礼遇。然而更为重要的是，不要忘了尊重嘉宾本人的意愿和选择，并应将这一条放在最重要的位置。

应当注意：必须尊重嘉宾本人对轿车座次的选择，嘉宾坐在哪里，即应当认定哪里是上座。即便嘉宾不懂得座次礼仪，而坐错了地方，轻易也不要对其指出或纠正。这时，务必要讲"主随客便"。

上面这4条因素往往相互交错，在具体运用时可根据实际情况而定。

（二）举止

与其他人一同乘坐轿车时，即应将轿车视为一处公共场所。在这个移动的公共场所里，同样有必要对个人的行为举止多加约束。具体来说，应当注意以下问题。

1．不要争抢座位

上下轿车时，要井然有序，相互礼让。不要推推搡搡，拉拉扯扯，尤其是不要争抢座位，更不要为自己的同行之人抢占座位。

2．不要动作不雅

在轿车上应注意举止，穿短裙的女士上下车最好采用背入式或正出式，即上车时双腿并拢，背对车门坐下后，再收入双腿；下车时正面面对车门，双脚着地后，再移身车外。若跨上跨下，爬上爬下，则姿态极不雅观。

3．不要不讲卫生

不要在车上连吃带喝，随手乱扔废物。不要往车外丢东西、吐痰或擤鼻涕。不要在车上脱鞋、脱袜、换衣服或是用脚蹬踩座位，更不要将手或腿、脚伸出车窗之外。

4．不要不顾安全

不要与驾车者交谈，以防其走神。不要让驾车者听移动电话。协助尊长、女士、来宾上车时，可为之开门、关门、封顶。在开门、关门时，不要弄出声响，切勿夹伤人。在封顶时，应一手拉开车门，另一手挡住车门门框上端，以防止其碰人。当自己上下车、开关车门时，要先看后行，切勿疏忽大意，出手伤人。

（三）上下车顺序

上下轿车的先后顺序也是有礼可循的，其基本要求是：倘若条件允许，请尊长、女士、来宾先上车、后下车。具体而言，又分为以下几种情况。

1．主人亲自驾车

主人亲自驾车时，如有可能，均应后上车、先下车，以便照顾客人上下车。

2．分坐于前后排

乘坐由专职司机驾驶的轿车时，坐于前排者，大都应后上车、先下车，以便照顾坐于后排者。

3．同坐于后一排

乘坐由专职司机驾驶的轿车，并与其他人同坐于后一排时，应请尊长、女士、来宾从右侧车门先上车，自己再从车后绕到左侧车门后上车。下车时，则应自己先从左侧下车，再从车后绕过来帮助对方。若车停于闹市，左侧车门不宜开启，则于右门上车时，应当里座先上、外座后上。下车时，则应外座先下，里座后下。总之，以方便易行为宜。

4. 折叠座位的轿车

为了上下车方便，坐在折叠座位上的人，应当最后上车，最先下车。这是广为沿用的做法。

5. 乘坐多排座轿车

乘坐多排座轿车时，通常应以距离车门的远近为序。上车时，距车门最远者先上，其他人随后由远而近依次而上；下车时，距车门最近者先下，其他人随后由近而远依次而下。

二、公共汽车的乘坐

公共汽车，指的是由单位或专人经营，有着固定线路和车站，供社会公众付费乘坐的多排座轿车。它又叫巴士，既有大型、中型、小型之分，又有机动、电动之别。一般都是无轨的，在某些地方也有有轨的公共汽车。

乘坐公共汽车，应当注意以下 4 个方面的主要问题。

（一）上下车

乘坐公共汽车的人平日比较多，因此，务必要注意维护上下车的公共秩序，以求大家方便。只有大家方便，才真正能使个人方便。上下公共汽车时，需要重视以下几个方面。

扫一扫了解公交地铁上的注意事项

1. 上车依次排队

若等候公共汽车的人较多，则一定要自觉地以先来后到为顺序，排队候车。除规定允许被照顾的老幼病残孕之外，其他人概莫能外。

排队候车，应站在站台上，不要拥入街道上妨碍交通。同时还要注意，队列不要排得过度拥挤。

公共汽车进站后，只有车停稳了，才能按照排队的顺序依次上车。不要蜂拥而上，挤作一团；要么不排队去加塞，要么排了队却不按顺序上车。

上车时，要礼让别人，对行动不便的老人、孕妇、病人、残疾人以及妇女、孩子，要加以帮助，不要口有微词。上不去了，应再等下一辆，不要扒门、硬挤、"吊车"。

2. 下车提前准备

在拥挤的公共汽车上，下车一定要提前准备。在自己目的地的前一站，就要向车门靠近。不要等车到站之后，才不慌不忙地向外挤，让大家为自己一个人浪费时间。当然，一上车就等在门口，唯恐坐过站，从而使车门口过于拥堵，也是不应该的。

进行下车的准备时，如需他人让路，应有礼貌地先打一声招呼，如说"借光""劳驾""麻烦一下"等，不要默不作声地猛击猛冲，更不要发脾气，或出言不逊。

3. 物品安放到位

上了公共汽车后，应将随身所带的物品放到适当的位置。注意不要让它占座位、挡路，或有碍他人安全。

不要在车上吃东西。若上车前东西未吃完，应进行必要的处理。在车上吃东西，尤其是吃汁水多的东西，会弄脏车子或他人的衣物。携带的随身之物，也应不使之有碍于人，或有碍于环境。

不要携带有碍安全的物品上公共汽车。携带重、尖、硬或易碎品上车时，需要提醒他人留心注意。

雨雪天上车后，应将雨伞、雨衣放入塑料袋中，或提前抖掉身上的雨水和雪花，不要任其弄湿他人。对已湿的物品，也应妥善处理。

（二）购买车票

乘坐公共汽车，一定要遵守有关车票购买的规定事项。

1．使用智能卡（IC卡）

在许多城市的公共汽车上，并无专人售票，而由乘客自行使用事先购买的储值智能卡刷卡上车。使用该种车票时，要主动刷卡，不准蒙混过关或只刷小数额。

2．购买车票

需购买车票时，应积极主动。不可逃票，不可使用假票、废票，或坐"过站车"。与尊长、女士一同乘车时，应主动为之购票。带小孩时，也应按照有关规定购票。

3．无人售票

在无人售票的公共汽车上，应自动投币，不要不缴车费或少缴车费。坐不找零的公共汽车时，还应该事先备好零钱，不得以无零钱为理由赖账，或强词夺理，胡搅蛮缠。

（三）座位选择

乘坐公共汽车时，座位的选择有其特殊性，需特别加以注意。

1．对号入座

路途较长的公共汽车，一般按座售票，对号入座。乘坐这种车时，不要乱坐其他人的座位，也尽量不要找人换座位。

2．不对号入座

绝大多数的公共汽车不对号入座，通常讲究就座时先来后到。坐这种车时，切勿与人争抢座位，也不要为自己人占座位，更不要为此而对他人恶语相向，甚至大打出手。

3．主动让座

与尊长、女士、来宾一同坐公共汽车时，应请其优先入座，或就座于较好的位置，比如靠前、靠窗或面向前方的位置。遇上老人、病人、残疾人、孕妇、抱孩子的人时，也应主动让出自己的座位，切勿熟视无睹。当他人为自己让座时，应立即道谢。不要自认为理所应当，而一语不发。

4．留出特殊座位

在不少公共汽车的前门或中门附近，都有专门为老、弱、病、残、孕预留的特殊用座。这些座位即使空着，也不应去坐，更不能假冒身份去坐。

5．不随处乱坐

在公共汽车上除座位外不宜随处乱坐，如窗沿、地板、扶手、发动机等处，均不宜就座。挤坐他人座位，也为不当之举。

（四）乘车表现

乘坐公共汽车时，多无熟人在场。此时应一如既往地严于律己，注意个人的表现，不可肆意放纵。

1．不勾肩搭背

与恋人、配偶乘车时，不应表现得过于亲热。

2．不碰撞他人

若有可能，应与其他人的身体保持一段距离。万一因为车辆摇晃或自己不小心碰撞、踩到了别人，应立即道歉。若他人因此向自己道歉，则应大度地表示"没关系"。不要小题大做，借题发挥。任何时候，都不要用手去推、摸别人。

3．不设置路障，手脚安放到位

不管是坐是站，均应坐有坐相，站有站相。不要把腿伸在过道上，人为地设置路障；甚至把脚跷放在座位上，影响他人。有人通过身前时，应主动相让，不要认为事不关己，高高挂起。

4．不影响安全

在公共汽车上切勿随手往地上或窗外乱扔废弃物。不要将头探出窗外，不要在过道上乱晃，站立时不要手扶门缝、窗缝。上下车时，不要起哄、硬挤、猛挤、推人、拉人。

乘坐地铁的礼仪规范与乘坐公共汽车的礼仪规范大致相仿，故不再赘述。

三、火车的乘坐

在西方有一种说法，旅途在 500 千米以内，宜乘汽车；旅途在 1500 千米以上，宜乘飞机；而旅途在两者之间，则宜乘火车。实际上，在国内，目前人们在长途旅行时，火车仍是第一位的考虑。在此情况下，任何人都有必要学习有关乘坐火车的礼仪。

乘坐火车的礼仪，其内容由上车、就座、休息、用餐、交际、下车等几个方面组成。

（一）上车

上火车这一程序，由下述 3 个环节构成，其中每一个步骤，都不应轻视、忽略。

1．持票上车

乘坐火车，均应预先购票，持票上车。万一来不及买票，应上车时预先声明，并尽快补票。不要逃票或用假票、废票。

2．排队上车

坐火车因为人多，停车时间短，故应提前到达车站，在候车室等候检票，检票时要排队。进入站台后，待火车停稳，方可在指定车厢排队上车。不要拥挤、不排队，更不应从车窗上车。

3．携物定量

火车对乘客携带物品的内容、数量均有相应的规定。不应携带违禁物品或过量物品上车。必要时，应办理托运手续。当工作人员检查行李时，应主动予以配合。

（二）就座

上火车后，即应立即寻找座位。寻找座位时，需注意以下几个方面。

1．乘坐指定车次

坐火车一定要乘坐车票上所指定的车次，不要上错车次，以致"南辕北辙"。明智的做法，是上车时，再问一下乘务员，此次列车是否是自己要乘坐的列车。

2．乘坐指定座位

车票因价格不同，座位便有所差别，如卧铺与坐席、硬座与软座、有无空调等。不要为图舒适，而"另攀高枝"，去卧铺、软座、空调车厢占据不属于自己的座位。

3．中途上车找座

中途上车找座时，应先以礼貌用语向他人询问，不要硬挤、硬抢、硬坐。身边有空位时，则应主动请无位者就座，不要占着座位不让，对他人的询问不理睬，或说假话骗走对方。

4．让出自己座位

若发现有老人、孩子、病人、孕妇、残疾人无座时，应尽量挤出地方请其就座或干脆让出自己的座位，以照顾对方。

5．座位亦有尊卑

火车上座位的尊卑，可由下述几点决定：靠窗为上，靠边为下；靠右为尊，靠左为卑。面向前方为佳，背对前方为次。有人同行时，应为其让出上座。若座位不够，则应请其先坐下。与不相识者一同对号就座时，则不必如此讲究。

（三）休息

坐火车的人大都行程较远，因此在火车上的绝大多数时间都是在休息。在火车上休息，应当切记下列礼仪规范。

1．着装文明

在车上休息一般不应宽衣解带。若非在卧铺车上就寝，脱鞋脱袜也不合适。不论天气多么炎热，都不要打赤膊，下装也不应过于短小。不要当众更换衣服或当众"袒露胸怀"，撩衣撩裙。

2．姿势优雅

在坐席车上休息，不要东倒西歪，卧倒于座席上、座席下、茶几上、行李架上或过道上。不要靠在他人身上，或把脚翘到对面的座席之上。在卧铺车上休息，不要与恋人、配偶共用一张铺位，不要采用不雅的姿势。不要注视他人的睡相和睡前准备。

3．管好孩子

带孩子的人，一定要管好孩子，不要让其随地大小便、哭哭闹闹、到处乱跑，以免影响别人的休息，也不要让他乱动他人的物品或纠缠于人。

（四）用餐

在火车上用餐，须注意以下几个方面。

1．在餐车用餐

去餐车上用餐，应预约或购票。若去时人数过多，则应耐心排队等候。在用餐时，应节省时间，不要大吃大喝，猜拳行令。用餐完毕，即应离开，不要赖着不走，借以休息、谈天。

2．在车厢用餐

若不去餐车，则可在自己的车厢内享用自己所带的食物或购买服务员送来的盒饭。在一般情况下，不应要他人的东西吃。尽量不要在车上吃气味刺鼻的食物。吃剩的东西不要扔到过道上，或投出窗外。在茶几上，也不要过多地堆放自己的东西，别忘记它是大家共用的。

3．要实行禁烟

许多火车上都实行禁烟，如有此规定，一定要认真遵守，不要若无其事地照样抽烟。即使未明令禁烟，也最好不要吸烟。实在忍不住时，可去过道上"解决问题"。不要因为自己吸烟而污染车厢里的空气，人为引起其他乘客的反感。

（五）交际

在火车上旁若无人，不与他人进行任何交往，是不可取的，也是不礼貌的。与他人交际，要注意以下几点。

1. 主动问候

上车之后，即应主动向邻座之人打招呼问好。若有必要，还可以对自己进行简单介绍。若对方反应一般，则向其点点头，微笑一下，也是可行的，不必一厢情愿，说得过多。

2. 交谈适度

与邻近的乘客交谈，要注意话题的分寸。不要瞎吹乱侃，大发牢骚，传播小道消息与政治谣言。当他人兴致不高或打算休息时，应适可而止。有人跟自己交谈，可进行合作，不要置之不理。与异性交谈，则不应多涉及个人情况。

3. 相互关照

在火车上，大家虽然是萍水相逢，但彼此也要相互关心，相互照顾。别人行李拿不动时，应援之以手。有人前去用餐或方便时，应为之照管行李和孩子。有人晕车或病了，应多加体谅。他人帮助了自己，要加以感谢。

（六）下车

下火车时，有几个细节问题不应忽视。

1. 提前准备

在到达目的地的前半个小时，即应开始准备下车。不要"临阵磨枪"，手忙脚乱。更不能坐过了站，或是下车时少带了行李。

2. 与人道别

在下车前，应与邻人道别。遇上乘务员时，也要主动说一声"再见"。在一般情况下，与邻座道别时，没有必要主动要求与之交换地址或是电话号码。

3. 排队下车

下车时人若较多，应当自觉排队等候。不要往前硬挤或是踩在座椅背上抢行或从车窗上下车。下车时为争一时之早晚，惹来麻烦，则得不偿失。

思考与讨论

1. 乘坐公共汽车时应当注意哪几个方面的问题？
2. 七人座的轿车乘坐时的座位应如何安排？

实 训 题

请同学们分组讨论哪些属于公共交通工具上的不文明现象。

案 例 分 析

《郑州地铁公司管理条例（草案）》中规定明文禁止在车厢内进食。另外，也不准擅自在车站内摆摊设点，在车站或列车内兜售或派发物品、宣传品等；不准擅自操作有警示标志的按钮、开关装置，在非紧急状态下动用应急或安全装置。在乘车时，阻挡车门、屏蔽门、安全门的正常开启或关闭，强行上下车，攀爬、翻越或推挤围墙、栏杆、护网、闸机等。另外，随地吐痰、便溺、吐口香糖及乱扔果皮、纸屑、包装物，在列车车厢内进食，都将被处以20元以上100元以下的罚款。

问题：

请问您如何评价郑州地铁的这些规定？

任务三 | 特殊公共场所礼仪规范

🌱 任务引入

2015年《科尔沁都市报》的记者在采访中发现，厕纸被随地乱扔是市民和商家抱怨最多的事情。记者在一些商场内的公共卫生间里看到，厕间内基本都配有垃圾桶，可是仍有不少用过的厕纸被扔在地上和蹲位之中。一位来如厕的市民看到这样的情况时眉头紧锁，用脚把厕间内落在地上的厕纸全部踢入蹲位之中，并用水冲走。这位市民对记者说："这样的情况太常见了，很多人连伸手把厕纸扔入垃圾桶都做不到，只能说明素质太低。这里毕竟是公共场所，即使是卫生间也要保持干净整洁。"

商场的保洁员刘女士告诉记者，厕纸乱扔现象十分普遍，这样不仅弄脏了卫生间的环境，也加大了保洁员的工作量。"基本上每隔20分钟我就要进卫生间打扫一番，但是仍然能遇到厕纸乱扔的情况。我希望大家能提高素质，不要让自己不当的行为给他人带来不便。"

洗手间门成"涂鸦壁"

走访中记者看到，一些公共卫生间的门上被胡乱涂鸦，原本该干净整洁的门板却成了"大花脸"，上面不仅有小广告的贴纸，还有用油性笔写的电话号码，更有市民随手写的不成句的词语，甚至被画了一些不堪入目的图画。

您认为在洗手间有必要遵守规矩么？

🌱 任务分析

洗手间虽然是较为隐私的地方，但礼仪贵在"无人处的自律"；每一个人都应该提高自己的文明素质，从点滴小事做起，让自己文明也是为整个城市的文明而努力。

🌱 知识链接

在一些比较特殊的公共场合，如音乐厅、演唱会、新闻发布会、美术馆、影剧院、名人故居、银行、图书馆等，除了要遵守前面讲到的一般公共场合的礼仪规范外，还有一些更进一步的要求。

一、音乐厅

去音乐厅欣赏高雅的音乐，既是一种充满艺术氛围的社交活动，又是一种修身养性、提升品位和生活质量的必修课程。出席音乐会的穿着打扮和言行举止应该引起重视，以维护个人良好的公众形象。

扫一扫

扫一扫了解
公共场所礼仪注
意事项

1. 服饰要求

音乐会是公认的高档社交公共场合，因此对出席者的服饰有一定的要求，这不仅是表示对演职人员的尊重，也是对自己的尊重。

女士一般穿旗袍和连衣裙。如果穿连衣裙，连衣裙的下摆一定要过膝，在可能的范围内越长越好。同时，要着长筒丝袜和高跟皮鞋，可以化妆，做头发。

男士应着黑色西服、白衬衫、黑色领带或黑色领结，黑色皮鞋和深色袜子。当然在中国，男士也可以着深色中山装套装出席音乐会。

如果是夫妻或男女朋友一起参加，女士应穿着与自己先生或男朋友同质、同色、同款式的服装，并在两人的衣襟上分别插上一朵同色彩、同品种的鲜花，来暗示双方的关系。

2. 言行举止

要在音乐会开场前二十分钟左右到达音乐厅。如果是自己做东，应手持门票走在被邀请者前面，以免他们受到检票者的阻拦，并替每位被邀请者购置一份节目单，使客人了解音乐会的曲目、乐队和指挥等相关事项。

演出正式开始前五分钟，观众应该对号就座，保持安静。入座时，应让女士或长辈走在前面，从左侧走向自己的座位。如果自己的座位在一排座位中间，应面对已就座者通过，并且要对其致以歉意。落座时动作要轻缓，不要使座椅发出太大的响声。如果迟到，要服从工作人员的安排，在一曲演奏完后，或者中场休息时方可进入。

演出正式开始后，不能使用手机，不能发表评论，不能进进出出，不能吃零食、吹口哨、喝倒彩、敲打座椅，不能随便拍照、录音或录像。向演职人员表示鼓励和祝贺时，应面带微笑鼓掌，双手掌位于齐胸高度，以平稳的节奏用右手掌轻拍左手掌中部。

如果要向演职人员献花，应请音乐厅代劳，或者征得有关方面同意后，在音乐会结束后自己亲自上台献花。没有特殊原因，不应中途退场。如需中途退场，也应该尽量在一曲结束之时轻轻离开。

演出全部结束后，等演职人员谢幕完闭，全体听众应起立鼓掌，祝贺演出成功。离场时应保持秩序，不要拥挤。离开音乐厅后，如果同行者是自己的长辈或客人，应将其送回住处。

二、美术馆

一个人艺术修养的提高是需要高雅艺术的熏陶。通过欣赏美术馆中各种各样的艺术作品，感受浓厚的艺术气息，能够开阔自己的眼界。那么在美术馆应注意哪些礼仪规范呢？

1．服饰

男士应着西服，女士应穿套裙或连衣裙。由于美术馆展厅的地面大多数是用大理石铺成的，因此无论男女，皮鞋都尽量不要穿有铜跟的，否则走动时发出的响声容易破坏大厅肃静的气氛。

2．言行举止

美术馆的工作人员时常会在大门口或展厅入口处向观众散发一些画册或说明书等资料，不要哄抢或重复领取；如果对它们不感兴趣，也不要当场拒绝或者接过后在展厅内随地乱扔，而应客气地接过来并致以谢意，回家以后再做处理。参观时应首先阅读有关背景资料，了解作品和作者的介绍，这有助于迅速进入欣赏状态。

在参观过程中，要保持肃静，这也是美术馆对观众的基本要求。尽量不要在美术馆里吃东西，以免影响其他观众。如有解说员向观众讲解作品，可以跟随前进，耐心聆听其讲解。如果遇到不明白的地方，或者是感到解说不是很详细，不要中途打断解说人员，可在适当的时机有礼貌地提出自己的疑问。不要在那里品头论足，指指点点，充当"义务解说员"，以免引起别人的反感。

不要挤撞其他观众，或者抢到其他观众前面去。如果在某一艺术品前欣赏的人太多，不要停留过久，独霸此地，应当给别人一些机会。自己前面的观众停留的时间稍长时，应耐心等待，不要怒目相向，出言不逊。不要触摸展出的艺术品，不论是油画、国画，还是木刻、雕塑。未经许可，不得对展出的艺术品拍照或录像。对写有"谢绝观众入内""游客止步"之类标语的地方，不要擅自闯入。

三、图书馆、阅览室

图书馆、阅览室是公共的学习场合，假期、周末或其他空闲时间，许多人都喜欢到图书馆、阅览室看书学习。为了创造良好的学习环境，一般需遵守以下礼仪规范。

1．服饰

衣着整洁，不能穿拖鞋、背心进入图书馆、阅览室。

2．言行举止

（1）进馆要依次排队，顺序进入。

（2）要保持安静和卫生。走动时脚步要轻，不要高声谈话，不要吃有声或带有果壳的食物。就座时，移动椅子不要出声。不要为朋友占座，也不要去霸占暂时离开的读者的座位。阅读时不要读出声音，也不要和熟人交谈。

（3）不要利用阅览室休息、睡觉。

（4）图书馆、阅览室的桌椅板凳都属于公共财产，应该注意保护，不要随意刻画、破坏。

（5）查阅图书目录的时候，不要把卡片翻乱撕坏，也不应在卡片上涂画。

（6）要爱护图书，轻拿、轻翻、轻放。

（7）不能因自己需要某些资料而损坏图书，私自剪裁图书是极不道德的行为。

（8）对开架书刊应逐册取阅，不要同时占有多份。阅读后应立即放回原处，以免影响他人阅读。

（9）借阅图书应按期归坏。

四、博物馆

博物馆是收藏、展览珍贵物品的场所。参观博物馆，可以增长知识，提高欣赏水平。参观的观众应具备文明、科学的参观素质和习惯。

1．服饰

着西服、套裙或较为正式的休闲装均可。

2．言行举止

（1）服从工作人员的安排。应按照工作人员的指挥按秩序排队领票、参观及体验各项动手项目，避免发生不必要的争执或妨碍其他观众参观。

（2）爱护展品。博物馆陈列的展品，大多数具有较高的历史价值或艺术价值，其中一些是国宝和珍贵的物品。因此，参观博物馆时一定要爱护展品，做到不抽烟，不随便触摸展品。部分展品由于体积较大，或博物馆为观众能更直接地观察这些展品，裸露展出，未加装玻璃罩等防护措施，因此观众不应随意触摸或攀爬这些展品，以免造成展品污损，影响其他观众参观。各博物馆对观众参观裸露的展品都会提出具体要求或采取相应措施，参观者要理解并给予积极配合。

（3）不任意使用闪光灯拍照。展品因版权原因，特别是一些临时展览和引进展览，主办方一般都会明确提出不允许对参展展品进行拍照。

（4）文明有礼，保持安静。首先，不要大声喧哗，听讲解员讲解时要专心，不要出言不逊，妄加评论。参观者应自觉遵守博物馆有关规章制度，不要一边参观一边吃零食；其次，人多时，不要拥挤，应当按顺序边看边走。不宜在一件展品前长时间驻足，以免影响他人欣赏。超越他人时要讲礼貌，注意不要从他人面前经过，以免妨碍他人观赏，而应当从其身后走过。如果必须从他人面前经过，则应说：“对不起，借过一下”等。

五、公共洗手间

公共场所的洗手间是公用的，因此在使用时必须遵守相关的礼仪，以免影响下一位使用者的使用。洗手间的使用礼仪最能体现出一个人的文明程度。

（1）按顺序排队等候。不论男女，在洗手间有人占用的情况下，后来者必须排队等待，一般是在卫生间门口按先后次序依序排队。

（2）保持清洁卫生。用完后，一定要冲水，这是起码的道德问题。女性卫生用品不要顺手扔入马桶，以免造成堵塞。其他如踩在马桶上使用、大量浪费卫生纸等，都是不文明的行为。

扫一扫

（3）使用洗手间时应该关门，但是用完之后则不需要关门。否则，外面等候的人不知道哪一间是可以使用的。

扫一扫了解购物时的注意事项

六、体育馆

现代社会，许多人喜欢到体育馆观看各类比赛，感受运动的魅力。对于观赛礼仪，一般有以下要求。

1. 服饰

可着运动服、休闲服，整洁、大方即可。

2. 言行举止

（1）车辆要按指定地点停放，不要堵塞交通，乱停乱放。如想在入场口附近等候退票，要注意礼节礼貌，不可纠缠他人，不可争论，得到退票时应向人道谢。

（2）准时到场，在比赛开始前对号入座，以免入座时打扰别人。不要在人群拥挤的入场口逗留或说闲话，进场后应尽快找到看台座位坐下来，不能踩座位和高声说话。

（3）赛前升国旗、奏国歌时，无论是不是自己国家的，均应面向国旗庄重肃立。出嘘声是对一个国家极不尊重的表现。在介绍运动员时，应用掌声表示鼓励。

（4）比赛高潮，气氛热烈，应注意适可而止。此时，应该鼓掌，文雅地加以赞扬，甚至态度更热烈一些也无不可，但尖声呼叫、吼叫、乱吹口哨、跺脚等则不适宜。在紧要关头，尽量不要从座位上跳起来，以免妨碍坐在后面的人观看比赛。

扫一扫阅读
公共场合礼仪情
景剧

（5）尊重裁判，尊重对手。观看比赛时，观众与运动员之间、这一派体育迷与那一派体育迷之间要互相尊重，比赛中不管发生了什么情况，也不可以出口伤人，不得向赛场投掷杂物、攻击裁判。

（6）不随意吸烟，不随意吃零食。吸烟应当到吸烟区，饮食也同样到饮食区去。

（7）不拍照或关闭闪光灯。除足球等少数项目外，观众在拍照时应关闭闪光灯，特定时间（如发球或在器械上做动作时）最好不要拍照。

（8）尽量不要使用手机，确实需要时建议用短信交流。在比赛进行中、升旗仪式中，打手机都是不礼貌的。在网球、羽毛球等比赛的接发球时尤其注意，这时选手特别需要安静，任何噪声都会让他们分神。

（9）退场时不要拥挤，出场后自动离开。除特殊情况外，要等场内所有仪式包括颁奖结束后离场。离场时，要遵守秩序。不要尾追、堵截运动员或他们的车辆，不要纠缠明星签字留念。

思考与讨论

1. 公共场所礼仪的基本原则是什么？
2. 观看电影或是观看演出应遵守的行为规范有哪些？

实训题

1. 要求学生以宿舍或小组为单位，分析讨论还有哪些特殊的公共场合？在这些特殊的公共场合中有哪些不文明的现象？
2. 讲述自己在一些特殊公共场所亲身经历的一件事，请同学们评议是否符合礼仪规范。
3. 怎样做一个文明网民？请同学们介绍上网的经验和教训，以及在网上能做什么？不能做什么？

案例分析一

2013年6月11日，市民陈先生在武当山旅游时，竟在石壁上发现一处连签6个名字的"到此一游"，并同时刻下游客的家乡所在地。陈先生将其拍照后发布到微博上，被网友们惊呼为"最强到此一游"。

记者在陈先生拍摄的照片中看到，一处山石上赫然刻着 11 排汉字，在石壁上总共刻有 6 个名字，最后一排为"到此一游"，从照片可见字迹较深，刻画时应该比较用力。"这是从金顶下山的路上看到的，就被刻在路边的山石上，特别显眼。"陈先生告诉记者，自己原本是跟家人一起到武当山旅游的，看到这排刻字后，顿时感觉心里有些不舒服。

记者了解到，在武当山景区，由于许多建筑是文物，要保持原有形态，无法重建或粉刷，因此，每年都要投入大量的人力物力，用擦拭等方法清理。而这样的刻字，对景区来说甚至是无法修复的损伤，给工作人员的处理带来许多麻烦。网友们纷纷呼吁游客们不要为了所谓的纪念而给景区山石草木和建筑带去伤害，也有网友表示："以破坏公共环境为代价的留念，只会让自己蒙羞。"

问题

1. 游客的这种做法对吗？
2. 在旅游场所我们应遵守的基本行为规范有哪些？

案例分析二

上海图书馆作为全市免费开放的大型图书馆之一，半年来已经接待了 77 万人次的读者，双休日更是人头攒动。

每天开馆一个钟头后，不少市民抱着书刊四下寻找座位，而一些座位却空着。这一奇怪的现象被图书管理员称为"报纸人"，一些读者有事要离开时就用报纸空占着座位。在二楼的中文社会科学图书阅览室里，近 100 个座位里有一半都被"报纸人"给霸占了。

一张报纸让占座者大为笃定，其他读者只能在一旁干着急。有记者在上海图书馆的一个座位处等了 2 个小时，占座者始终没有出现。一些年迈的老人不得已只能自己带小板凳当"加座"。

有些读者外出就餐迟迟不归，有些人则索性将各种点心、饮料带进了阅览室。五楼青少年阅览室里则时常弥漫着一股炸鸡味。图书管理员十分无奈，"本是特地为小朋友开辟的专用阅览室，没想到却成了他们吃零食的地方"。

不仅如此，有些市民索性"顺手"将自己喜欢的书刊杂志带出了图书馆。针对这样一种状况，图书馆的报刊阅览室近期特地花钱安装了防盗设施。

问题：

请分析上述材料中有哪些行为不符合公共场所礼仪规范。

扫一扫

扫一扫进行
更多练习

项目十
涉外礼仪

学习目标

① 了解国际交往中，对外宾表示尊重、友好的各种通用
形式以及基本礼仪规范。

② 了解掌握主要交往国家和地区的重要礼节和禁忌。

技能目标

自觉培养国际交往基本礼仪规范的意识，并能灵活
加以运用。

任务一 │ 涉外礼仪基本礼仪规范

🌱 任务引入

一家中国公司为一个很重要的英国客户团体举办了一次招待会，细心的公司经理还特意给客人们准备了一些小礼物。晚宴开始后，这位经理按照英国人的习惯，要求对方当场打开座位旁边的礼品盒。但他万万没想到，当客人们很勉强地拆开面前的盒子后，脸上却露出了不悦的表情。原来，这位经理挑选的礼物是由百合花拼成的该公司的 LOGO，而在英国，送百合花却暗示着死亡。

任务：涉外礼仪的内涵是什么？

🌱 任务分析

涉外礼仪就是人们参与国际交往或从事涉外活动中必须遵守的行为规范的总称。国际上都有一定惯例，但在实际交往中各国或地区往往有自己的特点和风俗习惯。我国在对外交往中除发扬我国优良传统，注意礼貌、礼节之外，还应尊重各国家、各民族的风俗习惯，了解他们不同的礼节、礼貌及其规范要求，从而使我们在对外活动中真正做到不卑不亢、以礼相待。

🌱 知识链接

国际交往礼仪，是指在对外交往中，对外宾表示尊重、友好的各种惯用形式，以及举行各种活动和庆典仪式的规范。国际交往礼仪不仅表现了对国际友人的充分尊重，而且具有较高的政治性。国际交往中的许多礼宾活动都有固定的仪式、礼节和国际惯例，同时各国又都有各自的风俗习惯、礼仪礼节，如遇到特殊情况，可作相应的变通和灵活的处理。美国房地产巨头唐纳德·特拉姆成功地把公寓销售和租赁给不同国籍的人，因为他了解在其他文化背景下如何运作商业行为。在其著作《致富的法宝》中，他写道："我一直生活在美国，但是我努力去了解其他国家的文化。我们对自己国家发生的事情非常敏感，但是我们却不关心发生在其他国家的事情。"

各国的政治、经济、文化状况都不大相同，社交礼仪当然也各有特点。这里只能选择若干与我国交往较多、影响较大的国家作为代表，通过介绍这些国家的礼仪和禁忌，向读者展示外边世界灿烂的文化。俗话说："入境问俗，入国问禁。"只有了解各国不同的习俗、礼仪和禁忌，熟悉异乡情调，才有利于与这些国家的人士交往和相互了解。

随着国际间交往的日趋频繁，逐渐形成了一些各国共同遵循的外事礼仪。各国运用时虽不完全相同，却也大同小异。我国在国际事务中正发挥着日益重要的作用。外国国家元首、政府首脑和其他贵宾络绎不绝地来华访问；掌握有关外事的礼仪知识，不仅有助于与外宾友好地交往，而且更重要的是，关系到我们伟大社会主义祖国的形象。这比了解各国的礼俗文化，自然又加重了一层意义。

与外国友人的交往，实质是在进行中外文化的交流。礼仪也是一种文化形态。不同国家的礼仪代表着不同的文化。不同文化的交流、撞击，又有助于共同的发展。因此，掌握涉外交往礼仪，既是中外文化交流的开始，又为交流的深入和发展提供了重要的保障。

一、涉外礼仪通则

目前世界流行的涉外礼仪通则主要有以下 12 条，不论是公务活动还是出境旅游，都应当遵循。

1．维护形象

在交往活动中，每一名相关人员的一言一行，往往代表着国家、本民族、一个地区、一个城市的形象，如果对自我形象毫不修饰，不但是对交往对象的不尊重，而且亦属失礼行为。所以我们都应时时刻刻注重个人言谈举止、服饰仪容，不可蓬头垢面、不修边幅。

2．不卑不亢

这是事关国格、人格的大是大非问题，不卑不亢就是既要不畏惧、不自卑、不低三下四，又要不自大狂傲、放肆嚣张，要堂堂正正、坦诚乐观、豁达开朗、从容不迫、落落大方、一视同仁。

3．求同存异

求同就是遵守国际惯例，取得共识、便于沟通；存异就是注意"个性"，了解具体交往对象的礼仪习俗禁忌，并予以尊重。

4．入境问禁

入境问禁是国际交往礼仪中最基本的原则之一。入境问禁就是要求在涉外交往中，要了解交往对象的风俗习惯，并无条件地尊重这些习惯，而不是用自己的习俗要求对方。世界上各个国家、各个地区、各个民族在其发展的历史进程中，形成了各不相同的宗教、文化、风俗和习惯，这些习俗在当地都有着深刻的社会性，如果不小心冒犯了，做出"伤风败俗"的事，就可能引起众怒。礼仪就是约定俗称的行为规范，不必说明什么原因，也没有高低优劣之分。在国际交往中，必须认真做到"入境而问禁，入国而问俗，入门而问讳"，充分了解并无条件地尊重对方的习俗，才能够加深彼此间的理解和友谊。值得注意的是，涉外交往时，如果自己身为东道主，通常讲究"主随客便"，而自己充当客人时，则又要"客随主便"。

5．信守约定

到外国人办公室、住所拜访，均应事先约定，提前口头或电话约好时间，届时要按时到达。进门前应先按门铃，经主人允许后方可进入。如必须在休息时间约见对方时，应尽量避免在深夜打扰对方；在见到对方后立即表示歉意，并说明不得不打扰对方的原因。

6．热情有度

待人接物热情友好，要注意分寸，过犹不及。如果过于殷勤，卑躬屈膝，低声下气，不仅有损于国格、人格，而且也不能得到应有的尊重。

7．不必过谦

中国人把自谦看成是一种美德，尤其反对自我张扬，妄自尊大。但外国人对此常常不能理解。不必过谦的意思是，在国际交往中，涉及自我评价时，虽然不能自吹自擂，自我标榜，但也没有必要自我贬低，过分地谦虚客套。应该在事实求是的前提下，敢于自我肯定，表现出充分的自信。这样做会使人认为，你做事光明正大，与人坦诚相见，不虚伪，不客套，对自己充满信心，你也会因此被对方接受和认可。肯定自己，实际上是对自己的一种尊重，尊重自己才有可能被别人尊重。

8．认真观察

在交往活动中，面对自己一时难以应付、举棋不定，或者不知道到底怎样做才好时，如有可能，明智的做法是尽量不要急于抢先，冒昧行事，待观察明白再采取行动。

9. 尊重隐私

凡涉及客人收入支出、年龄大小、恋爱婚姻、身体健康、家庭住址、个人经历、信仰政见等，均属个人隐私，要避免与对方交谈时涉及这些隐私。

扫一扫了解
更多尊重隐私的
知识

10. 女士优先

在西方国家，女士优先是一种成规，是否懂得尊重女士，是评价男士的教养与风度的重要标准。在西方国家，开会、演讲时，开场的称呼总是"女士们、先生们"，这表示对女士的尊重。在一切社交场合，每一名成年男子，都有义务主动自觉地以自己的实际行动去尊重、照顾、体谅、关心、保护妇女，出入大门、上下车辆、出入电梯，应让女士先行。如果与女士结伴参加活动，进门或出门，男宾应协助女士收起或穿好大衣，并且还要想方设法、尽心竭力地去为妇女排忧解难。这并不代表女性是弱者，而是表示对女性的尊重。在与外宾交往中切不可忽略这些细节，否则就会失礼。

"女士优先"的原则起源于欧洲中世纪的骑士之风。当时，骑士为贵妇人开道，勇战匪徒，为贵妇人吟唱英雄史诗，为贵夫人而决斗并接受对方的赞美，被认为是骑士的莫大荣耀。这逐渐演变为对女士的关爱和保护，即"女士优先"的原则。

关于女士优先，有不少动人故事。1911 年，"泰坦尼克"号快沉没前，男人们纷纷把逃生的机会让给妇女和孩子。1937 年 9 月 22 日，日寇飞机开始对南京进行轰炸。这天，德国西门子公司南京分公司的经理拉贝守在自己家简陋的防空洞门口，让抱着婴儿的妇女优先进入，其次是带着较大孩子的妇女，最后才让男人进入。事后，数百位难民在院子里排队向拉贝鞠躬感谢。拉贝却说："不敢当！我只是在危险时刻做了我认为正确的事。"

11. 爱护环境

不可损毁自然环境，不可虐待动物，不可损坏公物，不可乱堆乱挂私人物品，不可乱扔乱丢废弃物品，不可随地吐痰，不可到处随意吸烟，不可任意制造噪声。

12. 以右为尊

在各种类型的对外交往中，大到政治磋商、商务往来、文化交流，小到私人接触、社交应酬，但凡有必要确定并排列主次尊卑时，"以右为尊"都是普遍适用的，以右为上，以左为下，以右为尊、以左为卑，就不会失敬予人。

二、和外国友人交谈

由于中外地理环境、文化背景、风俗人情各异，在涉外交际中要特别注重言谈举止，处处显得彬彬有礼。既要尊重对方意见，又要不失中国人的君子风度，同时还要相互平等，友好待人。唯此，才能在国际社交场合体现出良好的修养。

和外国人交谈，有以下几个需要注意的方面。

1．讲究话题的选择

和外国友人交往，首先要注意谈论话题的选择。避免涉及有关个人的事情，如对方工资、婚姻、年龄、生意等问题。在他们看来，这些属于个人隐私，不能随便过问。这一点和中国人交往特点迥然相异。中国人见面时，常询问对方姓名、职业、工资、年龄以及婚姻状况，以此表示亲切友好。而这种话题在国际社交场合中千万不能谈论，免得为对方所厌。其次是避免涉及有关身体不适的问题。一般情况下，中国人在交谈时，如遇身体有病，常说："我最近拉肚子""我头疼得不得了""我的腿抽筋了"等，这些在外国友人面前也是忌讳的。特别在外国女士面前，有关脚、腿、胃、肠等字眼都以不说为宜，如肚子不好受，只可含糊地说："我不舒服"。而作为听者，也不必刨根问底，询问对方究竟身体哪个部位不适。最后要避免谈及有关政治见解的话题。欧美等国党派较多，政见不同，在交际场合提到这些问题，容易惹起争论。尤其是外交关系，瞬息万变，谁是谁非，无从判断，若单凭一纸新闻轻信人家的宣传，盲目加以褒贬，会导致对方不快，造成关系疏远。一般比较稳妥、安全的话题是天气、电影、娱乐、游艺、竞技之类的内容。

2．礼貌地回答对方的提问

通常在中国人之间的普通交际场合中，不懂对方或不赞成对方的谈话内容时，出于礼貌，不愿追根问底或直率表达，可含糊其辞过去。但与外国人交谈，如没听懂对方意思，可直截了当地说："对不起，我没有听懂你的话，请再说一遍好不好？"或"对这个问题，我一点也不相信。"如果遇到难以回答的问题，回答"对不起，我不能回答你这个问题。"

3．不必过分客气谦让

中国人之间的交往中，以"礼多人不怪"为处理原则，表现的谦虚客气。如作报告时，发言人常说几句客气话："我今天准备仓促，对这方面研究不够，浪费大家时间，随便讲一点儿吧……"受到别人赞扬时，会谦虚地回答："哪里，哪里，还差得远呢。"倘若接待外国客人吃饭，也难免客气一番："饭菜做得不好，凑合着吃吧！"这种谦虚客气的习惯对外国人来讲并不适宜。对方会以为既然准备不足，何必来讲？为什么不让赞美？所以在国际社交场合，应以国际交往礼节对待外国友人。无论讲学讲话，还是受人赞扬，抑或请客吃饭，都应实事求是，真实表达自己的感情。或表明："关于这个问题，我做了认真的准备，现在谈谈自己的看法。"或回答："非常感谢您的夸奖。"或告之："这是我特意为您准备的饭菜，请品尝！"表现出落落大方、真诚友好的风范。

三、迎送外宾

外宾接待工作是涉外交际的重要组成部分，特别是迎送程序和宴请礼节，都有一定的要求。了解和掌握这些内容，对于建立感情、促进合作有着不可忽视的作用。

1．迎送

迎送外宾应首先了解对方身份和来访性质，以及双方的关系等因素，安排合适的迎送活动。其次是掌握外宾抵离时间，提前到达机场、车站或码头，以便顺利接送，又不过多耽误迎送人员的时间。

迎接时，应在飞机（车、船）抵达之前到达机场（车站、码头）。送行时，则应在客人登机（乘车、船）离开时，送客人员要挥手告别，直到客人看不见我方人员时才离开。

接送客人一般都使用小型轿车。坐车的位置是主左客右，也就是当主人陪车时，请客人坐在主人的右侧。如果是三排座轿车，译员坐在主人前面的加座上；如果是两排座，译员坐在司机旁边。上车时，最好让客人从右侧车门上车，主人从左侧车门上车，避免从客人座位前穿过。假若客人先行上车，并坐到主人的位置上，则不必请客人挪动位置。

当客人与迎接人员见面时，要互相介绍。通常由工作人员或请迎接人员中身份最高者介绍，先将前来欢迎客人的人员介绍给来宾。介绍时，要将姓名、职务说清楚。

外宾到达住处后，一般不要马上安排活动，应稍事休息。然后，根据客人的要求安排会见、会谈、宴请或游览等活动。

2. 宴请

宴请要顾及主客双方人数和身份的对等，而采用何种宴请形式，应根据当地习惯，一般规格较高、人数较少应以宴会为宜，人数较多则以冷餐或酒会更为合适，妇女界活动多用茶会。

宴请时间的确定应以主客双方皆为满意为标准。要注意避开对方重大节日、禁忌日。例如，对信奉基督教的人士不要选择恰逢星期五的13日。最好先征求对方同意再确定具体时间。

宴请地点一般选择在客人所住宾馆或带有当地风味和特色的涉外饭店。

宴请外宾均应发出请柬，以表示礼貌尊重，同时也对客人起提醒、备忘作用。如果便宴或宴请客人较少，也可不发请柬。

宴请要讲究程序。宴请时，主人应在门口迎候客人，主要陪同人员同主人排成一行迎接客人（通常称为迎宾线）。迎宾线排列顺序，主人在前，其余陪同人员按职务高低排列。迎宾线应保持到客人进门存衣之后进入休息厅之前，主人及陪同人员同客人握手后，由工作人员将客人引进休息厅，或直接进入宴会厅。宴席讲话，可安排在一入席即开始。宴请席位的安排就根据参加人数多少而定。如是大型宴会，最好排好席位，以免混乱。一般桌次高低以离主桌位置远近而定，原则上是右高左低。同一桌上，席位高低以离主人的座位远近而定。外国习惯男女穿插安排，以女主人为准，主宾在女主人右边，主宾夫人在男主人右边。我国一般按个人身份、职务排列，以便谈话。如夫人出席，通常把女方排在一起，即主宾坐男主人右方，其夫人坐女主人右方。如有译员，一般安排在主宾的右侧，以便交谈。至于用餐，则应遵守宴请礼仪。

四、会见外宾

近年来，许多国外企业纷纷将目光转向中国。他们投资办厂、捐资赞助，不少学术文化团体也纷至沓来，进行广泛交流。同时，一些友好城市的代表频繁来访，寻求合作，进行贸易洽谈。这样，不可避免地要组织会见外宾，并与其会谈等活动。于是精心组织、认真安排这些活动，以加强了解、促进感情，就成为涉外交往中的一项重要工作。

会见，在国际上一般称接见或拜会。凡身份高的人士会见身份低的，或是主人会见客人，称为接见或召见。反之，凡身份低的人士会见身份高的，或是客人会见主人，称为拜会或拜见，接见和拜会后的回访，称回拜。我国国内不作上述区分，一律统称会见。

会见分礼节性的、事务性的、政治性的。礼节性的会见时间较短，话题较广泛。事务性的会见一般有外交交涉、业务交流等，政治性的会见涉及双边关系、国际局势等重大问题。

会见，一般安排领导出面，领导人即为主持人。参加人员不宜过多，只要求有关人员参加。会见地点大都安排在客人所住宾馆的会议室。如会见时间在会谈之前，可在客人抵达的第二天或宴请之前进行。当然机关的办公室、会客室和小型会议室也可作为会见地点。会见座位安排一般是客人坐在主人右边，译员、记录员分别坐在主人和主宾的后边或右边，其他客人按礼宾顺序在主宾一侧就座，主方陪见人在主人一侧就座。座位不够可在后边加座。

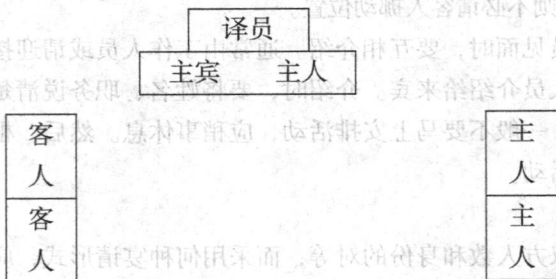

译员	
主宾	主人

客人
客人

主人
主人

会见时间可控制在半小时之内。如需合影，可安排在宾主握手之后。合影时，由主人居中，按礼宾次序，以主人右手为上，主客双方间隔排列，两端由主方人员把边，合影后再入座。会见结束时，主人应将客人送至车前或门口，握手、目送客人离去再退回室内。

五、会谈礼仪

会谈与会见有所不同，一般是双边为解决实际且具体的问题而进行的双边谈判。会谈参加人员一般不受限制，但要慎重选择，既要考虑出席者的个人素质，又要注重整体形象。注重选用善于言辞、交际和应变的人才，并确定主谈人。会谈地点可安排在客人所住宾馆会议室，如果人少也可在客人房间进行。日程应在客人抵达前安排妥当，并做好材料准备。

会谈座位安排有其一定的规定。会谈通常采用长方形、椭圆形或圆形桌子就座。宾主相对面坐，以门为准，主人占背门一侧，客人面向正门。主谈人居中。我国习惯把译员安排在主谈人右侧，有的国家则让译员坐在后面。一般应尊重主人安排。其他人员按礼宾顺序左右排列，记录员坐在后排。如果会谈是长桌，其一端面向正门，则以入门方向为准，右为客方，左为主方。

会谈还有一些必要的礼节，如会谈前，主人应提前到达，并到正门口迎接，也可由工作人员在大楼门口迎接，再引到会谈室，主人在会谈室门口迎接。

六、西餐礼仪

有时在涉外交际中，为了表达感谢，增进友谊，需要以吃西餐的方式宴请外国友人。吃西餐十分讲究礼节。为尊重对方，体现修养，出席人员言谈举止与西餐桌上的气氛相吻合，一定要掌握吃西餐的礼节。

1. 保持良好的精神状态，做好进餐厅前的准备工作

一般来说，西餐厅的环境优雅、气氛温馨，出入此处需讲究仪表，任何蓬头垢面都是不合适宜的。在参加西餐宴会前，要精心整理一番，诸如美化发型、修剪指甲、挑选服饰等，以整洁大方的外表赢得周围人的好感。

2．注重西餐厅的礼仪

进入西餐厅后，先将风衣或提包存入衣帽间。女士随身带的手提包或贵重物品不必存放。然后到洗手间洗手，因为用不干净的手拿刀、叉，是对服务员的不礼貌。之后，在迎宾员的引领下，选坐自己的位置。如有女士，请女士先行。入席时，要掌握从左侧入席的原则。用手拉开椅子，从左侧自然入座。入座时，应坐在椅子的四分之三处，腰部挺直，轻松自然，身体不要贴近桌边，保持 10cm 的距离。双手放在膝盖上，而不要将胳膊肘放在桌上。同时，也不能跷腿。就坐的姿态应尽可能潇洒、大方。用餐中，男士衣服的钮扣不要解开，视线要平，不要往下看，以免给人冷漠的印象。

扫一扫学习
西餐礼仪与餐巾
要求

3．注意餐布的摆放位置

入座后，应先取下餐布，折成两折，折口对着外边，放在膝盖上，千万不要戴在领子处、上衣的钮扣上或女士裙腰处。用餐时可用餐布一角擦拭嘴边的菜汁，但不可用此布擦脸上的汗水。

用餐过程中，如需要离开座位，可把餐布折为两折，放在椅子靠背上，表示还要回来。而放在桌子上就意味着用餐结束。

4．掌握刀叉的使用方法

西餐的摆台，有固定的距离和位置。刀、叉在吃盘的两边放置，距离约为 30cm，放在离餐桌边 3cm 的地方，左边是叉，右边是刀、勺。使用时按照从外侧向里侧的顺序切割食物。正前方的刀、叉是吃果品用的，其顺序也是由外向里。用餐时，若想休息片刻，可把刀、叉头朝外，放在盘子里，呈"八"字形，表示还要吃。吃完后，把刀、叉并在一起，柄朝自己身体右侧，头向左前方，放入盘内，刀刃朝着自己。因为将刀刃朝外，对着他人，是西餐桌上的禁忌。

使用刀、叉时应左手握叉，右手握刀，用左手的叉子叉住食物，用右手的刀子把叉住的食物切下，再用左手的叉子把食物送入口中。用刀切肉时，尽可能避免发出声响，或刀叉相碰。为了避免声响，切肉时可从肉的左边用叉子叉入压住，同时刀子提起，将力使在刀子的前端，便可轻松自如地切下，西餐使用汤匙喝汤是用汤匙由内向外舀起送入嘴中，与中餐有所区别，这一点也需注意。

另外，在用餐过程中，如需要用手拿取食物，要在西餐桌上备好的水盂里洗手。洗时沾湿双手拇指、食指和中指，然后用餐巾擦干，水盂一般为玻璃或陶瓷器皿，水面常漂浮几个玫瑰花瓣，吃西餐的人士要注意，千万不要将水盂中的水错当饮用水喝掉。使用餐具时，如不慎将餐具掉在地上，不必弯腰去捡，可由服务员再送一副。

扫一扫学习
法式西餐要求

5．讲究点菜程序

点菜是西餐中必不可少的程序。点菜时，一是要按西餐套菜的程序点，西餐进餐程序一般是鸡尾酒和餐前小吃——开胃菜——汤——色拉——主菜——水果和乳酪——餐后甜点——餐后饮料。二是点菜的时间不要拉得过长。三是点重复的菜时，谁吃什么菜，要记清楚。四是点菜时语言要礼貌、简洁。五是点菜时应由男士先为女士点菜，再为自己点菜，显示对女士的尊重。

6．注意退席的礼节

结账是西餐的最后一道程序，高级豪华餐厅，是在餐桌上付钱，由服务员帮助顾客拿走结账。退席时将餐布放在咖啡杯的左边，折叠时不必太整齐，以免他人再用，随后从左侧退出，并将椅子推到几乎接近台布的位置。如有女士在身旁，男士应先离席，为女士拉开椅子。出口处，应让女士先行，如有服务小姐站立送行，要向对方微笑答谢。

近年来，在一些涉外场合，冷餐会或自助餐也流行开来。这种宴请形式的特点是不排座位，客人可自由选取冷食、热菜，并可多次取食。用餐前和用餐中也可自由活动，自由入座，不必受西餐桌上礼节的约束，所以成为目前社交活动中款待客人的一种方式。

七、赠答礼品

在涉外友好往来中，互赠礼品已成为一种国际惯例，是一件习以为常的事情，因为送礼既不是为满足对方欲望，也不是显示自己的富有，而是为了增进感情、加深友谊、促进合作、表示感谢。送礼要掌握以下3点。

1．适时

送礼要掌握恰当时机。业务往来中的初次见面一般不要送礼，因为这不符合欧洲人的习惯，容易产生贿赂之嫌。如果只可能和对方有一次见面的机会，也可送礼。私人朋友往来时送礼应避开公开场合，而业务往来互赠礼品应选择公共场所。送礼的具体时间可定在生日、婚礼、宴请、探病、圣诞节、复活节，以及其他一些可送礼的节日。

2．适量

送礼要把握礼品数量的多少和礼品价值的高低。一般西方人认为13是个不吉利的数字，因此无论是现代宾馆，还是豪华的饭店，都没有13这个数字。送礼也不例外。另外，日本对礼品数量有一些特殊的讲究，如避讳4和9两个数字，却推崇奇数，如3等。

礼品价值的高低对外国人来讲是次要的。他们主要看重礼品的实用价值和纪念意义。但礼品太轻则被人看不起，太重又易产生行贿的嫌疑，故以适中为好。

3．适需

送礼要察人听需，了解对方的爱好情趣。一般比较好的礼品是具有民族特色的工艺品，如瓷器、漆器、刺绣、丝绸、茶具、字画、景泰蓝等。但一般不送香水，以免误会。也不要送带有本公司标志的礼品，以免被认为是在为公司做廉价的广告。

除此之外，送礼还有一些具体规则和要求：赠送的礼品要有精致的包装，包装纸的颜色以花色为好；礼品一般要当面赠送，尽量不要委托他人；赠送礼品时要用右手或双手递过去；赠礼时应在刚进入受礼人家时呈递，不要在告辞时再送；送礼人对呈递的礼物应做简短介绍。此外，祝贺生日、节日、探望病人、参加婚礼的场合，送礼时应说几句祝辞或问候的话语。如委托他人代送礼物，礼品中不要放名片，可在纸上亲笔书写问候、祝贺或纪念的话语。接受礼物时应双手去接。欧洲人习惯当着送礼人的面打开礼品包装，并极力称赞后放在醒目的位置；送礼人不要对受礼人家中的某个物品长时间盯视，以免对方提出赠送，造成尴尬局面。

社交应酬，礼尚往来，既是人之常情，也是建立人际关系、拓展交际范围不可缺少的一部分。中国人与外国人交往时，可根据上述规则，针对不同国家的风俗，并注意礼品颜色、图案的选择，从而赠送恰当的礼品，以达到交流感情、增进友谊的目的。

思考与讨论

1. 涉外礼仪的通则有哪些？
2. 在涉外互赠礼品时应注意哪些问题？
3. 和外国友人交谈时需要注意哪些问题？

实 训 题

李明是广州某公司的总经理，他将会见来广州参加广交会的美国客人（本公司重要客户：美国某大公司总经理一行 5 人），并与客人洽谈有关事项。他将如何安排与宾客的会见会谈？

案 例 分 析

中国某外贸公司总经理应英国合作方的要求到英国进行访谈，双方要讨论下一步的合作方案。英方对中方提出的合作方案十分感兴趣，合作事宜基本确定，就等着签合同。等待期间，英国代表出于礼貌邀请该外贸公司总经理到他家里参加宴会，该总经理欣然应邀。

到达英方代表家里之后，他为了拉近双方的距离，一开始就问英国代表："你的脸色看起来不太好，是不是昨天晚上没有休息好？"还详细追问是不是生病了，还是其他的原因，后来感觉到英方代表的脸色不是很好看才住口。为了表示自己的品位高他又问英方代表："你的房子装修得很漂亮，应该花了不少钱吧？"拜访结束后不久，英方代表就派人通知总经理取消合同。理由是英国代表觉得这位总经理不尊重他，进而对总经理的合作诚意产生了怀疑。

问题：

中方总经理做错了么？

任务二 | 不同地区的礼俗

任务引入

20 世纪 60 年代，美国总统约翰逊访问泰国。在受到泰国国王接见时，约翰逊竟毫无顾忌地跷起了二郎腿，脚尖正对着国王，而这种姿势，在泰国是视为侮辱的，因此引起泰国国王的不满。

更为糟糕的是，约翰逊在告别时竟然用得克萨斯州的礼节紧紧拥抱了王后。在泰国，除了泰国国王外，任何人都不得触及王后，这使得泰国举国哗然。约翰逊的举动产生了不小的遗憾，也成了涉外交往中的典型笑话。

任务分析

总统都犯了国际交往中的重大错误，这有可能造成两个国家的不愉快，所以我们在与其他国家的友人接触之前，一定要了解他们国家的风俗习惯等。各国都有自己的风俗习惯与禁忌，在与外国友人打交道时，一定要尊重对方国家、民族的习俗，注意对方的禁忌。

知识链接

一、与日本人交往

日本和中国是一衣带水的邻邦。随着我国改革开放的深入，两国在经济、文化、科技等方面的交流日益频繁。

日本是一个岛国，壮观的富士山和美丽的樱花闻名于世。但其资源缺乏，人口密集，活动市场有限。因此竞争意识充满于日本人的生活之中。日本人的团体意识或集团意识非常强烈，他们很注意企业、家族的团结一致，以增强个人对集体的责任感、归属感和依赖感。

日本人比较慎重、规矩、耐心、自信，工作勤奋刻苦，态度一丝不苟，进取精神较强。他们在公开场合都是彬彬有礼、笑脸相见。即使在商务谈判中也不例外，常常善于展开笑脸，以讨价还价。这一方面反映了"礼貌在先""慢慢协商"的态度，另一方面也说明日本人的精明与耐心。

日本人很重视建立人际之间的关系。初次见面时一般不谈工作，而是相互引见，互换名片，互赠礼品，联络感情，显示文化修养，重视文化交流。所以与日本人交往应有耐心，特别要注重双方友谊的建立。

送礼在日本十分普遍。无论私人交往，还是业务往来，都要送礼。送礼的场合一般有以下几种：彼此之间建立了友好感情，为加深友谊；为感谢对方给予自己的帮助；请求对方给予帮助；为促进企业、团体之间的合作和友好往来；新年到来之际，下级为感谢上级一年来的帮助；业务交往中的初次见面等。

可见，凡是与人交往的，都少不了送礼。因此，出国考察、进修、讲学、访问，或者企业之间的业务交往，一定别忘了准备足够的礼物。不过与日本人交往，如互赠礼物，最好等对方送礼之后再回赠礼品，这样日本人会很高兴。

送礼要得当。既不要送价值昂贵的礼品，也不要送一文不值的礼物，以免让对方看不起，比较受日本人欢迎的礼品是中国的字画、民族工艺品、中药制品，以及名牌货等。日本人对装饰狐和獾的东西很反感，他们认为，狐狸是贪婪的象征，獾则代表狡诈。

送礼应有包装。一般用花色纸包装，不要用红色纸包装。更不宜用黑、白两色纸包装，因为这两种颜色在日本民间被认为是代表丧事，而绿色也是不祥之色。

日本人忌讳数字4和9，因为日本语中4的发音类似死，9的发音与苦的发育相似，所以赠送礼品时，其数量应回避4、9和它们的倍数。有时日本人送礼也喜礼成双成对，如两支笔、两瓶酒等，这一点和中国相同。但在结婚送红包时，日本人忌讳送2万日元以及2的倍数。他们认为"2"这个数字容易导致夫妻感情破裂，一般送5万日元或7万日元。

如果到日本朋友家做客，应为女主人带去一束鲜花。买菊花时要注意只能有15个花瓣，因为16瓣菊花是皇家纹饰，不能送给普通人。假如对方家中有小孩，也应带上一份具有民族特色的玩具。在日本人家做客，要遵守日本人的礼仪规范，如进门脱鞋、鞠躬问好等。

与欧洲人不同的是，日本人一般不当着送礼人的面打开礼品包装。因而收到对方的礼物时也不要当面打开，对礼品也不必过多夸奖。另外，与日本人谈话时，尽量少用目光凝视对方。因为日本人认为交谈时，看对方的次数越少，时间越短，表示对对方越尊重。

二、与东欧人交往

捷克、斯洛伐克、波兰、匈牙利、罗马尼亚、保加利亚、俄罗斯等国，因其位于欧洲东部，故统称为东欧国家。

东欧国家近些年来与中国交往比较频繁，特别是俄罗斯和中国边境地区的贸易往来日益增多。一些俄罗斯姑娘应聘到中国餐馆打工，而许多中国商人又将俄罗斯紧缺的物品送到那里，随着双方接触机会的增多，掌握一定的礼仪知识也是不可缺少的。

东欧国家民族文化各有特点。从性格上讲，有的性格开朗，甚至急躁，常常直抒己见；有的性格沉稳，彬彬有礼，行事适度。俄罗斯人则直率、热情、易激动、好表现，并且常常爱喝烈性酒，伏特加酒更是俄罗斯人餐桌上不可缺少的。遇到情绪热烈高涨时，便手舞足蹈，尽情宣泄。在服饰打扮上，俄罗斯人也十分讲究。尽管西伯利亚的寒流不断袭击俄罗斯大部分地区，但他们衣着单薄，毫不臃肿，耐寒耐冻，不过皮毛大衣仍是出门必需的服装。

对于礼品来说，东欧各国有着自己的偏爱。他们比较喜欢时装、鞋袜、羊毛衫、名酒以及实用物品。若将这些作为送礼物品，对方将大加赞赏，爱不释手。

在国外，付小费是十分普遍的，东欧也不例外。小费，英文称为"tips"，源于英国。18世纪，在伦敦的一家酒店的餐桌上放着一只碗，上面写着：只要顾客将一些零钱放入碗内，就会得到侍者热情而周到的服务。久而久之，付小费在世界各国流行开来。特别是出入宾馆、酒店、机场，以及乘坐出租汽车时，小费是必须要付的。因为俄罗斯人对中国的纺织品、烟、酒等尤为喜爱，便以此作为服务的代价。所以，踏出国门前，务必准备好一些可作为小费的物品，需要时送给对方。那样，将会令对方刮目相看，得到较好的服务。

目前东欧国家采用国际通行的称呼方法，以"先生""太太""夫人""小姐"相称。不过称女性时，忌讳带"老"字。这在西欧各国更是如此。中国以"尊老"为美德，以"老"字为尊称，称呼对方时常带上"老"字，如"老先生""老大娘"，以示尊敬。而在国外，老人讲究独立，不愿别人称自己老，或做不必要的搀扶、照顾，更不愿依靠子女生活，或恭维自己高寿。对此应予特别注意，免得双方尴尬。

三、与北欧人交往

处于欧洲北部的挪威、丹麦、瑞典、芬兰和冰岛等国被称为北欧国家。北欧是一块美丽而神奇的土地。丹麦著名作家安徒生的童话传遍世界各地，瑞典则是诺贝尔奖发起者的故乡。北欧人有其相似的性格特征，如自立性强、态度平和、谦恭坦率、朴素亲切、沉稳内向。这些性格特征使得北欧人在社会交往中容易得到理解和信任，赢得朋友和友谊。然而，北欧五国也有其不同之处。挪威人善思考，比较注重理论，并形成体系，富于创造性。而瑞典人则是能工巧匠，善于应用，精于产业化。至于丹麦人，则善于推销，在商业销售方面堪称一流水平。北欧人总的特点和生活习俗可以归纳为以下几点。

1. 坦诚积极，固执规矩

由于北欧人的性格特征，使得他们在商务交易中平易近人，坦诚积极。但又因其岛国环境的经济特征，北欧人看问题比较固执，一旦形成自己的见解，便很难被说服。因而，谈判时需采取灵活政策，感化对方。不妨先以建立感情为基础，将经济利益放在第二位。如此，交易成功的把握性则较大。

同时，北欧人属于务实型。工作按部就班，办事规规矩矩，所以办事速度相对较慢。与他们交往需保持一定的耐心。

2. 喜爱桑拿浴

桑拿浴是北欧人生活中不可缺少的重要内容。假若北欧人在中国旅游观光、访问考察，请他们洗桑拿浴，那将使对方乐不可支。而北欧人如邀请中国人到桑拿浴室，则是对方对中国人的友好之举。抓住这个爱好，是与北欧人建立友谊、缩短心理距离的一个好形式。

3. 普遍饮酒

饮酒在北欧是十分普遍的。也许这是由于那里的气候环境所致，所以那里的名酒价格非常昂贵。如果与北欧人交朋友，送礼时以名酒相赠，会令对方欣喜若狂，感激万分。不过，北欧几国也制定了比较严厉的饮酒法，以保障公众利益。

4. 宴请少而朴素

北欧的瑞典和挪威，公众交际较少，而且很少去外面的餐馆宴请，一般选择在晚间通过家庭宴请来表明友谊深厚或业务重要。如去大饭店宴请的话，北欧人也反对铺张浪费，提倡朴素实惠，从不豪华奢侈，讲排场摆阔气。对此，中国人与之交往应予以注意。

5. 珍惜假期

北欧地区冬季时间较长，所以对阳光特别珍惜。对于充满阳光的假期从不放弃享受。在假期期间，所有公司的业务几乎都处于停顿状态。因此，和北欧人做交易要赶上休假之前办妥，以免影响对方正常休假。不过，也可以休假临近为借口来催促对方成交。

四、与东南亚人交往

东南亚主要包括新加坡、泰国、菲律宾、印度尼西亚等国。近年来，东南亚到中国参观访问、投资办厂的人日益增多，许多中国人也不断到东南亚几国旅游观光、考察讲学。因此，中国和东南亚人交往甚密，感情与日俱增，彼此建立了深厚的友谊。

1. 新加坡（精干而讲究信义）

被誉为花园之国的新加坡，华人约占人口 70% 以上，所以是一个名副其实的华裔之国。这里华人的乡土观念和团体意识比较强，工作刻苦、能干、勤奋向上，而且顾全面子，讲究信义。所以与新加坡人交往应坦诚守信、注重友情。特别是与新加坡人做生意，要遵守契约，说话算数，不可信口开河，随随便便，更不能背信弃义。至于风土人情，既有中国传统礼仪的习惯，又融入了国际礼仪的内容，因而和他们在一起，不会有太多的陌生感和拘谨感。只要遵守国际国内的礼仪规范即可应对自如。

2. 泰国（勤俭而重视友谊）

泰国人的性格和中国人的性格互相吻合，他们生活比较俭朴，反对铺张浪费，彼此也能够互相帮助。一旦取得泰国人的信赖，他们会尽力给予协作。和泰国人交往，要诚实而富人情味，争取对方的友情。

由于泰国信仰佛教，因而泰国一些地区的青年人必须先行出家当几年和尚，一方面表示对佛的虔诚，另一方面可在僧人那里学习文化。因此，我国出国人员，应尊重那里的风情，遵守佛教礼节，不可指责或贬抑，更不能随便抚摸小孩的头顶，坐着不要跷起二郎腿。和信仰佛教的人交往时，也应约束自己的饮食行为。

3. 菲律宾（和蔼而善于交际）

菲律宾人天性和蔼可亲，善于交际，为人大方。为此，他们经常聚会，而且大多在家中举行，以创造浓厚、热烈、温情、友好的家庭气氛，以便于交流感情，增进友谊。而组织正式的聚会时，菲律宾人又格外看重礼节，请柬上还特别注明"必须穿着无尾礼服等正装"。所以，参加他们的聚会，一定要遵守时间，讲究服饰。倘若没有礼服，可以穿当地的正装——香蕉纤维织成的开襟衬衫式衣服，以示对对方的礼貌和尊重。

菲律宾的华人也较多。与之交往，同样要从炎黄子孙共同的心理特点入手，以引起对方共鸣，利于交往的顺利进行。

4. 印度尼西亚（礼貌而遵守教规）

印度尼西亚人大多使用马来语，并且90%的人信奉伊斯兰教。印度尼西亚人很有礼貌，从不说三道四、讲别人的坏话，强调互助精神。不过要想成为推心置腹的朋友，也绝非一件易事；喜欢客人来家里拜访，是印度尼西亚人的一个特点，而且无论何时访问皆可。针对这一特点，中国人如想与他们建立友情的话，可选择拜访这种人际交往的形式，并且礼貌相待，但要记住对双方以外的第三者不可议论，以免使对方不快。

另外，印度尼西亚人认为头部是人体最高和最神圣的部位，触摸此处是一种侮辱。印度尼西亚人理发时，理发师需要先对顾客道一声"对不起"，然后才能用手和剪刀接触对方头部开始理发。如果中国人遇到这种情况，应顺其自然，入乡随俗。

五、与美国人交往

从历史的角度讲，美国是一个年轻的国家，但其发展神速，世界电影名城好莱坞就诞生在美国洛杉矶。这里开放程度较高，而且充满现代意识。由于美国拥有众多民族，移民较多，流动性较大，因而没有世袭贵族，人们观念思想比较自由，不受权威和传统观念的支配。这种社会文化历史背景，培养了美国人强烈的创新意识、竞争意识和进取精神。美国人有句格言："允许失败，但不允许不创新。"

美国人的特点是：性格外露、坦率热情、真挚自信，办事果断干脆，喜欢直涉主题，注重实际效率，追求物质利益。与美国人交往，不必过分谦虚礼让、含蓄委婉，应坦诚相见，有话直说为宜。

美国人在交往中非常注意法律。一切诉诸法律，对他们来说，是十分自然和习惯的事情。这是由于美国人口不断流动，无法建立稳固持久的关系。所以，人们只能用不以人际关系为转移的契约作为保障生存和利益的有效手段。美国人进行商务谈判，很重视法律、合同，并且看重对方所说的话。与美国人做生意，尤其要慎重严谨，说一不二，不可含糊其辞，模棱两可。同时，讲究时间效率，不可拖泥带水，没完没了，美国人工作节奏快，决策速度也快，而且耐心不足。一旦成交，便立刻签约。

美国人相互见面采取的是握手礼。比较熟识的妇女之间或男女之间可亲吻面颊。与美国人交谈时，不可询问对方的收入情况，但可以涉及其优越的居住条件。另外，双方交谈时，要注意不要谈起第三者。即使提及，也不要说些批评、指责贬低第三者的话题，以免伤害别人的人格，遭到对方蔑视。

美国人在交往中也有送礼的习俗，在圣诞节，亲朋好友和家庭成员之间都可互赠礼品，如酒、蛋糕、巧克力等。业务往来以及工作关系也可赠送礼物，如文具、工艺美术品、月历等。但作为男士，不要给美国妇女送香水、衣物（头巾和手帕除外）和化妆品。因为只有情侣之间才送这类物品。

给美国人送礼应注意场合。业务交往中的礼物不要见面就送，应等会谈时再送。比较好的时机是午宴或酒会。朋友之间送礼，不要选择公开场合。如几人同行去美国朋友家做客，要注意其他客人有否礼物，如只有一人带礼物，则令其他客人十分尴尬。

应邀去美国人家做客时，还应为女主人带去一束鲜花或盆花。至于送花品种和颜色应参照欧洲人的习惯。

如到美国访问、考察，拜访美国朋友，初次见面或离开美国时，可为主人带去家乡礼品，如工艺美术品、针织品、酒等。与给日本人送礼相似的是，给美国人送礼也不能过于昂贵或过于廉价。当然，同样也不能送印有公司标志的礼品。对方还礼的时机，常常选择在对方回国之际。有时也常以请吃饭、喝酒、共度周末等作为送礼方式。

六、与英国人交往

人们常用"绅士风度"来形容英国人。因此，善于交际、讲究礼仪、对人友善、易于相处成为英国人的普遍特点。他们在日常生活中很注重自己的修养和风度，自然也十分看重对方的仪表仪态。如果能在交际中显出自己很有教养和风度，无疑会赢得对方的尊重。

由于英国是一个君主立宪制国家，至今保留女王制度和世袭头衔，因此在与英国人交谈时，应注意不要涉及政治、宗教以及皇家的小道消息。涉及女王时不能称"英格兰女王"，而要说"女王"，称呼对方时应注意带上其荣誉的头衔如爵士、公爵、子爵等爵位称号。一般交谈中比较保险的话题是动物、天气、旅游等。

英国人因其民族特性有时而显得态度严肃、观念保守、喜欢传统，办事按部就班。对新鲜事物不很积极，对他人之事不予过问。除非受人之托，否则不干涉他人私事。在商务谈判中，也表现出松松垮垮、缺少精心准备的弱点。其产品也常常延迟交货，被导致罚款，但反应比较积极、灵活。即使谈判对其不利，也保持诚实态度，不过，由于英语在世界的广泛普及，使得英国人有些傲慢、十分看重等级观念，谈判时要求对等，以示平等和尊重。

英国人下班之后一向不谈公事，如就餐时讨论公事，会令他们非常讨厌。另外，英国人一般不戴条色的领带，以免与英国各学校的制服领带相仿。因为只有在这些学校学习的学生才有资格用学校的制服领带。

在手势语方面，英国也有与其他国家不同的地方，如跷起大拇指是搭车的意思，伸出食指、中指，同时手心向内，则是侮辱对方之意。

英国人送礼有其独特的方式，他们常以请客吃饭、饮酒、观看文娱演出代替送礼。如送礼品，可选择高级朱古力、名酒和鲜菜，并在请人到上等酒店用完晚餐、或在剧院观看演出之后送给对方。

七、与法国人交往

谈起法国，人们会很自然地联想起巴黎时装和凡尔赛宫。法兰西民族在社会科学、文学以及经济技术等方面都有卓越成就，民族自豪感很强，同时也形成了独特的礼仪习俗。

1. 珍惜假期

法国人十分珍惜假期。每年8月，大部分法国人会放下手中的工作去旅游度假。为了尽情玩乐，他们会毫不吝惜地把一年辛辛苦苦挣来的钱在假期中花光。因此，与法国人做生意或拜访法国人，尽量避开这个时期，以免打乱对方的日程安排。

2. 讲究衣着

法国时装领导世界潮流。一般法国人比较注重衣着打扮。在他们看来，时装代表一个人的修养、身份与地位。因此与法国人交往时必须注意服饰穿戴，从而以整洁得体的外表给对方留下良好的第一印象。

3. 坚持讲法语

法国人的英语一般讲得很好，但他们在许多场合却坚持讲法语。他们认为法语是世界上最高贵的语言，而且只有他们自己才能讲标准的法语。如果听到一些蹩脚的法语，就像有人把他们的国旗踩在脚下那样反感，甚至伤害其民族自尊心。故在一般情况下和法国人交谈，最好使用英语。

4. 顾全面子

法国人在社交场合中比较顾全对方面子。如果对方不慎做错了事，只要有可能，法国人会想尽办法巧妙遮掩，不使对方难堪。

5. 尊重隐私

法国人也不喜欢在公共场合和谈判时涉及家庭私事，更不打探对方生意做得好坏。所以，在法国人面前，要避免谈及个人问题以及收入情况。不过有趣的是法国人对自己的烹调技术却津津乐道。如果参加法国人的宴会，可对每一道菜表示赞赏，这样会令对方高兴。不过客人在饭前最好不要喝苏格兰威士忌和马丁尼酒。因为法国人认为酒会影响人对美味菜肴的判断力和鉴赏力。如果喝了酒又去赞美法国人的烹调技术，则会令对方反感，他们认为是虚伪的捧场和应付。

另外，法国人大都有早起早睡的习惯，拜访法国人要注意选择恰当时间。不过法国人的时间观念不是很强，有身份的人出席宴会时，常常会有意推迟到达时间，以显示身份。

到法国人家做客或参加法国人的正式宴会，忌谈生意。因为在他们看来，这种形式纯粹是感情的一种交流。假如涉及生意或交易事宜，会让对方感到不快，误认为是利用交际来促成商业交易的顺利实施。这样，他们会毫不客气地加以拒绝。

法国人一般喜爱体现文化素质的礼品，如唱片、磁带、艺术画册以及书等，对于有关名人传记、回忆录、民族文化、政治评论、历史等书籍尤为偏爱。而对带有喜鹊图案的物品非常讨厌，他们将喜鹊比成惯偷。所以给法国人送礼，要精心选择，巧于安排。

八、与德国人交往

德国人素以思维具有系统性和逻辑性而著称。他们性格倔犟、稳重，但缺乏灵活性和妥协性。一旦想要做一项工作，德国人会不动声色、坚韧不拔，千方百计想尽办法去完成。这一点，在与德国人交往时尤其要注意。特别是在与德国人进行商业交易时，事先一定要充分准备、一丝不苟，详细具体、周到完整，免得让对方反感甚至看不起。由于德国人在交易中很少让步，即使在最后签订合同的一刻也要固执己见，不动声色地逼迫对方做出妥协。所以交易时要讲究策略，在不失原则的前提下做出适当让步，以满足对方的求胜心理。

由于德国人严谨苛刻的性格特性，因而他们很注重合同，对条款项目的执行相当严格。与他们打交道，务必严格遵守合同，履行责任和义务。唯此，才能深得对方好评，获得尊重。

在日常交往中，德国人还十分重视体面，讲究形式，注意礼节。拜访他们，要在称呼、见面礼等细小方面加以注意。如对有头衔的人，称呼时要带上其头衔。见面和离开时，要与对方握手。双方交谈时，议论的话题可选择德国的原野、个人的业余爱好以及足球之类的内容，而避免谈论有关打垒球、篮球或美式橄榄球等话题。

由于德国人十分看重礼貌，故对礼品是否适当要悉心注意。礼品包装要尽善尽美。朋友往来送花时，不能送红玫瑰花。因为红玫瑰花象征爱情，带有浪漫色彩，只有情人之间才可以赠送。但菊花也不能送给朋友，菊花在葬礼上才被使用。为感谢德国朋友或增进双方友情，可邀请对方郊游。在德国人心目中，能够到市区之外的地方游览玩乐，是令人心旷神怡的。不过，要对郊游做细心周到的安排，因为德国人追求完美。

九、与拉丁美洲人交往

拉丁美洲人一向以其性格开朗、活泼、易冲动、好表现自己而闻名于世。这也许和其地震、火山较多的地理环境有关。而世界上流域面积最大的亚马逊河又铸造了拉丁美洲的热情好客、豪爽慷慨、感情外露的禀性。与他们交朋友大可不必掩饰感情，欲言又止。但拉丁美洲人在礼仪方面也有其约定俗成的内容，尤其是在赠送礼品方面。了解这些，对于增进双方友谊很有帮助。

与拉丁美洲人交往，不管彼此关系如何，赠送礼品时首先应考虑受礼人的需要。拉丁美洲人比较看重礼品是否符合他们的需要，而不太关注礼品的价值。一般带有民族特色的工艺品比较受拉丁美洲人欢迎。男人给拉丁美洲妇女送香水也是正常的。但要注意不要送手帕和刀。因为拉丁美洲民间认为手帕是用来擦眼泪的。因此，忌讳用手帕做礼品，以免给受礼人带来伤感。而刀子意味着断绝关系，即使送民族工艺品刀子也会令对方产生误会。

给拉丁美洲人送礼，还要讲究包装。如在墨西哥，人们崇尚白色，认为白色可以避邪。而黄色意味着死亡，红色会给人带来晦气。因而，礼物的包装纸千万不要使用黄、红这两种颜色。另外，拉丁美洲人也忌用黑色和紫色，这两种颜色表示阴沉的天气，故礼品包装纸也要避开黑、紫两色。

倘若去拉丁美洲访问、考察、洽谈业务，一般不送礼。公事交往不必送礼，如关系密切可另当别论。对方如设宴款待，可在就餐时送礼以回赠。若去私人家做客，则一定带上礼物，特别是别忘了给对方家的小孩带点礼物，那样会使大人欣喜异常。但外国妇女给拉丁美洲男人送礼却要格外谨慎，即便是一件普通礼品，也会令对方胡乱猜想送礼者对自己有特殊的好感。

十、与澳大利亚人、新西兰人交往

地处大洋洲的澳大利亚，近年来与中国的友好往来逐日增多。不少中国学生把留学的目标放在澳大利亚，以谋求更快的发展。

澳大利亚人十分重视办事效率，不喜拖拖拉拉，极不愿意把时间空耗在没完没了的空谈和讨价还价之中。所以，他们采购货物常以招标方式，以提高工作效率。与澳大利亚人做生意，应加强时间观念，果断、干脆、利落、速战速决。

澳大利亚人一般以沉着稳重型居多，喜欢安定的生活，工作起来态度认真，责任心强。如在澳大利亚谋到一份职业，应尽心尽力做好，否则就有被"炒鱿鱼"的危险。其实这些要求在其他国家也是同样如此。

澳大利亚人热情好客，待人毫不拘束，也乐于接受招待。需要注意的是，他们公私分明，即使在一起喝酒非常痛快，玩得十分尽兴，也不意味着就可以公私不分。在他们看来，招待客人是另一码事，与生意毫无关系。若想以喝酒、送礼拉拢关系，怕是难以奏效。因此，和澳大利亚人交朋友，切忌把工作和吃饭联系在一起，餐桌上避免涉及生意问题，这样，就会赢得对方好感和信任。

与澳大利亚同处一洲的新西兰是一个农业国，但国民福利却相当高，人们过着充裕而满意的生活。新西兰人和澳大利亚人一样，工作积极、责任心强，同时注重信誉，讲究产品质量。因而对于外国进口货物，也要求严格。与新西兰人做交易，如以次品冒充正品，是逃不过新西兰人的眼睛的。倒不如实实在在，把产品质量放在首位，这样既减少不必要的浪费，又扩大了双方贸易，同时增进了彼此的友谊。

十一、与西班牙人交往

位于欧洲西南部伊比利亚半岛上的西班牙，有着悠久而骄傲的历史。那里气候干燥、夏热冬寒。因而西班牙人天性开朗而温顺，并因地理位置的差异形成不同的性格。西部居民朴实而稳健，南部居民则因自古从事商业活动，精明而能干。与西班牙人交往，除应根据不同地域、不同对象、不同性格而区别对待之外，还要注意以下几点。

1．绝不说"不"

按照一般常理，在业务洽谈上，如果不同意对方意见，应当明确表示或予以否定。但西班牙人却不同。他们认为在社交场合，拒绝某人是失礼的行为，因此轻易不说"不"字。即使有不同看法，西班牙人也会使用别的字眼代替"不"，这样，不至于使对方难堪。因而和西班牙人做生意或交谈时，千万不要采取诱导式的问句，例如："您肯定认为这种旅游不合适吧？"或"依我看，您是不会赞成这种价格的吧？"如此这样的询问，带有一定的强迫性，似乎逼迫对方说出"不"。即使会得到肯定的答复，也可能长久杳无音信，没有下文。

2．工作缺乏计划性

未雨绸缪、计划周到，是工作的必要程序，但有趣的是西班牙人不看重计划。他们认为编排计划是纸上谈兵，毫无价值，桌子上的数字也都是假的。相反，他们相信运气，认为事业的成功是运气好。反之，则运气不佳。鉴于这种观念的影响，他们工作起来常常只考虑现实问题和效果，而很少顾及长远利益的影响。

3．不喜共进晚餐

虽然西班牙人也有公关之类的交际，但彼此之间共进晚餐的机会极少，交往甚密之后，则变成以家族为单位的交往，双方关系也就非同一般。因而，与西班牙人交朋友尽量少提出与对方共进晚餐的邀请，以免对方既不能说"不"，又无法拒绝，造成双方尴尬。

4．不爱公开道歉

西班牙人还有一个特点，就是做错事后，一般不肯承认自己的错误并向对方致歉，比较固执和爱面子。假若他们成为自己的朋友，又不慎做错事情，就不必为对方不肯道歉而耿耿于怀。只要对方意识到自己的过错，并在行动上有所表示，也就可以原谅了。

十二、与意大利人交往

欧洲南部的意大利，曾经是文艺复兴的发源地之一。意大利的首都罗马是一座古城堡，至今仍保留着过去时代庞大的斗兽场。意大利人和法国人有许多共同之处，比如注重服饰仪表，顾及身份，且时间观念较弱等。但也有其独特的性格特征。

1．重视商人个人作用

较之法国，意大利在做生意方面更重视商人的个人作用。凡公司派出与他方洽谈的职员，大多工作经验丰富、业务能力较强，且有相当大的决断权。一旦协议达成，主谈判人即有权签字决定一切，不必再请示公司最高领导。所以与意大利人进行商业贸易谈判时，和对手相处的好坏是决定的因素之一。因而不妨多将关注的目光放在主谈判人身上，赢得了主谈判人的好感和信任，事情就基本上大功告成了。

2. 善于社交

意大利人在社交方面可谓是不厌其烦。他们热情、好客，并且爽快、坦诚、很容易接近。与意大利人交朋友，不是一件困难的事。但如果认为谈话十分投机就意味着生意十拿九稳，那则大错特错。所以，千万不要被其爽快的作风所迷惑而疏于防范。因为意大利人在做生意时是绝对不会马虎的。

3. 喜爱声乐艺术

声乐艺术中的美声唱法源于意大利。这种演唱音色优美、发音自如，具有花腔装饰、平滑匀净的特点，在当时颇为流行。也许由于这个原因，意大利歌唱艺术较之其他各国，有着更为深厚的基础和造诣，因而意大利人欣赏水平颇高。如邀请意大利人到歌剧院听音乐，对方会欣然接受。而选择美声唱法这个话题作为交谈内容之一，也是可行的。因为通过它既显示了对对方国家文化的热爱，同时也表现了自己对这方面的关注与研究，还能提高对方的自豪感，可以说是一举三得。

4. 爱护动物

意大利人爱护动物的作法深得世界人民好评，在意大利米兰的城市中心广场上，到处是飞翔空中或着地觅食的鸽子，而行人对它们倍加喜爱，鸟儿对过往行人毫不惧怕，大胆地走来晃去。有些意大利人喜欢钓鱼。每逢假日，不少人拿着鱼竿到郊外的河中寻求钓鱼的无限乐趣。有意思的是，费了九牛二虎之力钓上的鱼，意大利人却不将其装入鱼篓，而是痛痛快快地放回河中，而只品味钓鱼过程中的闲情逸致，并不注意结果。因而，到意大利人家做客的中国人要约束自己的行为，不可随意捕捉或惊吓鸟类和其他动物。

十三、与非洲人交往

位于地球赤道两侧的非洲（北非阿拉伯国家除外），气候干燥，物产丰富，盛产咖啡、椰子、棉花、棕榈等农产品以及铀、钻石、黄金等矿产品。历史上，由于西方殖民主义者推行种族主义的政策，使得非洲人民在过去数百年中受尽欺凌和压榨。他们为争取民族平等和自由解放进行了长期不懈的斗争，并不断取得胜利，成为独立国家。而今，非洲的大多数国家已争取到许多和白人一样的民主权利，种族主义政策已受到世界各国人民的谴责。

近年来，一些非洲人漂洋过海来到中国，或参观访问，或留学考察，中非人民的感情日益深厚。

1. 拥有强烈的民族自尊心

非洲人的民族自尊心极强。他们曾经因为皮肤较黑，受到一些白人的歧视，如不许非洲人上白人学校，不能和白人同桌吃饭、乘坐车船等，这些都大大伤害了非洲人的感情。非洲人渴望他们能和其他人一样，自由地生活。他们用自己的努力赢得这些权利之后，对那些带有侮辱性的漫骂依然恨之入骨，并且对交谈中的对方所说的"黑"字等尤为敏感。所以，与非洲人交往，要特别尊重其民族自尊心，不能说"黑人"二字，他们认为这是对非洲人的一种蔑称。而应尊称对方为"非洲人"。交谈时还应表现出热情友好，以免被对方误认冷落漠视非洲人。

2. 性格粗犷，能歌善舞

非洲人在生产劳动和日常生活中，曾经创造了许多宝贵的与生产有关的歌舞，并在劳作间歇，尽情宣泄。他们边舞边唱，十分投入，从而体现出与其粗犷性格极其相似的舞蹈风格。到非洲人家做客，或参加非洲人举办的篝火晚会，如果主人盛情相邀共舞，则应愉快地接受邀请，和对方一道翩翩起舞，而不必因为不会跳舞或舞姿不佳而拒绝对方的请求，因为那样会导致对方产生不满的情绪。

3. 吃苦耐劳，坚韧不拔

非洲的自然环境、文化背景以及人种皮肤等因素，造就了他们吃苦能干、坚韧不拔的性格特征。虽然非洲工业和教育水平较低，但非洲人从不气馁。他们勤奋刻苦，争取上最好的学校，受到良好的教育，并努力在体育、演唱等方面做出成就。和非洲人在一起，可多以这些内容为话题，会引起对方极大的兴趣。

思考与讨论

1. 与东南亚人交往时应注意哪些问题？
2. 北欧人的交往禁忌有哪些？
3. 在涉外礼品馈赠方面，有哪些东西不能作为礼品赠送给外宾？
4. 涉外活动中，在衣着和服饰方面应该注意哪些问题？

实训题

李达是杭州某外贸公司的营销总监，他受法国某公司邀请要组团对法国进行为期 10 天的访问，并与法国公司洽谈有关业务。他将如何安排好这项事物？

案例分析

工作不久的李丽在一家外企做总经理秘书工作，中午陪总经理到西餐厅参加英国客户的商务宴请。她到餐厅入座后，摊开餐巾别在衣服领口上。第一道食物面包和汤上来了，喝汤时，由于刚上的汤比较烫，为了加快汤的冷却，她一边用汤匙搅合着热汤，一边用手在汤碗上不停地扇动。后来，又用刀子切了面包放进汤中，然后又用叉子将面包叉出来吃。不一会牛排上来了，她右手拿刀，左手拿叉，将牛排全部切成小块，然后用叉子一块块地送入口中。中途她突然有事，起身时顺手将餐巾放在桌旁。宴会结束后李丽并没有觉得有什么不妥的地方，却被经理提醒要注意餐桌礼仪。

问题：

这使得李丽很是尴尬，请问这是怎么了？

扫一扫

扫一扫进行
更多练习